Chongqing Court Cases and Interpretations on
Ecological and Environmental Resources

重庆法院生态环境资源判解释例

（汉英对照）

重庆市高级人民法院环境资源审判庭
重庆市第五中级人民法院重庆环境资源法庭 编著

法律出版社
LAW PRESS·CHINA
北京

图书在版编目（CIP）数据

重庆法院生态环境资源判解释例：汉英对照／重庆市高级人民法院环境资源审判庭，重庆市第五中级人民法院重庆环境资源法庭编著. -- 北京：法律出版社，2025. -- ISBN 978－7－5244－0220－6

Ⅰ. D927.719.268.05

中国国家版本馆 CIP 数据核字第 20251MC292 号

重庆法院生态环境资源判解释例(汉英对照)
CHONGQING FAYUAN SHENGTAI HUANJING ZIYUAN PANJIE SHILI (HANYING DUIZHAO)

重庆市高级人民法院环境资源审判庭
重庆市第五中级人民法院重庆环境资源法庭　编著

策划编辑　邢艳萍
责任编辑　邢艳萍
装帧设计　贾丹丹

出版发行	法律出版社	**开本**	710 毫米×1000 毫米　1/16
编辑统筹	法律应用出版分社	**印张**	26.5　　**字数** 420 千
责任校对	朱海波	**版本**	2025 年 5 月第 1 版
责任印制	刘晓伟	**印次**	2025 年 5 月第 1 次印刷
经　　销	新华书店	**印刷**	北京盛通印刷股份有限公司

地址：北京市丰台区莲花池西里 7 号(100073)
网址：www.lawpress.com.cn　　销售电话：010－83938349
投稿邮箱：info@lawpress.com.cn　　客服电话：010－83938350
举报盗版邮箱：jbwq@lawpress.com.cn　　咨询电话：010－63939796

书号：ISBN 978－7－5244－0220－6　　**定价**：105.00 元

凡购买本社图书，如有印装错误，我社负责退换。电话：010－83938349

编审委员会

主　任

孙海龙

副主任

岳新府　赵　翎　叶　欢

委　员

黄　成　代　霞　游中川　任韵霖
许仕钰　周　翼　谢　鹏　姜　玲
王　烁　曾　浩　汪晓敏　徐凯思

发挥案例“动态法典”功能
推动生态环境资源审判工作高质量发展

（序言）

由人类活动导致的环境问题，古已有之。周秦汉唐政府所颁布的一系列有关保护土地、水源、森林、野生动植物的规定，可谓中国古代环境保护规范萌芽的重要象征。[1] 14 世纪初，英国就注意到了煤烟污染，不过那时，污染只在少数地方存在，尚未超出大自然的自净能力。18 世纪末兴起的工业革命成为人类环境污染史的分水岭，环境污染在此以后发生质的变化并演变成一种威胁人类生存与发展的全球性危机。[2] 20 世纪 40 年代左右，陆续出现因环境污染导致公众健康受损的严重事件，引发世人对环境问题的高度重视并采取法律手段予以应对。

中国共产党历来重视生态环境保护问题。参加 1972 年在斯德哥尔摩召开的人类环境会议，是新中国开始审视自身和全球环境问题的起点。党的十一届三中全会后，邓小平同志在中央工作会议上明确提出制定《环境保护法》。1979 年《环境保护法（试行）》的出台，标志着我国环境保护工作进入了法制化阶段。1979 年山东省青岛市中级人民法院受理了新中国第一起环境污染民事案件。[3] 自 2007 年以来，贵州、江苏、云南等地为应对当地水污染、水危机，先后设立了环境保护审判庭，尝试以司法方式治理环境问题，开启了环境司法专门化的探索。

党的十八大以来，以习近平同志为核心的党中央站在全局和战略的高

---

〔1〕 王虹：《中国古代环境保护规范的萌芽》，载《陕西师范大学学报（自然科学版）》1984 年第 2 期。

〔2〕 梅学芹：《工业革命以来西方主要国家环境污染与治理的历史考察》，载《世界历史》2000 年第 6 期。

〔3〕 吕忠梅等：《环境司法专门化：现状调查与制度重构》，法律出版社 2017 年版，代序。

度,以前所未有的力度抓生态文明建设,不断深化对生态文明建设规律的认识,从思想、法律、体制、组织、作风上全面发力,全方位、全地域、全过程加强生态环境保护,提出一系列新思想、新论断、新要求,形成了习近平生态文明思想。习近平总书记反复强调,用最严格制度、最严密法治保护生态环境。生态文明被写入《党章》和《宪法》,绿色原则成为《民法典》总则编的基本原则,生态环境保护法律制度体系不断健全完善,“编纂生态环境法典”被纳入全面深化改革重要部署。进入新时代,生态环境资源审判工作迎来重要发展契机。截至目前,全国法院已设立生态环境资源专门审判机构、组织2800余个。我国已成为生态环境资源专门审判机构覆盖最广、体系最完整的国家。

一个案例胜过一沓文件。案例指导制度的构建是近年来我国司法体制改革的一大成果,它是继司法解释制度产生以来司法机关解释和适用法律的一次重大机制创新,对于中国特色社会主义法治国家建设具有重大而深远的意义。[1] 当下,迫切需要深刻领会案例背后的法理,增强法官“案例是动态法典”的案例意识,推动生态环境资源审判工作高质量发展。

一、案例:法官智慧的结晶

1.案例意识是打造经典案例的前提

2024年,最高人民法院从历年发布的环境资源指导性案例、典型案例及其他有影响的案例中,评选出10件具有重大影响力的案例作为环境资源审判十年成果展示。重庆法院审理的李某诉某置地公司环境污染责任纠纷案名列其中。10个案例中,不少案件是“首案”,但并非只有“首案”才能成为经典案例。“首案”可遇而不可求。一滴水可以折射太阳的光辉,小案也能阐述大道理、释放大能量。一名具有“案例意识”的法官,对于正在处理的案件,除考虑法律条文的适用外,还会同时关注有无案例可供参考,当案件中存在上级法院也没有遇到过的“疑难问题”时,会考虑其他外地法院是如何处理的、为什么这样处理、能否作为参考,会时刻关注最高人民法院和上级法院以各种形式公布的案例,甚至会关注国外法院是否处理过类似的案件,结果如何。[2] 近年来,最高人民法院先后出台《关于统一法律适用加强类案检索的指导意

[1] 胡云腾:《案例是什么?》,载《法律适用》2017年第6期。

[2] 蒋惠岭:《认真对待作为“动态法典”的案例》,载《人民法院报》2005年8月1日第B01版。

见(试行)》《人民法院案例库建设运行工作规程》等系列规范性文件,建立并不断完善类案检索机制,要求承办法官在审理案件时对相关类案进行检索,将大幅度提升法官的“案例意识”。

2. 经典案例应成为法官的光荣与梦想

对一名法官而言,案结事了、定分止争毫无疑问是非常重要的职责使命。但除此之外,为法治事业贡献经典案例,应当成为一名优秀法官的光荣与梦想。案例中所提炼出来的裁判规则,是案例的灵魂,是真正发生效力、发挥作用的带有个人烙印的“法律”,也是法官职业生涯中备感骄傲和自豪的“贡献”。

二、案例:法院文化的承载

1. 案例是传承司法理念的法治故事

习近平总书记指出:“话语的背后是思想、是‘道’。不要为了讲故事而讲故事,要把‘道’贯通于故事之中,通过引人入胜的方式启人入‘道’,通过循循善诱的方式让人悟‘道’。”[1] 每一个案例都是承载着法院的司法理念与价值追求的鲜活法治故事。讲故事是增强传播力的最佳方式。在生态环境资源审判中,公正司法、绿色发展、系统保护、最严法治、协同治理的司法理念,人与自然和谐共生的生态观通过一个个具体的案例得以传播。讲好这些法治故事,是把“纸面上的法”变为“行动中的法”的重要环节。通过春风化雨、润物无声的潜在影响,就能提升社会公众对保护生态环境就是保护自己的内心认同。

2. 案例是审判文化的集中呈现

文化是一个国家、一个民族的灵魂和根基。优秀的法院,在于有高素质的优秀法官,产出更多伟大判决,赢得社会公众广泛信赖。[2] 每一个精品案例都是义正辞严讲“法理”、循循善诱讲“事理”、感同身受讲“情理”的典范,法院可以通过案例实现“以文化涵养法治,以法治沁润人心”。

---

〔1〕 中共中央文献研究室编:《习近平关于社会主义文化建设论述摘编》,中央文献出版社2017年版,第213页。

〔2〕 柳福华:《优秀法官的文化培育——重庆第四中级法院孙海龙院长访谈》,载《人民司法》2012年第21期。

三、案例:社会价值的引领

1. 案例帮助社会公众明晰行为边界

法院的裁判通过具体的个案对一般社会活动和人们的行为举止起到评价、预测、引领的作用。每一个案例都是对公众行为规则的微小指引,汇聚起来就能成为推动社会进步的强大力量。重庆市万州区人民法院在办理被告人黎某建等人非法捕捞水产品一案中查明,三被告人为弥补犯罪行为造成的生态环境损害,在案发后自行购买鱼苗投放,但放流的鱼苗属外来物种,不宜在该河段放流,极可能对本地品种造成不利影响。法院审查确认,被告人开展的增殖放流不符合《长江保护法》及相关法律规定,不能起到保护水生生物多样性的作用,反而给事发河段引入外来鱼种,可能造成物种种质混杂、种群退化,影响生物遗传多样性,故对其行为作出否定评价,告诫公众增殖放流不可随意而为。

2. 案例顺应社会发展需求

人民法院是国家治理和社会治理的重要参与者,是在法治轨道上推进中国式现代化的重要力量。法官需要善于运用法治思维和法治方式化解矛盾、维护权益、实现和谐、促进发展,确保裁判结果符合时代特征、顺应社会发展需求。发展新能源汽车是我国从汽车大国迈向汽车强国的必由之路,是应对气候变化、推动绿色发展的战略举措。要实现新能源汽车的普及推广,配套设施建设尤其重要。重庆市江津区人民法院在审理业主起诉请求物业服务企业履行协助安装充电桩配合义务一案时,通过适用绿色原则,判决物业服务企业应当按照诚实信用原则履行协助安装充电桩的义务,打通充电桩进小区的"最后一公里"。

四、案例:法治进步的阶梯

1. 法官通过案例解释法律,完善规则体系

如果说立法是将正义理念与将来可能发生的事实相对应,从而形成法律规范,那么司法则是将现实发生的事实与法律规范相对应,进而形成司法判决。[1] "法律未经解释不得适用。"由于语言文字的多义性及社会生活的复杂性,法官在裁判案件的过程中,需要对法律进行解释。案例为法律的解释

---

〔1〕 张明楷:《刑法分则的解释原理》,高等教育出版社2024年版,序说。

与发展提供实践基础,促进法律的不断完善。重庆市万州区人民法院在审理非法移栽国家重点保护植物案件时,综合考虑植物的珍贵程度、移栽目的、移栽手段、移栽数量、对生态环境的损害程度等情节,对“非法移栽”是否属于“非法采伐”作出明确认定并妥善处理,相关裁判规则被司法解释吸收。

2. 案例是法典编纂和法典发展的源头活水

法典是人类法治文明的重要标志和制度缩影。党的二十届三中全会明确提出编纂“生态环境法典”。从基本属性上看,“生态环境法典”是集公法与私法、实体法与程序法、管理性规范与裁判性规范于一体的“领域型”法典。[1] 要在法典中规定程序规范和裁判规范,就必须对环境司法改革的成效进行全面的总结。案例作为生态文明体制改革经验和创新成果的重要表现形式,值得深入发掘和研究。从编纂模式来看,“适度法典化”成为编纂“生态环境法典”的基本共识。[2] 为保持“生态环境法典”的开放性,确保法律规范能够对社会发展变化保持敏感性,在完成“生态环境法典”的阶段性编纂之后,还需要渐进式地修改,提升“生态环境法典”的体系化程度,以最终实现适度法典化。[3] 可见,在这一“动态的适度法典化”过程中,法官需要通过漏洞填补乃至于法律续造活动对法典进行发展,这对于法典发展的重要性在某些程度上甚至超越了立法。

五、案例:国际交流的桥梁

1. 案例推动全球环境治理

习近平总书记指出,“人类是一个整体,地球是一个家园。面对共同挑战,任何人任何国家都无法独善其身,人类只有和衷共济、和合共生这一条出路。政党作为推动人类进步的重要力量,要锚定正确的前进方向,担起为人民谋幸福、为人类谋进步的历史责任”。[4] 环境问题是全球性问题,需要各国共同努力来解决。法治在全球环境治理中具有不可替代的重要作用。案例

〔1〕 吕忠梅:《论环境法典的“行政领域立法”属性》,载《法学评论》2022 年第 4 期。

〔2〕 吕忠梅:《环境法典编纂论纲》,载《中国法学》2023 年第 2 期。

〔3〕 张梓太、包婧:《中国需要一部怎样的环境法典——再论环境法的适度法典化》,载《探索与争鸣》2024 年第 6 期。

〔4〕《习近平在中国共产党与世界政党领导人峰会上的主旨讲话》,载中国政府网,https://www.gov.cn/xinwen/2021-07/06/content_5622851.htm。

是世界各国都“听得懂的语言”。基于此,《世界环境司法大会昆明宣言》呼吁协力构建环境司法案例、司法经验的多元化共享平台,促进相互借鉴和共享。

2. 案例提升中国国际影响力

近年来,人民法院在积极参与全球生态文明建设合作中,阐释新时代环境司法理念、分享改革创新经验。最高人民法院持续深化与联合国环境规划署的交流合作,以鲜活案例事例展示生态环境司法保护“中国之治”,持续分享我国环境司法发展经验与典型案例。截至目前,联合国环境规划署数据库及相关门户网站收录了四批 45 件中国环境司法案例。联合国环境规划署法律司司长帕特丽夏·莫伯特称赞道:“中国在推进环境法治方面取得了令人瞩目和振奋的成就,在全球环境治理中处于引领地位。”[1]

建设美丽中国,是习近平总书记念兹在兹的“国之大者”,是全体中国人民心向往之的奋斗目标。重庆法院牢记习近平总书记殷殷嘱托,在最高人民法院的有力指导下,强化“上游”意识、扛起“上游”责任、展现“上游”担当,构建“1 +1 +6”审判组织体系,[2]积极践行预防性和恢复性司法,创新技改抵扣、认购碳汇、建设人工鱼巢等司法修复方式,强化修复执行协调联动,推动建成生态保护(修复)基地 40 余个,以司法之力奋力书写服务保障绿色发展的“重庆答卷”。呈现在读者面前的这本《重庆法院生态环境资源判解释例(汉英对照)》精选重庆法院入选联合国环境规划署数据库、人民法院案例库的生态环境资源指导性案例及典型案例 30 余件,并以汉英对照形式出版,犹如一面镜子,映照出重庆法院 10 余年来在生态环境司法保护领域的担当与作为。我们期待以此微举为推动生态环境资源审判高质量发展、建设美丽中国、推进人与自然和谐共生的现代化贡献绵薄之力。

本书编审委员会

2025 年 3 月 26 日

---

〔1〕 高琳琳:《最高法:环境司法助力中国式现代化,环境污染案件数量降幅明显》,载中国日报网,https://cn.chinadaily.com.cn/a/202403/09/WS65ebbc2ba3109f7860dd4ad5.html。

〔2〕 1 个重庆市高级人民法院环境资源审判庭 +1 个重庆市第五中级人民法院重庆环境资源法庭 + 渝北、万州、江津、涪陵、黔江、南岸 6 个区基层人民法院环境资源审判庭(审判团队),归口审理全市环境资源刑事、民事、行政案件。

Leveraging the "Dynamic Code" Function of Case Promoting High-Quality Development in Ecological and Environmental Resources Adjudication

(Preface)

Environmental issues caused by human activities have existed since ancient times. The dynasties of Zhou, Qin, Han, and Tang enacted laws and decrees to protect land, water resources, forests, and wildlife, representing the earliest forms of environmental regulation in ancient China.[1] By the early 14th century, England had become aware of coal smoke pollution. The advent of the Industrial Revolution in the late 18th century marked a pivotal turning point in humanity's environmental pollution, precipitating a qualitative transformation of pollution that escalated into a civilization-threatening global crisis endangering human survival and developmental sustainability.[2] Around the 1940s, a series of severe public health incidents caused by environmental pollution emerged. These events drew worldwide attention to environmental issues and led to the implementation of legal countermeasures.

The Communist Party of China has always prioritized ecological and

[1] See Wang Hong, *The Bud of the Norms on Environmental Protection in Ancient China*, Journal of Shaanxi Normal University (Natural Science Edition), 1984(2).

[2] See Mei Xueqin, *A Histrical Study on Environmental Pollution and Prevention of the Western Countries Since the Industrial Revolution*, World History, 2000(6).

environmental protection. The 1972 United Nations Conference on the Human Environment, held in Stockholm, served as the starting point for New China to examine both its domestic and international environmental challenges. After the Third Plenary Session of the 11th Central Committee of the Communist Party of China, Comrade Deng Xiaoping explicitly proposed the formulation of an environmental protection law at the CPC Central Work Conference. The enactment of the Environmental Protection Law (for Trial Implementation) in 1979 (now repealed) marked the establishment of a legal framework for environmental protection in China. The first civil lawsuit for environmental pollution in New China was filed and accepted by Qingdao Intermediate People's Court in Shandong Province in 1979.[1] Since 2007, in response to local water pollution and water crisis, provinces such as Guizhou, Jiangsu, and Yunnan have successively established Environment and Resources Division, attempting to address environmental issues through judicial means, pioneering the exploration of specialized environmental justice.

Since the 18th National Congress of the Communist Party of China, the Central Committee of the Communist Party of China with Comrade Xi Jinping at its core has approached ecological progress from an overall strategic perspective, devoted greater efforts than ever before to ecological conservation, and deepened the understanding of its underlying principles. With comprehensive efforts on the ideological, legal, institutional, organizational, and party conduct, we have strengthened ecological and environmental protection across all areas, regions, and processes. A series of new ideas, conclusions, and requirements have been put forward, culminating in the Xi Jinping Ecological Civilization Thought. General Secretary Xi Jinping consistently highlights that ecological and environmental protection must be ensured by the strictest systems and the most rigorous rule of law. Ecological civilization has been incorporated into both the Constitution of the Communist Party of China and the Constitution of the People's Republic of China. Furthermore, the Green Principle is recognized as a

[1] See Lü Zhongmei et al., *Specialization of Environmental Justice: A Survey of Current Status and Institutional Reconstruction*, Law Press, 2017, Preface.

basic principle in the General Provisions of the Civil Code of the People's Republic of China. The high-quality refinement of the ecological and environmental protection legal system has woven a comprehensive network, and the compilation of an Ecological Environment Code has been incorporated into the major plans for comprehensively deepening reforms, with a clear directive to advance its codification. In the new era, the eco-environmental and resources adjudication work of the People's Courts has entered a phase of strategic development opportunities. To date, China has established over 2800 specialized environmental courts and tribunals nationwide, forming the world's most comprehensive and extensively-covered judicial system for ec-environmental and resource cases.

One guiding case outweighs a stack of regulatory documents. The establishment of the case guidance system represents a significant achievement in China's judicial system reform in recent years. As a major institutional innovation in legal interpretation and application since the creation of the judicial interpretation system, it holds profound importance for building a socialist rule-of-law system with Chinese characteristics.[1] At present, it is imperative to deeply comprehend the legal doctrines underlying cases, strengthen judges' awareness that "cases serve as a dynamic code," and advance the high-quality development of ecological and environmental resources adjudication.

I. Cases are the crystallization of judges' wisdom

1. Case awareness is the prerequisite for creating landmark cases

In 2024, the Supreme People's Court selected 10 high-impact cases from its published guiding cases, model cases, and other influential environmental and resource-related cases over the years, showcasing a decade of achievements in environmental adjudication. Among them was the case of Li X v. China Resources Land (Chongqing) Co., Ltd. concerning disputes over environmental

[1] See Hu Yunteng, *What is a Case?*, Journal of Law Application, 2017(6).

pollution liability, adjudicated by Chongqing Court. Many of the 10 cases were "first-of-their-kind", but landmark cases are not exclusively "firsts". Such pioneering cases are fortuitous rather than deliberate. Just as a drop of water can reflect the brilliance of the sun, even minor cases can elaborate profound principles and exert significant influence. A judge with "case awareness" does not merely consider statutory application when handling a case, but also actively evaluates whether precedents may serve as guidance. When confronting novel legal issues not yet addressed by higher courts, such a judge would examine how peer courts in other jurisdictions have resolved similar disputes, analyze their reasoning, and assess its referential value. They consistently monitor cases published by the Supreme People's Court and superior courts through various channels, and may even explore whether foreign courts have adjudicated analogous cases and their decisions.[1] In recent years, the Supreme People's Court has issued a series of normative documents, including the Guiding Opinions on Unifying the Application of Laws to Strengthen the Retrieval of Similar Cases (for Trial Implementation) and the Work Procedures for the Construction and Operation of the Case Base of the People's Courts. These documents establish and continuously refine the Similar Case Retrieval Mechanism, requiring presiding judges to conduct retrieval for relevant precedents during case adjudication. This institutional mandate will significantly enhance judges' "case awareness".

2. Landmark cases should embody both the honor and aspiration of judges

For a judge, there is no doubt that "Close the case with full resolution, settle disputes with finality" is an essential duty and mission. Yet beyond this, contributing landmark cases to the rule of law should stand as both the honor and aspiration of every distinguished judge. The legal principles distilled from such cases represent their very essence—these are are truly effective and operative "laws" bearing personal imprints, constituting the most profound "contributions" that fills judges' careers with immense pride.

[1] See Jiang Huiling, *Highly Valued the Cases as a "Dynamic Code"*, People's Court Daily, 1 Aug. 2005, at B01.

Ⅱ. Cases are the embodiment of judicial culture

1. Judicial cases are narratives of the rule of law that carry forward jurisprudential wisdom

As General Secretary Xi Jinping insightfully observed, "Behind every discourse lies ideology—the 'Dao'. Storytelling should never be an end in itself; rather, the 'Dao' must permeate the narrative. Through captivating storytelling, we guide others to comprehend the 'Dao', and through patient enlightenment, we lead them to internalize its essence." [1] Each case is a living narrative of legality that embodies the judicial philosophies and value pursuits. Storytelling is the most powerful vehicle for impactful communication. In the adjudication of ecological and environmental resources cases, the judicial philosophies of impartial justice, green development, systematic conservation, the strictest rule of law and collaborative governance, as well as the ecological vision of harmonious coexistence between humanity and nature is publicized through concrete cases. Telling these rule-of-law stories well constitutes a vital step in transforming "law on paper" into "law in action". Through subtle yet pervasive influence—like spring rain nourishing all things—it fosters genuine public recognition that protecting the ecological environment means protecting ourselves.

2. Cases represent the concentrated manifestation of adjudicative culture

Culture is the soul and root of a nation and its people. What defines a distinguished court lies in the presence of highly qualified judges who can deliver exemplary cases and earn the widespread trust of the public. [2] Each exemplary case serves as a paradigm that articulates "legal doctrines" with solemn clarity, elucidates "factual reasoning" with persuasive guidance and conveys "human

[1] The Party Literature Research Center of the CPC Central Committee, *Selected Excerpts from Xi Jinping's Treatise on Socialist Cultural Construction*, Central Party Literature Press, 2017, p. 213.

[2] See Liu Fuhua, *Cultural Cultivation of Outstanding Judges: An Interview with President Sun Hailong of Chongqing No. 4 Intermediate People's Court*, People's Judicature, 2012(21).

empathy" with emotional understanding. Through such cases, courts can "nurture the rule of law with cultures and foster a public affinity for the law through justice".

Ⅲ. Case can guide social values

1. Court rulings help clarify behavioral boundaries for the public

Through specific cases, judicial decisions serve to evaluate, predict, and guide general social conduct and individual behavior. Each case acts as a subtle yet meaningful directive for public conduct, and collectively, they form a powerful force driving social progress. In adjudicating the case of Defendant Li X et al. on Illegal Fishing of Aquatic Products, the Wanzhou District Court of Chongqing Municipality established that the three defendants had voluntarily purchased and released fish fry to mitigate ecological damage caused by their criminal acts. However, the released fry were non-native species unsuitable for that river section, posing significant risks of adverse impacts on local biodiversity. The court determined that such stock enhancement activities violated the Yangtze River Protection Law and relevant regulations, failing to protect aquatic biodiversity while instead introducing alien species to the affected river section. This could lead to genetic contamination, population degradation, and threats to biological genetic diversity. The court thus rendered a negative assessment of the defendants' actions, warning the public that fish stocking must comply with scientific and legal standards.

2. Judicial rulings must align with societal development needs

As a key participant in national and social governance, the People's Courts serve as vital forces advancing Chinese modernization under the rule of law. Judges must skillfully employ legal reasoning and methods to resolve disputes, safeguard rights, foster harmony, and promote development—ensuring judgments reflect contemporary characteristics and meet societal demands. The development of new energy vehicles (NEVs) represents an essential path for China's transition from an automotive powerhouse to a leader in sustainable transport, as well as a strategic initiative to combat climate change and drive green development. Widespread adoption of NEVs crucially depends on supporting infrastructure. In a landmark case, the Jiangjin District Court of Chongqing Municipality applied green principles in its ruling that a property service company must fulfill its obligation to assist with charging pile installation under the principle of good faith. This decision overcame the "last-mile" challenge for residential charging access when homeowners sued for contractual performance.

Ⅳ. Cases are the incremental steps in socialist rule of law advancement

1. Judges interpret laws and refine the legal framework through cases

If legislation aligns the concept of justice with potential future facts to establish legal norms, then adjudication matches actual facts with existing legal norms to produce judicial rulings.[1] "Law cannot be applied without interpretation." Given the inherent polysemy of language and the complexity and fluidity of social dynamics, judges must engage in legal interpretation. Cases provide a practical foundation for the interpretation and development of the law, facilitating the continuous improvement of legal system. In adjudicating a case involving the illegal transplantation of nationally protected plants, the Wanzhou District Court of Chongqing Municipality conducted a comprehensive assessment of multiple factors, including: the botanical rarity, transplantation purposes, employed methods, quantity of specimens, and ecological damage severity. The court established a precise judicial determination regarding whether "illegal transplantation" constitutes "illegal felling", with its developed adjudication rules subsequently being incorporated into judicial interpretations.

[1] See Zhang Mingkai, *The Explanation of Special Provisions of Criminal Law*, Higher Education Press, 2024, Preface.

2. Cases serving as the fountain head for the codification and the evolution of codes

Codes, in turn, stand as important symbols and institutional embodiment of humanity's rule-of-law civilization. The Third Plenary Session of the 20th Central Committee of the Communist Party of China explicitly proposed the "compilation of an ecological environment code." From a fundamental perspective, the Ecological Environment Code is a "domain-specific" code that integrates public and private law, substantive and procedural law, as well as regulatory and adjudicative norms.[1] To incorporate procedural and adjudicative norms into the code, it is essential to comprehensively summarize the achievements in environmental judicial reforms. As a vital manifestation of the experiences and innovative outcomes of ecological civilization system reforms, cases are worthy of in-depth exploration and study.

From the perspective of the compilation methodology, "moderate codification" has emerged as the fundamental consensus in compiling the Ecological Environment Code.[2] To maintain the Code's openness and ensure its responsiveness to societal developments, gradual amendments will be required following the initial phase of codification. This iterative process aims to enhance the Code's systematic coherence, ultimately achieving the goal of moderate codification.[3] Therefore, in the process of "dynamic moderate codification", it is necessary for judges to fill legal gaps and elaborate legal doctrines in the shaping of the code. To some extent, its significance may even surpass that of legislation itself.

---

[1] See Lü Zhongmei, *On Attribute of "Administrative Field Legislation" of Environmental Code*, Law Review, 2022(4).

[2] See Lü Zhongmei, *Framework for Codifying the Environmental Code*, China Legal Science, 2023(2).

[3] See Zhang Zitai & Bao jing, *What Kind of Environmental Code Does China Need? Further Discussion on the Moderate Codification of Environmental Law*, Exploration and Free Views, 2024(6).

V. Cases are bridges for international communication

1. Cases promote global environmental governance

General Secretary Xi Jinping pointed out, "Humanity is one community, and the Earth is our shared home. In the face of common challenges, no individual or country can remain unaffected. The only path forward for humanity is to work in solidarity and pursue harmonious coexistence. As a key force in advancing human progress, political parties must stay committed to the right direction and shoulder the historical responsibility of pursuing well-being for the people and progress for humanity."[1] Environmental issues are global challenges that require concerted efforts from all nations. The rule of law plays an irreplaceable and crucial role in global environmental governance, and cases serve as a "universal language" that can be understood by all countries around the world. The 2021 Kunming Declaration of the World Judicial Conference on Environment called for joint efforts to establish a diversified platform for sharing environmental judicial cases and experiences, thus promoting mutual learning and exchange.

2. Cases canenhance China's international influence

In recent years, Chinese courts have actively engaged in global ecological civilization cooperation, articulating contemporary environmental justice concepts and sharing reform innovations. The Supreme People's Court continues to deepen exchanges and cooperation with the United Nations Environment Programme, demonstrating "China's governance" in ecological and environmental judicial protection through vivid case examples, while consistently sharing China's experience and exemplary cases in environmental justice development. To date, the United Nations Environment Programme database and related portals have included four batches comprising a total of 45 Chinese environmental judicial

[1] See *Keynote Address by Xi Jinping at the CPC and World Political Parties Summit*, The State Council of the People's Republic of China, https://www.gov.cn/xinwen/2021-07/06/content_5622851.htm.

cases. Patricia Kameri-Mbote, Director of the UN Environment Programme's Law Division, commended: "China has achieved remarkable and inspiring accomplishments in advancing environmental rule of law, taking on a leadership role in global environmental governance."[1]

Building a Beautiful China is a "national priority" that General Secretary Xi Jinping keeps close to heart, and it is a shared aspiration and goal pursued by all Chinese people. Chongqing Courts have kept in mind the earnest instructions of general secretary Xi Jingping. Under the authoritative guidance of the Supreme People's Court, we have heightened our "upstream" consciousness, shouldered "upstream" responsibilities, and demonstrated "upstream" commitment. Chongqing Courts have crystallized a "1 + 1 + 6"[2] ecological adjudication architecture, and has proactively implemented preventive and restorative justice, pioneering innovative remedies such as: technology-upgrade offsets, carbon sink credit purchases and artificial fish reef deployments. By strengthening cross-agency coordination in restoration enforcement, over 40 ecological protection or restoration bases have been established. These efforts exemplify Chongqing's judicial commitment to advancing green development through rule of law, presenting the judicial sector's "Chongqing Solutions" for juridical safeguarding of green development. The *Chongqing Court Cases and Interpretations on Ecological and Environmental Resources* (Chinese-English Edition), presented to readers in a bilingual Chinese-English format, setting benchmarks for ecological justice through the inclusion of over 30 landmark and model environmental cases by Chongqing courts into both the UN Environment Programme's Law Database and the Case Base of People's Courts. Like a

---

[1] Gao Linlin, *the Supreme People's Court: Environmental Justice Advances Chinese Modernization, with Notable Decline in Environmental Pollution Cases*, China Daily, https://cn.chinadaily.com.cn/a/202403/09/WS65ebbc2ba3109f7860dd4ad5.html.

[2] 1 Environmental Resources Division at the Chongqing High People's Court + 1 Chongqing Environment and Resources Division under No. 5 Intermediate People's Court + 6 Environmental Resources Divisions (or specialized teams) at district-level courts in Yubei, Wanzhou, Jiangjin, Fuling, Qianjiang, and Nan'an — collectively handling all environmental cases (criminal, civil, administrative) citywide.

mirror, it reflects more than a decade of the Chongqing courts' practical exploration and committed efforts in the field of ecological and environmental judicial protection. We hope that this modest effort will contribute to the high-quality development of ecological and environmental resource adjudication, Building a Beautiful China and advancing the construction of the Chinese path to modernization with harmonious coexistence between humanity and nature.

Editorial Board

March 26, 2025

目　录

第一编　环境污染防治

第二编　生态保护

第三编 资源开发利用

第四编　生态环境治理与服务

第五编　气候变化应对

Contents

Part Ⅰ Prevention and Control of Environmental Pollution

Part II Ecological Protection

Part III Development and Utilization of Resources

Part Ⅳ Ecological Environment Governance and Services

Part Ⅴ Responding to Climate Change

第一编 环境污染防治

01 光污染案件的事实认定及责任承担

——李某诉华润置地(重庆)有限公司环境污染责任纠纷案[1]

裁判文书二维码

关键词

民事　环境污染责任　光污染　损害认定　可容忍度

案　号

一审:重庆市江津区人民法院(2018)渝0116民初6093号

基本案情

原告李某购买位于重庆市九龙坡区谢家湾正街×小区×幢×—×—×的住宅一套,并从2005年入住至今。被告华润置地(重庆)有限公司开发建设的万象城购物中心与原告住宅相隔一条双向六车道的公路,双向六车道中间为轻轨线路。万象城购物中心与原告住宅之间无其他遮挡物,在正对原告住宅的万象城购物中心外墙上安装有一块LED显示屏用于播放广告等,该LED显示屏广告位从2014年建成后开始投入运营,每天播放宣传资料及视频广告等,其产生的强光直射入原告住宅房间,给原告的正常生活造成影响。

2014年5月,原告小区的业主向市政府公开信箱投诉反映:从5月3日开始,谢家湾华润二十四城的万象城的巨型LED屏幕开始工作,LED巨屏的强光直射进其房间,造成严重的光污染,并且宣传片的音量巨大,影响了其日

[1] 本案为最高人民法院第128号指导性案例,入选最高人民法院十年环境资源审判有重大影响力案件、联合国环境规划署数据库中国环境司法案例。合议庭成员:姜玲、罗静、张志贵。

常生活,希望有关部门让万象城减小音量并且调低LED屏幕亮度。2014年9月,黄杨路×小区居民向市政府公开信箱投诉反映:万象城有块巨型LED屏幕通宵播放资料广告,产生太强光线,导致李某夜间无法睡眠,无法正常休息。万象城大屏夜间光污染严重影响周边小区高层住户,请相关部门解决,禁止夜间播放,或者禁止通宵播放,只能在晚上20:00前播放,并调低亮度。2018年2月,原告小区的住户向市政府公开信箱投诉反映:万象城户外广告大屏就是住户的噩梦,该广告屏每天播放视频广告,光线极强还频繁闪动,住在对面的业主家里夜间如同白昼,严重影响老人和小孩的休息,希望相关部门尽快对其进行整改。

本案审理过程中,人民法院组织原告、被告双方于2018年8月11日晚到现场进行了查看,正对原告住宅的一块LED显示屏正在播放广告视频,产生的光线较强,可直射入原告住宅居室,当晚该LED显示屏播放广告视频至20:58关闭。被告公司员工称该LED显示屏面积为160m^2。

就案涉光污染问题是否能进行环境监测的问题,人民法院向重庆市九龙坡区生态环境监测站进行了咨询,该站负责人表示,国家与重庆市均无光污染环境监测方面的规范及技术指标,所以监测站无法对光污染问题开展环境监测。重庆法院参与环境资源审判专家库专家、重庆市永川区生态环境监测站副站长也表示就环保方面光污染没有具体的标准,但从民事法律关系的角度,可以综合其余证据判断是否造成光污染。从本案原告提交的证据来看,万象城电子显示屏对原告的损害客观存在,主要体现为影响原告的正常休息。就LED显示屏产生的光辐射相关问题,法院向重庆大学建筑城规学院教授、中国照明学会副理事长以及重庆大学建筑城规学院高级工程师、中国照明学会理事等专家作了咨询,专家表示,LED的光辐射一方面对人有视觉影响,其中失能眩光和不舒适眩光对人的眼睛有影响;另一方面对人有生物影响:人到晚上随着光照强度下降,渐渐入睡,是褪黑素和皮质醇两种激素发生作用的结果——褪黑素晚上上升、白天下降,皮质醇相反。如果光辐射太强,使人生物钟紊乱,长期就会有影响。另外LED的白光中有蓝光成分,蓝光对人的视网膜有损害,而且不可修复。但户外蓝光危害很难检测,时间、强度的标准是多少,有待标准出台确定。关于光照亮度对人的影响,有研究结论认为一般在400cd/m^2以下对人的影响会小一点,但动态广告屏很难适用。对于亮度的规范,不同部门编制的规范对亮度的限值不同,但LED显示屏与直射的照明灯光还是有区别的，以LED显示屏的相关国家标准来认定比较合适。

重庆市江津区人民法院于2018年12月28日作出(2018)渝0116民初6093号判决：一、被告华润置地(重庆)有限公司从本判决生效之日起，立即停止其在运行重庆市九龙坡区谢家湾正街万象城购物中心正对原告李某位于重庆市九龙坡区谢家湾正街×小区×幢住宅外墙上的一块LED显示屏时对原告李某的光污染侵害：1. 前述LED显示屏在5月1日至9月30日开启时间应在8:30之后，关闭时间应在22:00之前；在10月1日至4月30日开启时间应在8:30之后，关闭时间应在21:50之前。2. 前述LED显示屏在每日19:00后的亮度值不得高于600cd/m^2。二、驳回原告李某的其余诉讼请求。一审宣判后，双方当事人均未提出上诉，判决已发生法律效力。

裁判理由

法院生效裁判认为：保护环境是我国的基本国策，一切单位和个人都有保护环境的义务。《中华人民共和国民法总则》(已废止，下同)第九条规定："民事主体从事民事活动，应当有利于节约资源、保护生态环境。"《中华人民共和国物权法》(已废止，下同)第九十条规定："不动产权利人不得违反国家规定弃置固体废物，排放大气污染物、水污染物、噪声、光、电磁波辐射等有害物质。"《中华人民共和国环境保护法》(2014修订)第四十二条第一款规定："排放污染物的企业事业单位和其他生产经营者，应当采取措施，防治在生产建设或者其他活动中产生的废气、废水、废渣、医疗废物、粉尘、恶臭气体、放射性物质以及噪声、振动、光辐射、电磁辐射等对环境的污染和危害。"本案系环境污染责任纠纷，根据《中华人民共和国侵权责任法》(已废止，下同)第六十五条规定："因污染环境造成损害的，污染者应当承担侵权责任。"环境污染侵权责任属特殊侵权责任，其构成要件包括以下三个方面：一是污染者有污染环境的行为；二是被侵权人有损害事实；三是污染者污染环境的行为与被侵权人的损害之间有因果关系。

一、关于被告是否有污染环境的行为

被告华润置地(重庆)有限公司作为万象城购物中心的建设方和经营管理方，其在正对原告住宅的购物中心外墙上设置LED显示屏播放广告、宣传资料等，产生的强光直射进入原告的住宅居室。根据原告提供的照片、视频

资料等证据,以及组织双方当事人到现场查看的情况,可以认定被告使用LED显示屏播放广告、宣传资料等所产生的强光已超出了一般公众普遍可容忍的范围,就大众的认知规律和切身感受而言,该强光会严重影响相邻人群的正常工作和学习,干扰周围居民正常生活和休息,已构成由强光引起的光污染。被告使用LED显示屏播放广告、宣传资料等造成光污染的行为已构成污染环境的行为。

二、关于被侵权人的损害事实

环境污染的损害事实主要包含污染环境的行为致使当事人的财产、人身受到损害以及环境受到损害的事实。环境污染侵权的损害后果不同于一般侵权的损害后果,不仅包括症状明显并可计量的损害结果,还包括那些症状不明显或者暂时无症状且暂时无法用计量方法反映的损害结果。本案系光污染纠纷,光污染对人身的伤害具有潜在性和隐蔽性等特点,被侵权人往往在开始受害时显露不出明显的受损害症状,其所遭受的损害往往暂时无法用精确的计量方法来反映。但随着时间的推移,损害会逐渐显露。参考本案专家意见,光污染对人的影响除能够感知的对视觉的影响外,太强的光辐射会造成人生物钟紊乱,短时间看不出影响,但长期会带来影响。本案中,被告使用LED显示屏播放广告、宣传资料等所产生的强光,已超出了一般人可容忍的程度,影响了相邻居住的原告等居民的正常生活和休息。根据日常生活经验法则,被告运行LED显示屏产生的光污染势必会给原告等人的身心健康造成损害,这也为公众普遍认可。综上所述,被告运行LED显示屏产生的光污染已致使原告居住的环境权益受损,并导致原告的身心健康受到损害。

三、被告是否应承担污染环境的侵权责任

《中华人民共和国侵权责任法》第六十六条规定:"因污染环境发生纠纷,污染者应当就法律规定的不承担责任或者减轻责任的情形及其行为与损害之间不存在因果关系承担举证责任。"本案中,原告已举证证明被告有污染环境的行为及原告的损害事实。被告需对其在本案中存在法律规定的不承担责任或者减轻责任的情形,或被告污染行为与损害之间不存在因果关系承担举证责任。但被告并未提交证据对前述情形予以证实,对此被告应承担举证不能的不利后果,应承担污染环境的侵权责任。《最高人民法院关于审理环境侵权责任纠纷案件适用法律若干问题的解释》(2015)(已废止)第十三条规定:"人民法院应当根据被侵权人的诉讼请求以及具体案情,合理判定污染者承担停止侵害、排除妨碍、消除危险、恢复原状、赔礼道歉、赔偿损失等民事责任。”环境侵权的损害不同于一般的人身损害和财产损害，对侵权行为人承担的侵权责任有其独特的要求。由于环境侵权是通过环境这一媒介侵害到一定地区不特定多数人的人身、财产权益，而且一旦出现可用计量方法反映的损害，其后果往往已无法弥补和消除。因此在环境侵权中，侵权行为人实施了污染环境的行为，即使还未出现可计量的损害后果，即应承担相应的侵权责任。本案中，从市民的投诉反映看，被告作为万象城购物中心的经营管理者，其在生产经营过程中，理应认识到使用 LED 显示屏播放广告、宣传资料等发出的强光会对居住在对面以及周围住宅小区的原告等人造成影响，并负有采取必要措施以减少对原告等人影响的义务。但被告仍然一直使用 LED 显示屏播放广告、宣传资料等，其产生的强光明显超出了一般人可容忍的程度，构成光污染，严重干扰了周边居民的正常生活，对原告等人的环境权益造成损害，进而损害了原告等人的身心健康。因此，即使原告尚未出现明显症状，其生活受到光污染侵扰、环境权益受到损害也是客观存在的事实，故被告应承担停止侵害、排除妨碍等民事责任。

裁判要旨

人民法院认定光污染损害，应当依据国家标准、地方标准、行业标准，是否干扰他人正常生活、工作和学习，以及是否超出公众可容忍度等进行综合认定。对于公众可容忍度，可以根据周边居民的反映情况、现场的实际感受及专家意见等判断。

示范意义

本案系重庆市首例 LED 显示屏光污染责任纠纷。本案创新性地适用法律并形成类案裁判规则，当 LED 显示屏运行时产生的强光超出一般公众普遍可容忍的范围时，构成由强光引起的光污染。是否超出一般公众普遍可容忍的范围，可通过周边居民的客观反映情况、在现场的实际感受，并参考专家意见，综合进行认定。同时，本案结合普通人对光的正常感知度及作息时间情况，通过规范被告开启 LED 显示屏运行时间、亮度值的方式将光污染对原告生活产生的负面影响降低到正常人的忍受范围之内，以达到停止侵害的目的,让原告有更多的获得感,实现了环境保护与经济发展的平衡。

关联索引

《中华人民共和国民法典》第1229条、第1230条(本案适用的是2010年7月1日施行的《中华人民共和国侵权责任法》第65条、第66条)

《中华人民共和国环境保护法》(2014修订)第42条第1款

编写人:冉崇高　罗　静　朱　锐　朱永祺

02 污染者停止侵害的责任承担方式

——重庆市绿色志愿者联合会诉湖北省恩施土家族苗族自治州建始磺厂坪矿业有限责任公司水污染责任民事公益诉讼案〔1〕

裁判文书二维码

关键词

民事　环境民事公益诉讼　停止侵害　恢复生产附条件　环境影响评价

案　号

一审:重庆市万州区人民法院(2014)万法环公初字第00001号

二审:重庆市第二中级人民法院(2016)渝02民终77号

基本案情

原告重庆市绿色志愿者联合会(以下简称重庆绿联会)对被告湖北省恩施土家族苗族自治州建始磺厂坪矿业有限责任公司(以下简称建始磺厂坪矿业公司)提起环境民事公益诉讼,诉请判令被告停止侵害,承担生态环境修复责任。重庆市人民检察院第二分院支持起诉。

法院经审理查明,千丈岩水库位于重庆市巫山县、奉节县和湖北省建始县交界地带。水库设计库容405万立方米,2008年开始建设,2013年12月6日被重庆市人民政府确认为集中式饮用水源保护区,供应周边5万余人的生

〔1〕 本案为最高人民法院第134号指导性案例,入选联合国环境规划署数据库中国环境司法案例。一审合议庭成员:卢伟、冯纲、王翔、吉方英、黄仁军;二审合议庭成员:王剑波、杨超、沈平。

活饮用和生产用水。湖北省建始县毗邻重庆市巫山县,被告建始磺厂坪矿业公司选矿厂位于建始县业州镇郭家淌国有高岩子林场,距离巫山县千丈岩水库直线距离约2.6千米,该地区属喀斯特地貌的山区,地下裂缝纵横,暗河较多。建始磺厂坪矿业公司硫铁矿选矿项目于2009年编制可行性研究报告,2010年4月23日取得恩施土家族苗族自治州发展和改革委员会批复。2010年7月开展环境影响评价工作,2011年5月16日取得恩施土家族苗族自治州环境保护局环境影响评价批复。2012年开工建设,2014年6月基本完成,但水污染防治设施等未建成。建始磺厂坪矿业公司选矿厂硫铁矿生产中因有废水和尾矿排放,属于排放污染物的建设项目。其项目建设可行性报告中明确指出尾矿库库区为自然成库的岩溶洼地,库区岩溶表现为岩溶裂隙和溶洞。同时,尾矿库工程安全预评价报告载明:“建议评价报告做下列修改和补充:1.对库区渗漏分单元进行评价,提出对策措施;2.对尾矿库运行后可能存在的排洪排水问题进行补充评价。”但建始磺厂坪矿业公司实际并未履行修改和补充措施。

2014年8月10日,建始磺厂坪矿业公司选矿厂使用硫铁矿原矿约500吨、乙基钠黄药、2号油进行违法生产,产生的废水、尾矿未经处理就排入临近有溶洞漏斗发育的自然洼地。2014年8月12日,巫山县红椿乡村民反映千丈岩水库饮用水源取水口水质出现异常,巫山县启动重大突发环境事件应急预案。应急监测结果表明,被污染水体无重金属毒性,但具有有机物毒性,COD(化学需氧量)、Fe(铁)分别超标0.25倍、30.3倍,悬浮物高达260mg/L。重庆市相关部门将污染水体封存在水库内,对受污染水体实施药物净化等应急措施。

千丈岩水库水污染事件发生后,原环境保护部明确该起事件已构成重大突发环境事件。原环境保护部环境规划院环境风险与损害鉴定评估研究中心作出《重庆市巫山县红椿乡千丈岩水库突发环境事件环境损害评估报告》。该报告对本次环境污染的污染物质、突发环境事件造成的直接经济损失、本次污染对水库生态环境影响的评价等进行了评估。并判断该次事件对水库的水生生态环境没有造成长期的不良影响,无须后续的生态环境修复,无须进行进一步的中长期损害评估。原湖北省环保厅于2014年9月4日作出行政处罚决定,认定磺厂坪矿业公司硫铁矿选矿项目水污染防治设施未建成,擅自投入生产,非法将生产产生的废水和尾矿排放、倾倒至厂房下方的洼地内,造成废水和废渣经洼地底部裂隙渗漏,导致千丈岩水库水体污染。责令停止生产直至验收合格,限期采取治理措施消除污染,并处罚款1,000,000元。行政处罚决定作出后,建始磺厂坪矿业公司仅缴纳了罚款1,000,000元,但并未采取有效消除污染的治理措施。

2015年4月26日,法院依原告申请,委托北京师范大学对千丈岩环境污染事件的生态修复及其费用予以鉴定,北京师范大学鉴定认为:1.建始磺厂坪矿业公司系此次千丈岩水库生态环境损害的唯一污染源,责任主体清楚,环境损害因果关系清晰。2.对《重庆市巫山县红椿乡千丈岩水库突发环境事件环境损害评估报告》评价的对水库生态环境没有造成长期的不良影响,无须后续生态环境修复,无须进行中长期损害评估的结论予以认可。3.本次污染土壤的生态环境损害评估认定:经过9个月后,事发区域土壤中的乙基钠黄药已得到降解,不会对当地生态环境再次带来损害,但洼地土壤中的Fe污染物未发生自然降解,超出当地生态基线,短期内不能自然恢复,将对千丈岩水库及周边生态环境带来潜在污染风险,需采取人工干预方式进行生态修复。根据《突发环境事件应急处置阶段环境损害评估推荐方法》(环办〔2014〕118号),采用虚拟治理成本法计算洼地土壤生态修复费用约需991,000元。4.建议后续进一步制定详细的生态修复方案,开展事故区域生态环境损害的修复,并做好后期监管工作,确保千丈岩水库的饮水安全和周边生态环境安全。在案件审理过程中,重庆绿联会申请通知鉴定人出庭,就生态修复接受质询并提出意见。鉴定人王金生教授认为,土壤元素本身不是控制性指标,就饮用水安全而言,洼地土壤中的Fe高于饮用水安全标准;被告建始磺厂坪矿业公司选矿厂所处位置地下暗河众多,地区降水量大,污染饮用水的风险较高。

重庆市万州区人民法院于2016年1月14日作出(2014)万法环公初字第00001号民事判决:一、建始磺厂坪矿业公司立即停止对巫山县千丈岩水库饮用水源的侵害,重新进行环境影响评价,未经批复和环境保护设施未经验收,不得生产;二、建始磺厂坪矿业公司在判决生效后180日内,对位于恩施土家族苗族自治州建始县业州镇郭家淌国有高岩子林场选矿厂洼地土壤制定修复方案进行生态修复,逾期不履行修复义务或修复不合格,由建始磺厂坪矿业公司承担修复费用991,000元支付至指定的账号;三、建始磺厂坪矿业公司对其污染生态环境,损害公共利益的行为在国家级媒体上赔礼道歉;四、建始磺厂坪矿业公司支付重庆绿联会为本案诉讼而产生的合理费用及律师费共计150,000元;五、驳回重庆绿联会的其他诉讼请求。一审宣判后,建始磺厂坪矿业公司不服,提起上诉。重庆市第二中级人民法院于2016年9月13日作出(2016)渝02民终77号民事判决:驳回上诉,维持原判。

裁判理由

法院生效裁判认为,本案的焦点问题之一为是否需判令停止侵害并重新作出环境影响评价。

环境侵权行为对环境的污染、生态资源的破坏往往具有不可逆性,被污染的环境、被破坏的生态资源很多时候难以恢复,单纯事后的经济赔偿不足以弥补对生态环境所造成的损失,故对于环境侵权行为应注重防患于未然,才能真正实现环境保护的目的。本案建始磺厂坪矿业公司只是暂时停止了生产行为,其"三同时"工作严重滞后、环保设施未建成等违法情形并未实际消除,随时可能恢复违法生产。由于建始磺厂坪矿业公司先前的污染行为,导致相关区域土壤中部分生态指标超过生态基线,因当地降水量大,又地处喀斯特地貌山区,裂隙和溶洞较多,暗河纵横,而其中的暗河水源正是千丈岩水库的聚水来源,污染风险明显存在。考虑到建始磺厂坪矿业公司的违法情形尚未消除、项目所处区域地质地理条件复杂特殊,在不能确保恢复生产不会再次造成环境污染的前提下,应当禁止其恢复生产,才能有效避免当地生态环境再次遭受污染破坏,也可避免在今后发现建始磺厂坪矿业公司重新恢复违法生产后需另行诉讼的风险,减轻当事人诉累、节约司法资源。故建始磺厂坪矿业公司虽在起诉之前已停止生产,仍应判令其对千丈岩水库饮用水源停止侵害。

此外,千丈岩水库开始建设于2008年,而建始磺厂坪矿业公司项目的环境影响评价工作开展于2010年7月,并于2011年5月16日才取得当地环境行政主管部门的批复。《中华人民共和国环境影响评价法》(2016修正)第二十三条规定:"建设项目可能造成跨行政区域的不良环境影响,有关环境保护行政主管部门对该项目的环境影响评价结论有争议的,其环境影响评价文件由共同的上一级环境保护行政主管部门审批。"考虑到该项目的性质、与水库之间的相对位置及当地特殊的地质地理条件,本应在当时项目的环境影响评价中着重考虑对千丈岩水库的影响,但由于两者分处不同省级行政区域,导致当时的环境影响评价并未涉及千丈岩水库,可见该次环境影响评价是不全面且有着明显不足的。由于新增加了千丈岩水库这一需要重点考量的环境保护目标，导致原有的环境影响评价依据发生变化，在已发生重大突发环境事件的现实情况下，涉案项目在防治污染、防止生态破坏的措施方面显然也需要作出重大变动。根据《中华人民共和国环境影响评价法》（2016 修正）第二十四条第一款“建设项目的环境影响评价文件经批准后，建设项目的性质、规模、地点、采用的生产工艺或者防治污染、防止生态破坏的措施发生重大变动的，建设单位应当重新报批建设项目的环境影响评价文件”及《中华人民共和国水污染防治法》（2008 修订）第十七条第三款“建设项目的水污染防治设施，应当与主体工程同时设计、同时施工、同时投入使用。水污染防治设施应当经过环境保护主管部门验收，验收不合格的，该建设项目不得投入生产或者使用”的规定，鉴于千丈岩水库的重要性、作为一级饮用水水源保护区的环境敏感性及涉案项目对水库潜在的巨大污染风险，在应当作为重点环境保护目标纳入建设项目环境影响评价而未能纳入且客观上已经造成重大突发环境事件的情况下，考虑到原有的环境影响评价依据已经发生变化，出于对重点环境保护目标的保护及公共利益的维护，建始磺厂坪矿业公司应在考虑对千丈岩水库环境影响的基础上重新对项目进行环境影响评价并履行法定审批手续，未经批复和环境保护设施未经验收，不得生产。

裁判要旨

环境民事公益诉讼中，人民法院判令污染者停止侵害的，可以责令其重新进行环境影响评价，在环境影响评价文件经审查批准及配套建设的环境保护设施经验收合格之前，污染者不得恢复生产。

示范意义

本案明确了在环境民事公益诉讼中环境侵权人承担停止侵害责任的具体形式问题。环境是一种具有多种功能的、综合性的生态系统，是一种不具有消费排他性的公众共用物。[1] 基于环境损害的不可逆性及单纯的事后经济赔偿并不足以弥补环境侵权人对生态环境所造成的损失，在环境民事公益

---

〔1〕 参见蔡守秋：《析 2014 年〈环境保护法〉的立法目的》，载《中国政法大学学报》2014 年第 6 期。

诉讼中即使环境侵权人已停止生产,但一旦恢复生产仍具有生态环境侵害风险的,人民法院可通过附加恢复生产条件的方式判令环境侵权人承担停止侵害责任。本案将停止侵害的具体履行方式进一步明确为重新申请环境影响评价,未经环境保护行政主管部门批复和环境保护设施未经验收的不得生产,使判决更具可执行性,有利于及时制止违法生产行为,全面保护社会公共利益,为环境公益诉讼案件的裁判提供了一条新的思路,对准确适用停止侵害责任保护生态环境、维护公共利益等具有重要意义。

关联索引

《中华人民共和国环境影响评价法》(2016 修正)第 24 条第 1 款

《中华人民共和国水污染防治法》(2008 修订)第 17 条第 3 款

编写人:沈　平　王　翔　游中川

03 公益诉讼案件中技改抵扣的规范适用

——重庆市人民检察院第五分院诉重庆瑜煌电力设备制造有限公司等环境污染民事公益诉讼案[1]

裁判文书二维码

关键词

民事　环境污染民事公益诉讼　环保技术改造　费用抵扣　生态环境损害赔偿金

案　号

一审：重庆市第五中级人民法院(2019)渝05民初256号

二审：重庆市高级人民法院(2020)渝民终387号

基本案情

重庆市鹏展化工有限公司(以下简称鹏展公司)、重庆瑜煌电力设备制造有限公司(以下简称瑜煌公司)、重庆顺泰铁塔制造有限公司(以下简称顺泰公司)均无危险废物经营资质。2015年4月10日，鹏展公司分别与瑜煌公司、顺泰公司签订合同，约定鹏展公司以420元/吨的价格向瑜煌公司、顺泰公司出售盐酸，由鹏展公司承担运费。前述价格包含销售盐酸的价格和鹏展公司将废盐酸运回进行处置的费用。2015年7月开始，鹏展公司将废盐酸从瑜

[1] 本案为最高人民法院第204号指导性案例，入选联合国环境规划署数据库中国环境司法案例。一审合议庭成员：冉崇高、陈霞、张应洪、姚天玲、王评、任富民、许培英；二审合议庭成员：唐亚林、赵翎、黄成。

煌公司、顺泰公司运回后直接非法排放。2015年7月至2016年3月,鹏展公司非法排放废盐酸累计至少达717.14吨,造成跳蹬河受到污染。经评估,本次事件生态环境损害数额为6,454,260元,同时还产生事务性费用25,100元及鉴定费5000元。本次污染事件发生后,瑜煌公司和顺泰公司投入资金开展酸雾收集、助镀槽再生系统等多个方面的技术改造,环境保护水平有所提升。公益诉讼起诉人重庆市人民检察院第五分院认为鹏展公司、瑜煌公司和顺泰公司应承担本次环境污染事件造成的损失,遂向人民法院提起诉讼请求判决鹏展公司、瑜煌公司、顺泰公司承担生态环境损害赔偿金及鉴定费等共计6,484,360元,并向社会公众赔礼道歉。

重庆市第五中级人民法院于2019年11月29日作出(2019)渝05民初256号民事判决:一、被告鹏展公司赔偿因非法排放废盐酸产生的生态环境修复费用6,479,360元、技术咨询费5000元,合计6,484,360元,限本判决生效之日起10日内支付至法院指定的司法生态修复费专款账户。二、被告瑜煌公司和被告顺泰公司对本判决第一项确定的被告鹏展公司的赔偿款分别承担3,242,180元的连带清偿责任。三、被告鹏展公司、瑜煌公司和被告顺泰公司在本判决生效之日起30日内在重庆市市级以上媒体向社会公众赔礼道歉。

宣判后,瑜煌公司和顺泰公司不服,提起上诉,并在二审中提出分期支付申请和对其技改费用予以抵扣请求。

重庆市高级人民法院于2020年12月25日作出(2020)渝民终387号民事判决:一、维持重庆市第五中级人民法院(2019)渝05民初256号民事判决第一、第三项。二、撤销重庆市第五中级人民法院(2019)渝05民初256号民事判决第二项。三、瑜煌公司、顺泰公司对鹏展公司应承担的生态环境损害赔偿金分别承担3,242,180元的连带清偿责任,在向重庆市第五中级人民法院提供有效担保后,按照25%、25%及50%的比例分三期支付。具体支付时间为本判决生效之日起十日内各支付809,920元及技术咨询费2500元;2021年12月31日前各支付809,920元;2022年12月31日前各支付1,619,840元。技术咨询费在执行到位后十日内支付到重庆市人民检察院第五分院指定的账户。四、如果瑜煌公司、顺泰公司在本判决生效后实施技术改造,在相同产能的前提下明显减少危险废物的产生或降低资源的消耗,且未因环境违法行为受到处罚,其已支付的技术改造费用可以凭技术改造效果评估意见和具有法定资质的中介机构出具的技术改造投入资金审计报告,可在支付第三期款项时向人民法院申请抵扣。

裁判理由

法院生效裁判认为,根据《中华人民共和国固体废物污染环境防治法》(2015修正)第五十七条的规定,从事收集、贮存、处置危险废物经营活动的单位,必须向县级以上人民政府环境保护行政主管部门申请领取经营许可证;从事利用危险废物经营活动的单位,必须向国务院环境保护行政主管部门或者省、自治区、直辖市人民政府环境保护行政主管部门申请领取经营许可证。本案中,瑜煌公司、顺泰公司作为危险废物的生产者,将涉案危险废物交由未取得危险废物经营许可证的鹏展公司处置,违反了危险废物污染防治的法定义务。鹏展公司非法排放的危险废物中无法区分瑜煌公司、顺泰公司各自提供的具体数量或所占份额,构成共同侵权,故瑜煌公司和顺泰公司应对鹏展公司所造成的生态环境损害承担连带责任。

环境公益诉讼作为环境保护立法确立的重要诉讼制度,其诉讼目的不仅仅是追究环境侵权责任,更重要的是督促引导环境侵权人实施环境修复,鼓励企业走生态优先、绿色发展的道路,实现环境保护同经济建设和社会发展相协调。瑜煌公司和顺泰公司在案涉污染事件发生后实施技术改造,并请求以技术改造费用抵扣生态环境损害赔偿金。对技术改造费用能否用以抵扣应承担的生态环境损害赔偿金的问题,应秉持前述环境司法理念,对企业实施的环保技术改造的项目和目的加以区分,分类对待。如果企业实施的环保技术改造的项目和目的仅满足其环境影响评价要求、达到排污许可证设定的污染物排放标准或者履行其他法定的强制性义务,那么对该部分技术改造费用应不予抵扣;如果企业在已完全履行法律对企业设定的强制性环境保护义务基础之上,通过使用清洁能源或采用更优技术、工艺或设备等方式,实现资源利用率更高、污染物排放量减少、废弃物综合利用率提升等效果,则该部分技术改造费用就应考虑予以适当抵扣。

本案中,由于河流具有自净能力,受到污染的水体现已无必要进行生态环境修复。瑜煌公司和顺泰公司愿意继续进行技术改造,其承诺实施的技术改造,有利于实现污染物的减量化、再利用和资源化,也有利于降低当地的环境风险。因此,将瑜煌公司和顺泰公司已实际支付的环保技术改造费用用于抵扣其应承担的生态环境损害赔偿金,符合环境公益诉讼维护社会公共利益的目的。为支持企业绿色转型,鼓励瑜煌公司和顺泰公司投入更多的资金用于节能减排,法院将瑜煌公司和顺泰公司各自可以抵扣的上限设定为其应承担的生态环境损害赔偿金的50%。故瑜煌公司和顺泰公司在本判决生效后开展技术改造,在相同产能的前提下明显减少危险废物的产生或降低资源的消耗,且未因环境违法行为受到处罚,其已支付的技术改造费用凭技术改造效果评估意见和具有法定资质的中介机构出具的技术改造投入资金审计报告,可向人民法院申请抵扣。

在环境民事公益诉讼案件中,既要确保受损的生态环境得到及时有效的修复,又要给予正确面对自身环境违法行为、愿意积极承担环境法律责任的企业继续进行合法生产经营的机会,实现保护生态环境与促进经济发展的平衡。新冠疫情期间,瑜煌公司和顺泰公司的生产经营受到一定影响,两家企业在案发后投入大量资金实施技术改造,且部分尚欠的技术改造费用已到清偿期,两家企业当前均出现一定程度的经营困难。为促发展、稳预期、保民生,最大限度地维持企业的持续经营能力,对瑜煌公司和顺泰公司请求分期支付的意见予以采纳,准许其两年内分三期支付生态环境损害赔偿金。

裁判要旨

1. 受损生态环境无法修复或无修复必要,侵权人在已经履行生态环境保护法律法规规定的强制性义务基础上,通过资源节约集约循环利用等方式实施环保技术改造,经评估能够实现节能减排、减污降碳、降低风险效果的,人民法院可以根据侵权人的申请,结合环保技术改造的时间节点、生态环境保护守法情况等因素,将由此产生的环保技术改造费用适当抵扣其应承担的生态环境损害赔偿金。

2. 为达到环境影响评价要求、排污许可证设定的污染物排放标准或者履行其他生态环境保护法律法规规定的强制性义务而实施环保技术改造发生的费用,侵权人申请抵扣其应承担的生态环境损害赔偿金的,人民法院不予支持。

示范意义

"技改抵扣"是环境民事责任履行的一种创新性探索,[1]具有鲜明的环境资源审判特色。本案系全国法院首例从正反两方面规范"技改抵扣"适用条件的环境民事公益诉讼案件。[2] 本案明确了"技改抵扣"的考量因素和负面条件,解决了"技改抵扣"如何适用的难题,体现了环境民事公益诉讼的预防功能,同时也回归司法理性,避免了对法院"任性"探索责任承担方式的担忧。[3] 法院判决对激励企业进行污染防治技术改造升级、保护生态环境、促进企业绿色转型、协同推进降碳减污扩绿增长具有重要示范价值。

关联索引

《中华人民共和国环境保护法》(2014 修订)第 36 条、第 40 条第 1 款

《中华人民共和国循环经济促进法》(2008)第 3 条

编写人:赵 翎 黄 成

---

〔1〕 乔刚:《生态环境损害民事责任中"技改抵扣"的法理及适用》,载《法学评论》2021 年第 4 期。

〔2〕 江苏省高级人民法院作出的(2014)苏环公民终字第 000001 号民事判决是全国首例探索适用"技改抵扣"的案件。此后,各地法院就技术改造费用能否抵扣生态环境损害赔偿金认识不一。

〔3〕 吕忠梅:《环境司法理性不能止于"天价"赔偿:泰州环境公益诉讼案评析》,载《中国法学》2016 年第 3 期。

04 非法处置医疗废物行为的性质认定

——重庆市某医用输液瓶回收有限公司、关某某等污染环境案[1]

裁判文书二维码

关键词

刑事　污染环境罪　医疗废物　非法处置　感染性危害

案　号

一审:重庆市渝北区人民法院(2020)渝0112刑初231号

二审:重庆市第一中级人民法院法院(2021)渝01刑终356号

基本案情

重庆某医用输液瓶回收有限公司(以下简称回收公司)经营范围为医疗机构使用后的未被病人血液、体液、排泄物污染的一次性塑料输液瓶(袋)、玻璃输液瓶的回收、运输、处置(不含医疗废物),法定代表人系被告人关某某。2018年8月,该公司从医疗机构回收玻璃输液瓶后,与北京某环保科技有限公司(另案处理,以下简称环保公司)股东被告人李某某、陈某甲共谋,以320元/吨的价格将约1300吨玻璃输液瓶出售给没有危险废物经营许可证的环保公司,并由陈某甲安排被告人陈某乙进行管理生产,在生产过程中,工人对其中混杂的针头、棉签、输液管等废物进行了掩埋处理。案发后,对掩埋的废物进行挖掘并转运,经鉴定,该批废物系危险废物,共计16.27吨。

〔1〕 本案系人民法院案例库参考案例(2023-11-1-340-008),入选人民法院依法审理固体废物污染环境典型案例。一审合议庭成员:赵文芬、陈果、乔刚;二审合议庭成员:张力、吴长渝、伏虹瑾。

2018 年 11 月，被告人关某某明知被告人李某某没有危险废物经营许可证，仍介绍被告人易某某将其存放在回收公司的玻璃输液瓶瓶盖出售给李某某以赚取差价。2019 年 1 月至 3 月，李某某雇用工人分离、筛选、清洗收购的瓶盖，清洗废水未经处理直排外环境，筛选出的针头、棉签等废物堆放在厂房内。案发后，经鉴定，从易某某处收购的瓶盖均系危险废物，经应急处置，转移瓶盖等废物共计 72.9 吨。

重庆市渝北区人民法院 2021 年 4 月 1 日作出刑事判决：被告回收有限公司犯污染环境罪，判处罚金 20 万元；被告人关某某、李某某、陈某甲、陈某乙、易某某等犯污染环境罪，判处有期徒刑二年二个月至一年三个月不等，并分别处罚金。

宣判后，重庆市渝北区人民检察院提起抗诉，原审被告单位回收公司，原审被告人关某某、陈某甲提出上诉。

重庆市第一中级人民法院于 2021 年 9 月 13 日作出刑事判决，改判关某某有期徒刑二年四个月，并处罚金 10 万元；驳回其他上诉人的上诉理由。

裁判理由

法院生效裁判认为：一审中公诉机关的量刑建议适当，一审法院对各被告人的辩护人提出的相应辩护意见予以采纳适当。但一审法院对关某某立功情节的认定有误，二审法院予以纠正。

关于检察机关提出关某某不构成立功的抗诉意见。经查，关某某并无带领易某某前往公安机关接受调查的立功行为。虽关某某曾带领易某某前往铜梁区环保局，客观上提供了易某某的犯罪线索，有助于后续公安机关查清易某某涉嫌污染环境犯罪的事实，但其主观上是为撇清自身罪责，该行为并不属于犯罪分子揭发他人的犯罪行为。[1] 综上所述，检察机关关于关某某不构成立功情节的抗诉理由成立，二审法院予以采纳。

关于上诉人关某某及其辩护人提出其不构成污染环境罪的辩护意见。经查，关某某系回收公司法定代表人并负责经营管理，其余股东不参与经营管理。2018 年 11 月，上诉人关某某明知被告人李某某没有危险废物经营许可证，仍介绍易某某将玻璃输液瓶瓶盖出售给李某某以赚取差价。2018 年 8

〔1〕 参见丁学文：《立功线索来源排除规则的适用》，载《人民司法（案例）》2022 年第 20 期。

月,上诉人关某某与环保公司股东李某某、陈某甲共谋签订《合作协议》,处置玻璃输液瓶,回收公司以320元/吨的价格向环保公司出售玻璃输液瓶,将其位于铜梁区虎峰镇进仕村六社的部分厂房租赁给环保公司作为处置场所,并负责办理场地所需资质和相关手续。被告人陈某甲安排被告人陈某乙到该厂房负责管理工作。其间,被告人陈某乙聘请工人破碎、筛选、分离、清洗玻璃输液瓶,筛选出的针头、棉签、注射器等废物用编织袋包装后堆放在厂房外空地,后安排工人将前述编织袋堆放在厂房外水泥坝坎子下,并利用倒塌墙体的砖块予以掩埋,之后挑选出的废物也倾倒在该处。2019年6月8日,该处挖掘并转运废物共计16.27吨。经鉴别,前述废物均系危险废物。

综上所述,上诉人关某某污染环境犯罪事实证据确凿,原审认定除关某某立功一节之外的事实清楚,适用法律正确,审判程序合法,但因检察机关关于原审被告人关某某不构成立功的抗诉理由成立,故对原审被告人关某某量刑予以调整。关某某的上诉理由不成立,二审法院不予支持。

关于检察机关提出李某某系环保公司单位犯罪直接负责的主管人员的抗诉意见。李某某作为环保公司股东共谋合作处置玻璃输液瓶,在环保公司单位犯罪中并未起到决定、批准、授意、纵容、指挥等作用,检察机关的抗诉理由不成立,二审法院不予支持。一审法院认为李某某应作为环保公司单位犯罪的其他直接责任人员承担刑事责任并无不当。

关于上诉人陈某甲及其辩护人提出其不构成犯罪、罪轻及自首的辩护意见。二审法院认为,陈某甲构成污染环境罪。陈某甲对第一笔事实构成犯罪,陈某甲明知回收公司提供的玻璃输液瓶混有针头等废物的事实,有被告人陈某甲、李某某的供述和辩解相印证,足以认定,其行为已构成污染环境罪。陈某甲以他人的名义出资与李某某合伙收购并处置瓶盖,本案无证据证明其知道李某某收购、处置的瓶盖混有针头等医疗废物,不具有污染环境犯罪的主观故意,对指控的第二笔事实,陈某甲不构成犯罪。陈某甲在公安机关对其应承担的犯罪事实主动交代并愿意认罪认罚,但在一审中进行否认,其不构成自首。综上所述,上诉人陈某甲的上诉理由不成立,二审法院不予支持。

关于上诉单位回收公司及其辩护人提出其不构成单位犯罪的辩护意见。二审法院认为,以单位名义实施犯罪,违法所得归单位所有的,是单位犯罪。本案中,回收公司由关某某任法定代表人并负责经营,其他股东不参与经营,回收公司与环保公司进行合作由其决定并签订合作协议，该次合作体现了回收公司的单位意志；回收公司将其收购的玻璃输液瓶出售给环保公司，系为了回收公司的利益，为了单位利益的判断并不以该项目是否盈利、单位是否实际收到款项等作为认定标准。上诉单位回收公司的上诉理由不成立，二审法院不予支持。

综上所述，一审法院除对关某某立功情节认定有误、量刑不当外，对本案其他事实认定清楚，适用法律正确，量刑适当，审判程序合法。二审法院对抗诉机关关于关某某立功情节不成立的抗诉意见予以采纳，并对关某某除附加刑外的量刑作相应改判；抗诉机关关于李某某系环保公司单位犯罪的直接负责的主管人员的抗诉意见及上诉单位、各上诉人的上诉意见均不能成立，二审法院不予支持。

裁判要旨

医疗废物属于危险废物。非法处置医疗废物，严重污染环境的，应当依照《中华人民共和国刑法》(2017 修正)第三百三十八条的规定，以污染环境罪定罪处罚。

示范意义

本案是新冠疫情期间因非法处置医疗废物污染环境引发的刑事案件。医疗废物往往携带大量有害病原体，具有感染性等危害，对其非法处置既污染环境又严重威胁人体健康。本案中，涉案企业和人员未取得医疗废物经营许可非法处置医疗废物，严重危害生态环境安全，应当承担刑事责任。本案的审理，有助于震慑警示医疗行业相关机构、企业和从业人员依法依规处置医疗废物、避免公共健康风险，展现了人民法院坚决打击非法处置医疗废物犯罪行为和维护生态环境安全的责任担当。

关联索引

《中华人民共和国刑法》(2017 修正)第 25 条第 1 款、第 30 条、第 31 条、第 23 条、第 67 条第 1 款、第 52 条、第 53 条第 1 款、第 338 条

《最高人民法院、最高人民检察院关于办理环境污染刑事案件适用法律若干问题的解释》第1条第2项、第8条、第16条、第17条第1项[当时适用《最高人民法院、最高人民检察院关于办理环境污染刑事案件适用法律若干问题的解释》(2016)第1条第2项、第7条、第14条、第15条第1项]

编写人:伏虹瑾　谢晨光

05 宽严相济刑事政策在污染环境犯罪中的运用

——王某等污染环境案[1]

裁判文书二维码

关键词

刑事　污染环境罪　宽严相济　升级改造排污设备　修复生态

案　号

一审：重庆市渝北区人民法院(2017)渝 0112 刑初 573 号

基本案情

被告人王某系重庆某化工公司法定代表人、董事长兼总经理，被告人胡某系公司安全环保部部长，被告人白某系公司设备能源部部长，被告人邓某系公司基建部工人。为减少企业污染治理成本，王某指使白某等人修建暗管，设置阀门连接至应急池、观察井，并与长江直接连接。2015 年 4 月至 8 月 14 日，重庆某化工公司在未通过环境影响评价的情况下生产对硝基苯乙酮(以下简称对酮)，将产生的废液通过事先埋放的暗管排放到公司应急池，并多次在黑夜或下雨时打开应急池阀门，将池中废液直排长江。2015 年 8 月 14 日晚，邓某打开应急池阀门排放废液时，被公安机关查获。经监测，当日排放废液中含有毒物质硝基苯类、总氰化物、锰分别超标 1690 倍、30 倍、58.5 倍。案发后，重庆某化

〔1〕 本案系人民法院案例库参考案例(2023－11－1－340－011)，入选最高人民法院 2020 年发布的长江经济带生态环境司法保护典型案例。合议庭成员：赵文芬、张红艳、刘运祥。

工公司立即停止生产,办理生产对酮手续,编制污染治理方案,对生产线进行升级改造。王某等4人购买价值18.6万元的苗木捐赠给公司所在地村委会。

另查明,2013年8月15日,重庆某化工公司因有不正当的方式排放污染物的行为被行政处罚:责令立即改正违法行为和罚款51,500元;2014年6月30日,重庆某化工公司因有不正当的方式排放污染物的行为被行政处罚:责令立即改正违法行为和罚款50,000元;因本案,重庆某化工公司于2015年11月6日被行政处罚:责令立即改正违法行为和罚款16,800元。重庆某化工公司已缴纳上述罚款。

重庆市渝北区人民法院于2018年3月27日作出(2017)渝0112刑初573号刑事判决:一、被告人王某犯污染环境罪,判处有期徒刑一年,并处罚金100,000元;二、被告人胡某犯污染环境罪,判处有期徒刑一年,并处罚金50,000元;三、被告人白某犯污染环境罪,判处有期徒刑一年,并处罚金50,000元;四、被告人邓某犯污染环境罪,判处有期徒刑七个月,并处罚金20,000元。宣判后,没有上诉、抗诉,判决已发生法律效力。

裁判理由

法院生效裁判认为:针对公诉机关关于王某、胡某、白某、邓某污染环境系个人犯罪的指控。公司决策机构成员均知道生产对酮产生的废液无防治设施处理,王某作为公司法定代表人、董事长兼总经理,胡某作为公司安全环保部部长,白某作为公司设备能源部部长,邓某作为排放污水的实施员工,为了公司减少治污成本,在王某的安排下,私设暗管将含有有毒物质的污水直接排入长江,体现的是公司的意志,所谋取的不正当利益归属于单位而非王某、胡某、白某、邓某个人,故本案应认定为单位犯罪。被告人王某应当作为单位的直接负责的主管人员承担污染环境罪的刑事责任,被告人胡某、白某、邓某应当作为单位的直接责任人员承担污染环境罪的刑事责任。

本案中,四被告人均系初犯,具有自首情节;案发后重庆某化工公司立即停止生产,大力投入,积极整改,使排污设备改造升级,有效解决了排污问题。被告人王某作为公司的法定代表人,年近70岁,案发后积极采取有效措施,防止污染,并自愿购买苗木,修复生态,弥补损失,悔罪表现较好;被告人胡某、白某、邓某受单位领导指派实施犯罪行为,案发后也积极参与整改,并自愿购买苗木,修复生态,弥补损失,悔罪表现较好。综上所述,对四被告人依法予以从轻处罚。辩护人提出上述意见的理由成立，予以采纳。

案发前，重庆某化工公司曾因多次以不正当的方式排放污染物的行为被行政处罚，四被告人作为公司职员不但没有及时纠正，修复受损的生态环境，现又通过暗管排放有毒物质，且排放的有毒物质硝基苯类、总氰化物、锰分别超过《污水综合排放标准》一级标准 1690 倍、30 倍、58.5 倍，使长江流域受到严重污染或破坏，不宜单处罚金或宣告缓刑。对辩护人建议适用非监禁刑的辩护意见法院不予采纳。

综上所述，被告人王某、胡某、白某、邓某违反国家规定，通过暗管排放有毒物质，且排放的污染物中重金属锰超过国家标准 10 倍，严重污染环境，其行为均构成污染环境罪，依法应予以刑罚处罚。故法院依法作出如上裁判。

裁判要旨

行为人在案发后立即停止生产，积极办理环评手续、编制污染治理方案，升级改造废气、废水治理工程，有效解决排污问题，主动担当企业社会责任，实现企业生产方式绿色转型，可对其酌情从轻处罚。

示范意义

本案系企业未经环境影响评价进行生产并通过暗管排污的案件。犯罪行为人因违法排污被多次行政处罚后，仍通过暗管将生产废液直排长江的行为，法院依法认定其构成污染环境罪并判处监禁刑。同时，鉴于涉案企业主动升级改造生产线、依法办理相关环保手续并获得许可，最终实现生产方式的绿色转型，法院在量刑时依法对行为人予以从轻处罚，充分彰显了宽严相济刑事政策在污染环境犯罪中的运用，有利于推动排污企业自觉承担生态环境保护社会责任以及采用绿色生产方式。

关联索引

《中华人民共和国刑法》(2015 修正)第 338 条

编写人：曾　浩　赵文芬

06 非法处置含矿物油的包装桶构成污染环境罪

——白某等污染环境案[1]

裁判文书二维码

关键词

刑事　污染环境罪　非法处置　危险废物　含矿物油的包装桶

案　号

一审:重庆市渝北区人民法院(2016)渝 0112 刑初 65 号

二审:重庆市第一中级人民法院(2016)渝 01 刑终 284 号

基本案情

2014 年 8 月,被告人白某租赁位于重庆市渝北区玉峰山镇环山村一厂房经营废旧包装桶。同年 10 月至次年 4 月,被告人白某在未取得危险废物经营许可证的情况下,从被告人吴某等人处收购沾染有矿物油、涂料废物及废有机溶剂等物的废旧包装桶,并雇用工人在上述厂房内用洗衣粉、香蕉水或清水清洗后出售,对于较脏的包装桶切割成块状后出售。对于清洗废旧包装桶产生的废水,被告人白某指使工人倾倒在地上,通过铺设的管道排放至外环境。2015 年 4 月 14 日,公安机关在上述厂房内查获了白某收购的废旧包装

〔1〕 本案系人民法院案例库参考案例(2023-11-1-340-014),入选最高人民法院 2017 年发布的环境污染犯罪典型案例。一审合议庭成员:沈远东、陈果、秦鹏;二审合议庭成员:张力、李立新、吴长渝。

桶共计28.63吨。

被告人吴某于2006年开始销售壳牌润滑油，其知晓处理沾染润滑油的包装桶需要相应资质，但在未查验、也未要求被告人白某出示危险废物经营许可证的情况下，于2014年10月至2015年4月，先后向被告人白某出售沾染有润滑油的壳牌209升装废旧包装桶共计50.5吨。2015年4月14日，被告人白某、吴某被公安机关抓获到案。

另查明，2015年11月19日，重庆市渝北区环境保护局对被告人作出行政处罚：责令立即停止从事危险废物经营活动，并罚款143,700元。被告人白某未缴纳该罚款。润滑油等废矿物油系危险废物，含有或直接沾染危险废物的废弃包装物、容器属于《国家危险废物名录》规定的HW49类危险废物。

重庆市渝北区人民法院于2016年3月17日作出(2016)渝0112刑初65号刑事判决：一、被告人白某犯污染环境罪，判处有期徒刑一年八个月，并处罚金150,000元；二、被告人吴某犯污染环境罪，判处有期徒刑一年，缓刑二年，并处罚金80,000元。

宣判后，被告人白某提出上诉。重庆市第一中级人民法院于2016年6月29日作出(2016)渝01刑终284号刑事裁定，准许上诉人白某撤回上诉。

裁判理由

法院生效裁判认为：对于被告人白某及其辩护人提出白某从吴某处收购的包装桶未经清洗直接出售的意见，经查，被告人白某从吴某处收购润滑油包装桶后，使用洗衣粉、香蕉水进行清洗的事实，有被告人白某的供述和辩解，以及证人张某碧、周某强的证言证实，相互印证，故该意见不予采纳。

对于被告人白某的辩护人提出白某经营场所周围系荒地，附近居民少，犯罪情节轻微的辩护意见，经查，污染环境罪中严重污染环境的认定并不以周围土地利用规划、附近居民数量作为判断标准，且本案中被告人白某非法处置危险废物3吨以上，其行为已严重污染环境，故该辩护意见不予采纳。

对于被告人吴某的辩护人提出吴某非犯意提起人，无共谋的主观故意的辩护意见，经查，虽然被告人吴某未与白某共谋经营废旧包装桶，但其在未查验、也未要求白某出示危险废物经营许可证的情况下，联系白某向其出售沾染润滑油的包装桶，并严重污染环境，根据相关司法解释的规定，被告人吴某应按照污染环境罪的共同犯罪处罚，故该辩护意见不予采纳。

对于被告人吴某的辩护人提出吴某的社会危害性小的辩护意见,经查,被告人吴某向不具有危险废物经营许可证的白某出售沾染润滑油的包装桶,由于被告人白某不具有相应资质即其不具有相应处理危险废物的技术、设施和能力,无法按照处理危险废物的规定进行有效处置,被告人吴某向其提供危险废物,势必会对环境造成严重危害,故该辩护意见不予采纳。

综上所述,被告人白某违反国家规定,非法处置危险废物3吨以上,严重污染环境;被告人吴某明知白某无经营许可证,向其提供危险废物,严重污染环境,其行为均已构成污染环境罪。公诉机关指控的犯罪事实清楚,证据确实、充分,罪名成立。被告人吴某系初犯,庭审中自愿认罪,可酌情从轻处罚。鉴于被告人吴某系初犯,庭审中自愿认罪,依法可适用缓刑,被告人吴某的辩护人提出的相应辩护意见,予以采纳。故一审、二审法院依法作出如上裁判。

裁判要旨

1. 对于《最高人民法院、最高人民检察院关于办理环境污染刑事案件适用法律若干问题的解释》第七条规定的无危险废物经营许可证从事收集、贮存、利用、处置危险废物经营活动"严重污染环境"的判定,可以根据非法处置、利用的危险废物的数量,结合超标排放污染物、倾倒污染物等情节加以判断。行为人在无危险废物经营许可证的情况下,收集、贮存、清洗、切割含有矿物油的包装桶,非法处置的危险废物在3吨以上并将清洗废水排放至外环境的,可以认定为"严重污染环境"。

2. 行为人明知处置危险废物需要相应资质,虽未与他人共谋经营危险废物,但在明知他人无危险废物经营许可证的情况下,向其出售提供危险废物,致使所涉危险废物被非法倾倒、处置,严重污染环境的,以污染环境罪的共同犯罪论处。

示范意义

本案系无危险废物经营资质的个人非法处置含矿物油包装桶污染环境的案件。结合非法处置危险废物数量、倾倒污染物等情况,依法将无危险废物经营资质收集、贮存、清洗、切割含矿物油包装桶的行为认定为污染环境罪,有利于加深对《最高人民法院、最高人民检察院关于办理环境污染刑事案件适用法律若干问题的解释》第七条规定的“严重污染环境”判定的认识，同时追究环境污染共同犯罪，体现了打源头、追幕后的要求。本案的审理，展现了人民法院严厉打击污染环境犯罪的态度，对危险废物产生者具有警示意义。

关联索引

《中华人民共和国刑法》(2015修正)第338条

编写人：曾　浩　陈　果

07 有废水处理资质的企业偷排有毒物质污染长江行为的处理

——重庆市某环保科技有限公司等污染环境案[1]

裁判文书二维码

关键词

刑事　污染环境罪　长江保护　有处理资质企业　渗漏排污

案　号

一审:重庆市渝北区人民法院(2016)渝0112刑初1615号

基本案情

被告单位某环保科技有限公司(以下简称某环保公司)系具有工业废水处理二级资质的企业。2013年12月5日,某环保公司与重庆某物业公司签订协议,约定某环保公司2013年12月5日至2018年1月4日运行重庆某电镀工业中心废水处理项目。某环保公司承诺保证中心排入污水处理站的废水得到100%处理,确保污水经处理后出水水质达标,杜绝废水超标排放和直排行为发生。在运营该项目过程中,项目现场管理人员发现1号调节池有渗漏现象,向某环保公司法定代表人程某报告。程某召集项目工作人员开会,要求利用1号调节池的渗漏偷排未经完全处理的电镀废水。项目现场管理人

[1] 本案系人民法院案例库参考案例(2023-11-1-340-015),入选最高人民法院2018年发布的人民法院环境资源审判保障长江经济带高质量发展典型案例。合议庭成员:陈果、刘运祥、王先容。

员遂将未经完全处理的电镀废水抽入1号调节池进行渗漏。2016年5月4日,重庆市环境监察总队现场检查发现该偷排行为。经采样监测,1号调节池内渗漏的废水中六价铬、总铬浓度分别超标29.5倍、9.9倍。

重庆市渝北区人民法院于2016年12月29日作出(2016)渝0112刑初1615号刑事判决:一、被告单位某环保公司犯污染环境罪,判处罚金80,000元;二、被告人程某犯污染环境罪,判处有期徒刑九个月,并处罚金40,000元;三、被告人曾某犯污染环境罪,判处有期徒刑八个月,并处罚金20,000元;四、被告人姚某犯污染环境罪,判处有期徒刑六个月,缓刑二年,并处罚金10,000元。宣判后,被告单位及三被告人均未提出上诉,一审判决已发生法律效力。

裁判理由

法院生效裁判认为:被告单位某环保公司违反国家规定,非法排放含有重金属的污染物超过国家污染物排放标准3倍,严重污染环境,其行为已构成污染环境罪。被告人程某作为被告单位某环保公司的法定代表人,系被告单位实施污染环境行为的直接负责的主管人员;被告人曾某系被告单位某环保公司该项目现场管理人员,被告人姚某系被告单位某环保公司员工,均是该被告单位实施污染环境行为的直接责任人员。公诉机关指控的事实清楚,证据确实、充分,罪名成立。被告人曾某到案后如实供述其犯罪事实,系坦白,依法可从轻处罚。被告人姚某犯罪后主动投案,并如实供述其罪行,系自首,依法可从轻处罚。被告人程某的辩护人关于被告人程某系初犯、审理过程中自愿认罪的辩护意见,予以采纳。被告人曾某的辩护人关于被告人曾某系初犯、具有坦白的量刑情节的辩护意见,予以采纳。鉴于被告人姚某系初犯,犯罪后自首,确有悔罪表现,依法可适用缓刑。

对于被告人曾某的辩护人提出曾某不是被告单位直接负责的主管人员而是直接责任人员的辩护意见,被告人曾某虽系被告单位该项目现场管理人员,但其对该项目没有决定、批准等权力,被告人程某多次要求其安排工人利用1号调节池渗漏电镀废水,因此被告人曾某应认定为被告单位实施污染环境行为的直接责任人员,该意见予以采纳。

裁判要旨

对于具有废水处理资质的单位,以渗漏方式偷排有毒物质污染长江的行为,构成污染环境罪的,可以综合全案情节酌情从重处罚,体现严惩立场。

示范意义

本案系向长江干流排放污水引发的水污染刑事案件。本案中,某环保公司作为具有工业废水处理资质的企业,在受托处理工业废水过程中,明知调节池有渗漏现象,仍将未经完全处理的电镀废水以渗漏方式直接向长江干流排放,严重污染长江水体,应当依法承担刑事责任。人民法院充分发挥环境资源审判职能作用,综合全案情节,对具有废水处理资质的某环保公司酌情从重处罚,为服务保障长江流域生态文明建设提供了较好范本。

关联索引

《中华人民共和国刑法》(2015 修正)第 338 条

编写人:曾　浩　陈　果

08 在无意思联络数人环境污染案件中可结合自然规律、地域区位等因素认定单次污染行为与损害后果的因果关系

——重庆市某农业开发公司诉重庆某盐业公司等环境污染责任纠纷案[1]

裁判文书二维码

关键词

民事　环境污染责任　土壤污染　无意思联络数人侵权　单次污染行为　损害后果　因果关系

案　号

一审：重庆市渝北区人民法院(2016)渝0112民初3377号

二审：重庆市第一中级人民法院(2016)渝01民终8972号

基本案情

重庆某盐业公司系生产销售工业盐及其化工产品的公司，其所有的矿井包括长平一井、长平二井、长平三井。重庆某盐业公司与四川某钻井大队签订合同，约定由四川某钻井大队负责长平三井钻井施工并承担相应的经济责任和环境责任，施工过程中产生的含盐特征污水给距离约30米的重庆某农业开发公司(以下简称重庆某农业公司)农业基地造成污染。经某区人民政府调解，2021年2月14日重庆某农业公司与四川某钻井大队签订《协议书》，约

[1] 本案系人民法院案例库参考案例(2023-11-2-377-005)。一审合议庭成员：沈远东、朱锡林、陈果；二审合议庭成员：张力、李立新、吴长渝。

定四川某钻井大队一次性支付重庆某农业公司50万元补偿款,其后四川某钻井大队已实际支付该款项。

2012年4月至5月,因四川某钻井大队处理、填埋长平三井钻井施工产生的污染物措施不当以及下雨等原因,包括重庆某农业公司在内的数家农业基地受到污染。重庆某盐业公司所有的长平二井位于重庆某农业公司农业基地西北侧约100米。

2012年4月,长平二井配套管道发生泄漏,导致包括重庆某农业公司在内的农业基地受到污染。有关部门先后多次组织调解,并对土地污染情况、损害程度、损害费用等进行鉴定和评估。鉴定意见认定环境污染损害包括财产损失和污染修复所需费用两部分,重庆某农业公司财产损失为27.67万元,污染修复所需费用为9.848万元。重庆某农业公司提起诉讼,要求重庆某盐业公司停止侵害,恢复原状,赔偿农产品损失、土壤修复期间损失等费用。

重庆市渝北区人民法院于2016年9月19日作出(2016)渝0112民初3377号民事判决,判令:一、重庆某盐业公司、四川某钻井大队对重庆某农业公司的土地采取恢复原状的措施,若未采取恢复措施,由重庆某农业公司在期限届满30日内采取措施,并由重庆某盐业公司、四川某钻井大队支付9.848万元;二、重庆某盐业公司、四川某钻井大队连带赔偿重庆某农业公司土壤修复期间产出损害6.494万元及农产品减产损失;三、驳回原告重庆某农业公司其他诉讼请求。

宣判后,重庆某盐业公司、四川某钻井大队提起上诉,重庆市第一中级人民法院于2017年6月21日作出(2016)渝01民终8972号民事判决,判令:一、撤销一审判决;二、重庆某盐业公司和四川某钻井大队针对被污染土地进行修复,如未修复,则由重庆某盐业公司承担3.94万元,四川某钻井大队承担5.908万元;三、重庆某盐业公司支付土壤修复期间产出损害2.597万元及农产品减产损失,四川某钻井大队支付土壤修复期间产出损害2.597万元及农产品减产损失;四、驳回原告重庆某农业公司其他诉讼请求。

裁判理由

法院生效裁判认为:本案争议焦点为赔偿责任主体的确定及案涉污染行为的原因力和责任划分。

其一,关于赔偿责任主体的确定。

长平二井发生管道泄漏时,系由重庆某盐业公司所有及管理、使用,该公司应对长平二井导致的污染后果承担赔偿责任;长平三井虽系重庆某盐业公司所有,但长平三井的两次污染均发生在四川某钻井大队施工管理和实际控制期间,且发生污染也是由四川某钻井大队的施工行为所致,故四川某钻井大队应对长平三井导致的污染后果承担赔偿责任。

其二,关于长平二井及长平三井对涉案土地现有污染后果各自原因力。

重庆某盐业公司、四川某钻井队主观上无侵权意思联络,且各自的侵权行为尚不足以造成本案全部损害后果。结合鉴定报告再加上长平三井共发生过两次污染事实,造成涉案土地现有损害后果的两个污染源中,长平三井的原因力较大,长平二井的原因力较小。酌定长平三井的原因力为60%;长平二井的原因力为40%。故由四川某钻井大队承担60%的赔偿责任,重庆某盐业公司承担40%的赔偿责任。

其三,关于长平三井两次污染行为对涉案土地现有污染后果各自的原因力。

四川某钻井大队在对长平三井施工过程中共发生过两次污染行为。就第一次污染行为,已由四川某钻井大队进行了赔偿并实际给付,应在本案中剔除。故对四川某钻井大队两次污染行为在长平三井污染所致损害中各自原因力大小有必要加以区分。在确定两次污染行为对损害后果各自原因力大小时,应着重考虑两次污染行为发生时间的先后因素。因第一次污染行为在前,与鉴定报告确定损害后果的时间间距较长,其对损害后果的作用力应相对较弱;第二次污染行为在后,与鉴定报告确定损害后果的时间间距较短,其对损害后果的作用力应相对较强。故酌定第一次污染行为原因力占40%,第二次污染行为原因力占60%。因长平三井第一次污染造成的损失已由四川某钻井大队赔付,现四川某钻井大队在本案中尚应就长平三井第二次污染行为产生的损失后果承担赔偿责任,其责任比例占涉案土地总损害后果的60%×60%,即为36%。但在针对第一次污染行为双方所签订的协议中,仅包括对当年及今后涉及一切损失的补偿,并未载明由重庆某农业开发公司进行土地修复。根据“谁污染、谁治理”原则,四川某钻井大队仍应对第一次污染行为造成的损害承担修复责任。

裁判要旨

在无意思联络数人环境侵权案件中,存在多个污染源头和多次污染行为时,可从空间和时间两个维度入手,结合自然规律、地域区位等因素认定单次污染行为与损害后果的因果关系。当事人之间就单次环境污染的损害后果达成的赔偿协议并不免除侵权人应当承担的修复责任。

示范意义

本案系无意思联络数人环境侵权案件。在存在无意思联络多个污染行为导致同一损害后果的情况下,不区分数个侵权人各自的原因力,使其承担全部连带责任确实过于严苛,[1]故分析各污染行为与损害后果的原因力大小是审理的难点。本案中,两处污染源、先后三次污染行为排放的污染物在受损土壤中渗透、迁移、扩散,共同结合造成同一不可分的损害后果,由此可推知单一污染行为尚不足以造成本案全部损害后果,应适用《中华人民共和国侵权责任法》第十二条由各侵权人承担按份赔偿责任,且该裁判与《中华人民共和国民法典》的精神和规定一致。本案判决结合受污染地域区位、受损环境检测数据、自然科学知识进行分析,合理确定污染行为所占原因力的大小,对于此类环境侵权案件的审理具有较好的示范作用。因环境污染不仅会导致被侵权人的财产损失,也会直接对环境造成不良影响,本案在判令侵权人赔偿损失的同时承担生态环境修复责任,体现了环境侵权救济中以修复生态环境为中心的司法理念,具有较好的示范意义。

关联索引

《中华人民共和国民法典》第1229条、第1230条(本案适用的是2010年7月1日施行的《中华人民共和国侵权责任法》第12条、第65条、第66条)

《最高人民法院关于审理环境侵权责任纠纷案件适用法律若干问题的解释》(2015)第14条

编写人:张　力　李立新　黄　琦　林栩塑

[1] 陈霖:《比例连带责任在无意思联络数人侵权中的适用》,载《财经法学》2023年第5期。

09 发生突发事件造成或者可能造成水污染事故时，行为人未按规定采取应急措施导致损失扩大的责任认定

——周某诉重庆某高速公路有限公司等环境污染责任纠纷案[1]

裁判文书二维码

关键词

民事　环境污染责任　水污染　应急预案　应急措施　损失扩大

案　号

一审：重庆市渝北区人民法院（2013）渝北法环民初字第00008号

二审：重庆市第一中级人民法院（2014）渝一中法民终字第03125号

基本案情

原告周某诉称：荆门市某物流有限公司（以下简称某物流公司）、荆门市某物流有限公司重庆分公司（以下简称某重庆分公司）所有的重型半挂货车行驶在重庆某高速公路有限公司（以下简称某高速公路公司）经营管理的某高速公路上发生单车事故，致使运载的12余吨变压器油流入原告鱼塘，后相关部门进行应急处置，费用由原告垫付。故请求判令：被告连带赔偿原告打

[1] 本案系人民法院案例库参考案例（2023-11-2-377-006），入选联合国环境规划署数据库中国环境司法案例。一审合议庭成员：叶胜利、陈果、张志辽；二审合议庭成员：付永雄、师玉婷、陈娟。

捞死鱼的人工费44,400元、处理油污所用谷草20,780.70元、处理油污的人工费73,040元、死鱼损失653,420.64元、公证费2000元、鉴定费22,000元。

某物流公司、某重庆分公司辩称:1.某高速公路的设计存在瑕疵,该路面有安全障碍导致发生事故,事故地与原告鱼塘相距1千米,鱼塘受污染是二次污染扩大的损失,某高速公司没有尽到管理义务,作为直接侵权人应承担赔偿责任;2.该事故属于不能预见的原因引起的交通意外事故,属于不可抗力,某物流公司、某重庆分公司也没有直接向周某的鱼塘排放污染物,故不应承担责任。

某高速公司辩称:1.该事故成因为某物流公司、某重庆分公司运输的变压器油因油罐发生碰撞而泄漏,其系直接侵权人,应承担侵权责任;2.该司也是该次事故的受害者,案发时路况良好、标志齐全、有隔离措施,已在职责范围内尽到管理义务,对于事故的发生没有过错,不应承担责任。

法院经审理查明:某重庆分公司驾驶员运输25号变压器油行驶至某高速公路出城方向时,半挂牵引车至半挂车的跨接制动软管受帆布带意外搭缠而断裂,致使车辆紧急制动,所载油罐向前滑移与该车驾驶室后部相撞,造成变压器油泄漏。经认定,该次交通事故属于不能预见的原因引起的交通意外事故。某高速公路公司当晚22:13到达现场处理路面交通,次日2时向油污路段撒沙处理油污。经环保部门勘察,该公路长约1千米、宽约10米的路面被污染,变压器油沿该公路边坡流入下方雨水沟后经1千米外的涵洞流入原告鱼塘,水面有油层漂浮。当晚,应急部门雇请村民应急抢险,用谷草裹油集中燃烧的方式清理油污,费用由周某垫付。经鉴定,该次事故导致渔业损失357,172.80元,周某支付鉴定费22,000元。

重庆市渝北区人民法院于2014年1月24日作出(2013)渝北法环民初字第00008号民事判决:一、某物流公司赔偿周某损失288,029.04元;二、某高速公路公司赔偿周某损失127,298.16;三、驳回周某的其他诉讼请求。上述款项,应于判决生效后10日内一次性付清。

宣判后,某物流公司以该次事故属于不可抗力、某高速公路公司以其已及时进行应急处置等为由,提起上诉。

重庆市第一中级人民法院于2014年5月21日作出(2014)渝一中法民终字第03125号民事判决:驳回上诉,维持原判。

裁判理由

法院生效裁判认为,本案的争议焦点有两个:一是发生突发事件造成或者可能造成水污染事故时,行为人未按规定采取应急措施导致损失扩大的责任认定;二是交通意外事故的责任认定是否免除环境侵权人的责任。

1. 发生突发事件造成或者可能造成水污染事故时,行为人未按规定采取应急措施导致损失扩大的责任认定

实施环境污染行为造成他人损害的,应当承担侵权责任。案涉车辆在行驶过程中发生单车事故导致所运输的变压器油泄漏后流入周某鱼塘,致其遭受渔业损失,该次事故中泄漏的变压器油系污染源。该车辆驾驶人占有、控制该变压器油,驾驶该车系执行职务行为,应由某物流公司承担侵权责任。环境污染行为人以外的单位或个人对损害后果的扩大有过错的,应当承担与其过错程度相适应的侵权责任,其是否具有过错及过错程度可结合是否具有防止损害发生或者扩大的义务、采取防范措施情况等因素进行判断。根据《中华人民共和国水污染防治法》(2008 修订)第七十八条第一款、《中华人民共和国突发事件应对法》(2007)第五十六条的规定,发生事故或者其他突发性事件的单位在造成或者可能造成水污染事故的情况下,应当立即启动本单位的应急方案,采取应急措施,控制污染源,防止二次污染的发生和损害的扩大,某高速公路公司作为事故路段的管理者,应充分了解其控制、管理路段的周边情况,在该路段发生事故导致油类泄漏并溢流的情况下,仅应急处理路面交通秩序,在事发 4 个小时后才撒沙处理路面油污,没有采取一切必要手段和方法避免路面上的油污流向边坡、涵洞或对已流向边坡、涵洞的油污进行清理,致使油污流入周某的鱼塘造成环境污染和损失的扩大,由于某高速公路公司不是本次环境污染的直接侵权人,故应在其职责范围内承担相应的过错责任即次要责任。遂判决某物流公司承担 70% 的责任,某高速公路公司承担 30% 的责任。

2. 交通意外事故的责任认定是否免除环境侵权人的责任

交通事故责任认定与民事侵权责任认定的标准不同,交通事故责任认定是交通管理部门确定当事人在事故中所起作用以及过错程度的技术认定,适

用过错认定原则,以当事人在该事故中是否违反交通法律法规为标准进行判断。[1] 而民事侵权责任对过错的认定则以"一般理性人"的注意义务为标准。

交通意外事故除因不可抗力引起外,还存在驾驶人员主观上没有故意或过失、客观上没有违反道路交通安全法律法规的驾驶行为,但因车辆自身或车辆以外的其他原因导致交通事故的情形。交通意外事故的责任认定只是表明案涉车辆的驾驶人员在事故中没有违反道路交通安全法律法规的不当驾驶行为,对事故的发生没有过错。环境污染责任的归责原则为无过错责任原则,即污染环境造成他人损害,不论行为人是否具有过错均应承担侵权责任。本次事故系牵引车至半挂车的跨接制动软管受帆布带意外搭缠而断裂致使车辆紧急制动导致,驾驶人员在驾驶机动车前,应当认真检查机动车的车况、安全技术性能,采取防范措施以确保行车安全,但该车驾驶人员未采取安全防范措施而发生事故导致环境污染,故该事故不属于驾驶人员在主观上不能预见、在客观上不能采取防范或避免措施、在结果上不能克服的客观情况。对某物流公司主张该交通意外事故属于不可抗力的主张,不予采信。

裁判要旨

1. 环境污染侵权责任由行为人承担,行为人以外的单位或个人对环境污染损害后果的扩大有过错的,应当承担与其过错程度相适应的侵权责任,是否具有过错及过错程度可从是否具有防止损害发生或者扩大的义务、采取防范措施情况等因素进行判断。

2. 交通意外事故的责任认定只是表明驾驶人员在事故中没有违反道路交通安全法律法规的不当驾驶行为,该责任认定是否构成不可抗力应从驾驶人员在主观上能否预见、客观上能否采取防范或避免措施、结果上能否克服该次事故进行判断。

示范意义

随着高速公路的延伸和行驶车辆的增多,高速公路及沿线的生态环境问题日益突出,加强生态环境保护不仅仅是生态环境主管部门的责任,更需要

[1] 参见《中华人民共和国道路交通安全法实施条例》(2004)第九十一条的规定。

车辆所有人与使用人、高速公路建设与管理等单位共同参与。本案认定未按规定采取应急措施的高速公路管理单位与交通事故发生方构成无意思联络侵权,根据其过错程度承担责任,有利于引导高速公路管理单位提高认识,健全机制,积极履行生态环境保护义务。

关联索引

《中华人民共和国民法典》第1229条(本案适用的是2010年7月1日施行的《中华人民共和国侵权责任法》第65条)

《中华人民共和国水污染防治法》(2008修订)第78条第1款

编写人:陈　果

10 生态环境侵权案件中的证明责任和损失的综合认定

——王某琼等诉重庆市江津区杨某砂石厂环境污染责任纠纷案[1]

裁判文书二维码

关键词

民事　环境污染责任　粉尘污染　专家咨询意见　因果关联性　损害救济　侵权责任

案　号

一审:重庆市江津区人民法院(2017)渝0116民初4321号

二审:重庆市第五中级人民法院(2018)渝05民终867号

基本案情

王某琼、杨某星于2010年7月登记结婚后共同居住于某村二社,紧邻原白沙机砖厂。杨某砂石厂于2006年10月搬迁至该机砖厂生产经营,存在一定的粉尘污染和噪声扰民问题。2013年4月、2014年7月,杨某砂石厂因未取得排污许可证排污被处以罚款。后经整改,杨某砂石厂取得《排放污染物许可证》,有效期限为2015年8月24日至2018年8月23日。杨某砂石厂应执行的污染物排放标准为:厂(场)界点噪声限值昼间60分贝、夜间50分贝;粉尘(其他颗粒物)无组织排放监控点浓度限值1.0mg/m^3。2016年4月,因

[1] 本案系人民法院案例库参考案例(2024-11-2-377-011)。一审合议庭成员:罗静、杨继光、刘启明;二审合议庭成员:赵克、陈霞、张应洪。

江习高速建设需要,杨某砂石厂在原有生产线的基础上增设一条新生产线,两条生产线之间的距离约为100米。该新生产线距离王某琼、杨某星家最近的传输带与厂区外围墙的距离为20.05米。2017年7月,新增的生产线因大风被刮倒后至诉前未重新启用。因杨某砂石厂噪声扰民、环境污染等问题,王某琼、杨某星遂向法院提起诉讼。

审理中,王某琼、杨某星到重庆市江津区第二人民医院检查,王某琼患肺部感染,杨某星患慢性支气管炎、肺气肿。经在王某琼、杨某星家围墙外1米处监测,废气无组织监测结果为颗粒物1.40mg/m^3、1.78mg/m^3、1.32mg/m^3;噪声监测结果为昼间58分贝。就案件审理中的专业性问题,法院向重庆医科大学公共卫生与管理学院程某副教授、重庆市疾病预防控制中心公共卫生安全与监测所向某所长作了咨询。专家认为,慢性支气管炎是由肺部感染长期反复引起,还有吸烟等都可能引起慢性支气管炎。临床上肺气肿病人常伴有慢性支气管炎。肺部感染原因很多,感冒、空气污染都可能诱发肺部感染。从学术上来讲,颗粒物对呼吸系统的影响是肯定的。慢性支气管炎的病因不明,影响因素很多,可能有病毒、细菌、吸烟、大气污染等。肺气肿可能和年龄有关,随着年龄增大,器官功能和身体抵抗力都会相应减弱。颗粒物是有害的,如果一个人本身患有肺部疾病,颗粒物会加重其病情。

重庆市江津区人民法院于2017年12月28日作出(2017)渝0116民初4321号民事判决:一、杨某砂石厂将其排放的粉尘值降低至国家规定标准以下,即颗粒物无组织排放不得超过1.0mg/m^3。二、杨某砂石厂赔偿王某琼2008年至2017年的医疗费12,000元、精神损害抚慰金8000元。三、杨某砂石厂赔偿杨某星2008年至2017年的医疗费22,000元、精神损害抚慰金8000元。四、驳回王某琼、杨某星的其他诉讼请求。

一审宣判后,杨某砂石厂不服,提起上诉。重庆市第五中级人民法院于2018年4月25日作出(2018)渝05民终字第867号民事判决:驳回上诉,维持原判。

裁判理由

法院生效裁判认为,本案系环境污染责任纠纷,主要的争议为:一是杨某砂石厂排放的粉尘超标与王某琼、杨某星患肺部疾病之间是否存在因果关系;二是王某琼、杨某星的损失如何确定。

1. 关于杨某砂石厂排放的粉尘超标与王某琼、杨某星患肺部疾病之间是否存在因果关系

因污染环境造成损害的,污染者应当承担侵权责任。本案中,王某琼、杨某星已举证证明杨某砂石厂排放的粉尘超标以及王某琼、杨某星都患有肺部疾病的事实,杨某砂石厂对此事实无异议。杨某砂石厂的生产线与王某琼、杨某星房屋的最近距离仅为20米左右,即使按照日常经验法则,也可得知空气污染有可能会引发肺部疾病。根据法院咨询的专家意见可以证实,粉尘超标与肺病的发病率之间成正比,两者之间存在量与效果的对等关系,即使粉尘超标并不必然导致肺病发生,但粉尘超标是导致肺部疾病发生的风险因子。据此,可确认王某琼、杨某星所患疾病与杨某砂石厂排放的粉尘超标之间存在关联性。杨某砂石厂提供的证据不足以证明其排放粉尘的行为与王某琼、杨某星患上肺部疾病之间不存在因果关系,故法院对涉案粉尘污染与王某琼、杨某星患肺部疾病之间存在因果关系予以确认。

2. 关于王某琼、杨某星的损失如何确定

当事人对自己提出的诉讼请求所依据的事实有责任提供证据加以证明,没有证据或者证据不足以证明其事实主张的,由负举证责任的当事人承担不利后果。本案中,被侵权人应就环境污染所造成的损害结果承担举证责任。王某琼请求杨某砂石厂赔偿2008年至2017年的医疗费共计50,000元,杨某星请求杨某砂石厂赔偿2010年至2017年的医疗费共计35,000元,但王某琼、杨某星均未向法院提供相应证据证明其费用的具体组成及损失的具体数额。由于王某琼、杨某星患有肺病已得到确认,而且也证实所患肺病与杨某砂石厂排放的粉尘超标之间具有关联性,损害结果已经发生。考虑到疾病的治疗必然会产生相应费用,综合杨某砂石厂生产线的变化情况,生产线与王某琼、杨某星住所的实际距离,王某琼、杨某星在杨某砂石厂附近实际居住的时间,杨某砂石厂的实际生产时间,粉尘超标的数值大小,王某琼、杨某星自身体质及各自所患疾病的具体情况,杨某砂石厂生产行为在王某琼、杨某星所患疾病中的原因力大小等因素,酌情确定杨某砂石厂赔偿王某琼2008年至2017年的医疗费共计12,000元,赔偿杨某星2011年至2017年的医疗费共计22,000元。由于王某琼、杨某星长期生活在杨某砂石厂生产排放粉尘的环境中,因粉尘影响其身体健康导致精神受到伤害符合日常生活经验法则。结合本案实际,综合考虑王某琼、杨某星受到的损害程度,当地平均生活水平等因

素,酌情确定杨某砂石厂赔偿王某琼精神损害抚慰金 8000 元,赔偿杨某星精神损害抚慰金 8000 元。此外,王某琼、杨某星要求杨某砂石厂从 2018 年起每年赔偿医疗费用 5000 元、精神损害抚慰金 5000 元至停止侵害时止(把粉尘和噪音降到国家规定的标准以下时止),但从 2018 年起杨某砂石厂是否存在超标排污行为及王某琼、杨某星是否存在损害均未确定,故对王某琼、杨某星的该项诉讼请求不予支持。

裁判要旨

1. 生态环境侵权案件中,受害人以行为人污染环境、破坏生态行为对其人身健康造成损害为由主张权利,依据日常生活经验法则与专家咨询意见可确定污染行为可能导致损害后果发生或增加损害后果发生可能性的,人民法院可认定污染行为与损害后果具有关联性。

2. 生态环境侵权责任成立,但受害人因环境侵权的长期性、潜伏性对医疗费用损失等具体损害后果举证不能的,人民法院可综合侵权行为严重程度、侵权持续时间、原因力大小和损害程度等因素酌定损害赔偿金额。

示范意义

本案是专家参与案件审理发挥积极作用的典型案件。重庆通过建立专家库,聘请了高校环境法学和环境科学专业教授、科研单位的专业技术人员等为法官审理案件提供帮助。本案积极适用专家辅助人制度,主动咨询大学专家,最终根据专家关于“颗粒物对呼吸系统的影响是肯定的”“颗粒物是有害的”等意见,认定被告的粉尘污染与原告患肺部疾病之间可能具有一定的关联性,解决了本案审理中因果关系认定的难题,依法维护了人民群众的合法环境权益。

关联索引

《中华人民共和国民法典》第 1229 条、第 1230 条(本案适用的是 2010 年 7 月 1 日施行的《中华人民共和国侵权责任法》第 65 条、第 66 条)

《中华人民共和国环境噪声污染防治法》(2018 修正)第 61 条

《中华人民共和国大气污染防治法》(2018 修正)第 125 条

《最高人民法院关于生态环境侵权民事诉讼证据的若干规定》(法释〔2023〕6 号)第 5 条(本案适用的是 2021 年 1 月 1 日修正后施行的《最高人民法院关于审理环境侵权责任纠纷案件适用法律若干问题的解释》第 6 条)

编写人:冉崇高　罗　静　游中川　朱永祺

11 水污染责任纠纷中因果关系及损失金额的认定

——重庆市荣昌区梁某国水产养殖场诉重庆某泉农牧有限公司水污染责任纠纷案〔1〕

裁判文书二维码

关键词

民事　水污染责任纠纷　环境侵权　因果关系　损失金额　鉴定意见　不予采信　市场估价

案　号

一审:重庆市江津区人民法院(2019)渝0116民初11194号

二审:重庆市第五中级人民法院(2021)渝05民终7166号

基本案情

重庆市荣昌区梁某国水产养殖场(以下简称梁某国养殖场)位于重庆市荣昌区白某溪河下游,其生产养殖需从白某溪河取水。2017年起,梁某国养殖场养殖的鱼苗因白某溪河水质受到污染出现死亡情况。重庆某泉农牧有限公司(以下简称某泉公司)的生猪养殖场位于白某溪河上游,某泉公司曾三次因生产废水通过雨水沟直排至白某溪河、不正常运行污染防治设施等原因被重庆市荣昌区环保部门给予行政处罚。2018年4月至2019年5月,荣昌区生态环境检测站受荣昌区环保局委托对白某溪河水质进行监督性监测,并出

〔1〕 本案系人民法院案例库参考案例(2023-11-2-377-004)。一审合议庭成员:姜玲、朱锐、蒋华敏;二审合议庭成员:冉崇高、申威、陈霞。

具三份监测报告。

针对梁某国养殖场2017~2019年的损失,司法鉴定意见是:梁某国养殖场2017~2019年最大限度损失为3,366,508元,考虑到2016年已经有部分损失,同时应扣除生产性投入,且生产性投入应大于鱼苗繁育费用,建议损失按最大限度损失的60%计算,为2,188,230元。鉴定人当庭陈述,因梁某国养殖场提供的损失方面的证据不能形成完整的证据链,因此损失鉴定结论是以目前我国西南地区淡水水产苗种场的产值及自身经验按8万~12万元/亩/年的产值进行参考后扣除生产性投入得出。

针对前述3份监测报告反映的水质情况与梁某国养殖场养殖鱼类死亡之间的因果关系,司法鉴定意见是:(1)某泉公司是造成白某溪河公共水域污染的污染源之一;(2)梁某国养殖场直接从白某溪河抽取水用于鱼苗养殖,在未经专业处理的情况下长期采用上述河水直接养鱼,会导致鱼苗死亡;(3)3份监测报告反映的水质与梁某国养殖场鱼苗死亡之间存在间接因果关系。

因双方对鉴定意见分歧较大,一审法院走访了三家不同规模、经验丰富的水产养殖场,确定从事鱼苗繁殖养育的养殖场每亩每年的产值大概在1万~3万元。

一审中,有具有环境科学领域专门知识的人民陪审员参加案件审理。

重庆市江津区人民法院于2021年6月30日作出(2019)渝0116民初11194号民事判决:一、被告某泉公司于本判决生效后10日内赔偿原告梁某国养殖场2017年至2019年的损失270,000元。二、驳回原告梁某国养殖场的其余诉讼请求。梁某国养殖场以鱼苗养殖损失应该采信鉴定意见等为由,提起上诉;某泉公司以一审酌定其承担60%的损失明显偏高等为由,提起上诉。重庆市第五中级人民法院2021年10月28日作出(2021)渝05民终7166号判决:驳回上诉,维持原判。

裁判理由

法院生效判决认为,本案的争议焦点为:1.某泉公司是否应当承担环境侵权责任;2.梁某国养殖场损失金额应当如何确定。

1.某泉公司是否应当承担环境侵权责任

水污染责任纠纷中侵权人是否应当承担环境侵权责任,应当综合侵权人是否具有明确的排污行为、污染物传输路径是否具有合理性、监测提取的污染物因子是否与被侵权人的损害后果具有牵连性，并结合双方举证责任分配、专业人员意见等予以综合认定。

首先，从侵权人是否具有明确的排污行为看，根据梁某国养殖场举示的证据，结合某泉公司被环境行政机关处罚情况、多次水质监测情况等，可以认定某泉公司具有排放污染物至白某溪河的环境污染行为。

其次，从污染物传输路径是否具有合理性看，根据河流走向、双方当事人所处位置并结合日常生活经验可知，梁某国养殖场养殖用水中含有某泉公司排放的污染物质具有传输路径的合理性。

再次，从监测提取的污染物因子是否与被侵权人的损害后果具有牵连性看，参考多次监测数据，某泉公司排放白某溪河水中的污染物氨氮超标，而根据相关鉴定意见，梁某国养殖场鱼苗死亡或减产的重要原因系氨氮浓度超标，据此可以认定二者具有一定的牵连性。

最后，从环境侵权的举证责任分配看，某泉公司在 2017 ~ 2019 年 3 次受到环境行政处罚，对白某溪河水质的抽样监测也经多次随机进行，现某泉公司并未举示证据证明其未实施排污行为或其实施的排污行为与本案环境损害没有因果关系，应承担环境侵权举证责任倒置的不利后果。结合日常生活经验及专业人士意见，可以认定某泉公司的排污行为对梁某国养殖场造成持续性损害，二者具有因果关系。

综上所述，本案对某泉公司在 2017 ~ 2019 年向白某溪河排放污染物导致梁某国养殖场鱼苗死亡已形成完整的证据锁链，某泉公司应当承担环境侵权责任。

2. 梁某国养殖场损失金额应当如何确定

首先，关于损失的鉴定意见是否采信问题。本案中，因梁某国养殖场向鉴定人提交的证明自身损失的证据不完整，鉴定人只能根据其自身专业经验通过一种理论模型进行推算。此外，鉴定意见中仅对梁某国养殖场因水污染遭受的损失进行计算，对其养殖期间应当投入的人力、物力等生产成本未予确定。该鉴定结论意见与一审法院调查走访的多家不同规模养殖场的平均年产值相差悬殊。可以认定鉴定意见确定的损失金额与梁某国养殖场实际损失不符，对鉴定意见中超出实际损失的部分不应予以采信。

其次，对同类水产养殖产值的市场估价问题。根据《中华人民共和国民法典》第一千一百八十四条“侵害他人财产的，财产损失按照损失发生时的市场价格或者其他合理方式计算”的规定,为查清本案事实,一审法院走访了位于重庆市江津区不同规模的三家水产养殖场,对其经营收入等情况进行调查了解,确定从事鱼苗繁育和鱼苗养殖的养殖场每亩每年的产值大概在1万~3万元。

最后,对梁某国养殖场损失的酌定问题。梁某国养殖场在养殖过程中并非每年都是绝收,而是有部分收益,但未提供其具体收益多少的证据,故在认定其损失时应当对该收益予以扣减。再者,一审中具有专业知识的人民陪审员提出的损失评估意见对于本案的处理具有参考价值。

综合上述事实,梁某国养殖场的客观损失在本案中难以查清,在无法采信鉴定意见的前提下,应当结合专家陪审员意见,根据梁某国养殖场鱼塘面积、同类规模养殖场产值的平均市场价格,扣除养殖成本支出、鱼塘仍有部分收入等因素,酌情确定其年损失金额为150,000元。

裁判要旨

1.认定水污染责任纠纷中侵权人是否应当承担侵权责任,可以根据鉴定意见或专业人员意见,综合考虑侵权人是否具有明确的排污行为、污染物传输路径是否具有合理性、监测提取的污染物因子是否与被侵权人的损害后果具有牵连性等因素,并结合双方举证责任分配予以认定。

2.对水污染的鉴定结论进行司法审查时,应当遵循逻辑性、合理性、科学常识和经验法则的审查标准,结合专家意见及具体案情来进行审查判断。鉴定意见结论与市场估价相差悬殊的,对鉴定意见中超出实际损失的部分不应予以采信。

3.水污染责任纠纷中,在被侵权人的客观损失难以查清,也无法采信鉴定意见的情况下,可结合专家意见,根据被侵权人的经营面积、同类规模经营主体的平均产值,扣除经营成本支出、经营收益等因素,酌情确定其损失金额。

示范意义

本案系一起充分保障同一环境单元内民事主体环境权益的典型案件。环境权是不同主体均可以自由享用的环境利益,同一环境单元内发生的污染和破坏环境行为则可能侵害他人的环境权益。本案中,当事人双方的养殖场分别位于河流的上下游,二者对于该条河流均有取水使用的权利。被告生猪养殖场向河流排污的行为造成原告取水养鱼鱼苗死亡的损失,二者存在因果关系。人民法院充分发挥司法职能化解案件纠纷,有力保障了不同民事主体的环境权益。

关联索引

《中华人民共和国民法典》第 1184 条、第 1230 条

《中华人民共和国环境保护法》(2014 修订)第 42 条第 1 款

《中华人民共和国水污染防治法》(2017 修正)第 96 条

《最高人民法院关于审理环境侵权责任纠纷案件适用法律若干问题的解释》(2015)第 6 条

编写人:陈　霞　汪晓敏　姜　玲　朱永祺

12 污染物排放实际数量无法查明时可根据生产量、单位产量污染物产出量或单次排污量、排污频次推定

——重庆市人民检察院第一分院诉重庆某公司水污染责任纠纷环境民事公益诉讼案[1]

裁判文书二维码

关键词

民事　生态环境保护　民事公益诉讼　检察公益诉讼　水污染　排污量确定

案　号

一审：重庆市第一中级人民法院(2018)渝01民初669号

基本案情

重庆某公司为减少污染治理成本，在公司厂区外修建应急池，并在公司厂区内修建一条暗管从对硝基苯乙酮车间连接至应急池，并设置阀门。该应急池与观察井相连，观察井是某公司排放经过处理达标废水的装备，该观察井与长江直接连接。2015年4月至8月14日，重庆某公司在未通过环境影响评估的情况下进行对硝基苯乙酮的生产，将生产过程中产生的废液通过暗管排放到应急池暂存，并多次将应急池内的废液直接排入长江，直至被查获。经监测，该废液内含有有毒物质硝基苯类、总氰化物、锰、锌、铅、镍等，其中硝

[1] 本案系人民法院案例库参考案例(2024-11-2-466-007)。合议庭成员：张力、李立新、吴长渝、王传清、陈刚、颜宏莲、岳学柏。

基苯类含量 3.38×10^3mg/L、总氰化物含量 15mg/L、锰含量 117mg/L，分别超过“污水综合排放标准”一级标准 1690 倍、30 倍、58.5 倍。重庆市人民检察院第一分院遂向法院提起诉讼，请求判令重庆某公司赔偿因违法排放工业有毒废水产生的生态环境损害费、评估费等。

受重庆市人民检察院第一分院委托，重庆市某环境科学研究院于 2018 年 6 月作出《鉴定评估报告》。该报告认定：“重庆某公司外排对硝基苯乙酮母液中硝基苯类浓度超过基线水平 584 倍，导致暗管排放口附近长江水域生态环境受到损害，造成的环境损害量化数额共计 434, 275.45 元。”

重庆市第一中级人民法院于 2018 年 12 月 21 日作出（2018）渝 01 民初 669 号民事判决：一、重庆某公司赔偿生态环境修复费用 434, 275.45 元，此款限于判决生效之日起 10 日内付至法院指定账户，用于修复被损害的生态环境；二、重庆某公司于判决生效之日起 10 日内，在省级或以上媒体向社会公开发表经法院审核认可的赔礼道歉声明；三、重庆某公司于判决生效之日起 10 日内向公益诉讼起诉人重庆市人民检察院第一分院支付鉴定评估费用 74, 000 元、公告费 750 元。判决后，各方当事人均未提出上诉，判决已发生法律效力。

裁判理由

法院生效裁判认为：重庆市人民检察院第一分院针对其辖区内发生的破坏生态环境行为，依法履行相应诉前程序后，未有适格主体提起诉讼，其提起本案环境民事公益诉讼主体适格。

1. 关于重庆某公司是否应承担因污染环境侵害公共利益的侵权责任

重庆某公司违反法律规定，通过暗管向长江水域直接排放含有毒物质的废水，严重危及人体健康和其他生物的生存，加重长江流域负荷，对周边不特定公众的身体健康造成潜在危险，也可能造成水域内生物的死亡，其行为已损害社会公共利益，应当依法承担侵害社会公共利益的民事责任。

2. 关于重庆某公司承担民事责任的方式和范围

（1）生态环境损害修复费用。根据《最高人民法院关于审理环境民事公益诉讼案件适用法律若干问题的解释》（2015）第二十条第二款的规定，人民法院可以在判决重庆某公司修复生态环境的同时，确定重庆某公司不履行修复义务时应承担的生态环境修复费用；也可以直接判决重庆某公司承担生态环境修复费用。在本案中,受损生态环境主要是长江水体,因其具有流动性,符合进行替代性修复的情形,加之重庆某公司本身并不具备生态环境修复的专业能力,故直接判决重庆某公司承担修复费用更为恰当。

《鉴定评估报告》委托程序、鉴定依据合法,鉴定人员及机构具有相应资质,采用的损害评估方法具有客观性、科学性;排污量系依重庆市人民检察院第一分院认定的1542.5吨而确定,由于排污量的精确实际数量因客观证据所限已无法查明,根据在案证据,对排放量的认定有两种路径:一是证据显示生产1吨对硝基苯乙酮会产生10~15吨废液,重庆某公司共生产154.25吨对硝基苯乙酮,由此认定排放的废液量为1542.5~2313.75吨;二是证据显示暂存废液的应急池容积为317.1m^3,容量达80%时即排放,共排放七次或八次,共约1775.76~2029.44m^3,且被查处当天应急池中尚有不明数量的废液尚未排出。无论依何种路径计算,重庆某公司实际排污量均应不少于1542.5吨,重庆市人民检察院第一分院认定污染物排放量为1542.5吨证据充分,有相应事实依据,应予认定。故对鉴定意见应予采纳。

该鉴定意见运用虚拟治理成本法,计算按现行的治理技术和水平治理排放到环境中的污染物所需要的支出,故依据《鉴定评估报告》确认的生态环境损害费实质为拟修复环境所支出的费用。

《最高人民法院、最高人民检察院关于检察公益诉讼案件适用法律若干问题的解释》(2018)第十八条规定,人民法院认为人民检察院提出的诉讼请求不足以保护社会公共利益的,可以向其释明变更。重庆市人民检察院第一分院对污染物排放量就低予以认定,并以此评估损害后果,提起诉讼请求。法院亦对该诉讼请求是否足以保护社会公共利益予以关注。法院认为虽生产154.25吨对硝基苯乙酮,产生的废液数量在1542.5~2313.75吨均有可能,但除最低数值外,在该范围内认定其他数量均具有或然性、不确定性。另外,环境公益诉讼不仅为弥补当前损失,也需着眼于生态环境的未来。重庆某公司积极投入资金用于其对硝基苯乙酮生产线的升级改造,并通过了环境影响评价及安全条件审查,在继续服务于社会经济发展的同时,已消除了其生产经营行为污染环境、破坏生态的风险。故本案中公益诉讼起诉人的诉讼请求足以保护社会公共利益。

重庆某公司关于污染已通过水体自净,并无损害后果,《鉴定评估报告》不应采信的意见不能成立。重庆某公司另提出其在污染行为发生后投入资金进行环保设备升级改造，目前经营困难，应减轻其赔偿责任及变更责任承担方式，法院认为，重庆某公司的污染行为已造成相应损害后果，以上事实均旨在消除今后生产经营对生态环境破坏的风险，而非对已造成的损害后果进行填补，不能减轻其应承担的民事责任；本案所确定的赔偿金额相对重庆某公司的注册资金及生产经营规模而言并非巨大，无分期履行或以其他方式履行赔偿义务的必要性。

（2）评估鉴定费用及公告费用。重庆市人民检察院第一分院为进行本案诉讼，实际支出了鉴定评估费 74，000 元、公告费 750 元，应予支持。

（3）赔礼道歉。重庆某公司违法排放并污染环境的行为，在侵害社会公共利益的同时，也侵害了社会公众享有美好生态环境的精神利益，理应向社会公众赔礼道歉。综合考量重庆某公司违法排污的具体情节、破坏生态环境的程度和范围以及社会影响，法院确定重庆某公司应在省级或以上媒体向社会公开赔礼道歉。

裁判要旨

1. 污染物排放的精确实际数量因客观证据所限已无法查明时，可根据生产量、单位产量污染物产出量，或单次排污量、排污频次推定污染物排放数量。

2. 为充分实现环境民事公益诉讼事后救济与事前预防的功能，人民法院应从诉讼请求能否救济社会公共利益受到的现实损害，以及能否消除社会公共利益受损的风险两方面综合进行审查，判断诉讼请求是否足以保护社会公共利益。

示范意义

本案是人民法院创新认定污染物排放量方法的典型案例。就本案而言，污染物排放的精确实际数量已因客观条件的缺失而无法确定，但并不能简单地不予处罚或随意处罚。本案确定了可根据排污企业生产量、单位产量污染物产出量，或单次排污量、排污频次推定污染物排放数量的规则。该裁判规则契合生态环境保护立法精神，也不违背社会普通公众心理预期，具备现实的合理性与指导意义，对警示排污企业依法合规排污、加强生态环境保护等具有重要意义。

关联索引

《中华人民共和国民法典》第1234条(本案适用的是2010年7月1日施行的《中华人民共和国侵权责任法》第65条)

《中华人民共和国民法典》第1235条(本案适用的是2017年10月1日施行的《中华人民共和国民法总则》第179条)

《中华人民共和国环境保护法》(2014修订)第42条第4款、第64条

《最高人民法院关于审理环境民事公益诉讼案件适用法律若干问题的解释》(2015)第18条、第20条、第22条、第24条

编写人:张　力　黄　琦　周　宏

13 因交通事故导致环境侵权的责任主体认定

——重庆市长寿区某村1组诉蒙城县某运输公司等环境污染责任纠纷案[1]

裁判文书二维码

关键词

民事　交通事故　环境污染侵权　责任主体

案　号

一审:重庆市长寿区人民法院(2011)长法民初字第00690号

基本案情

2010年7月6日,李某驾驶杨某文所有的牵引车与濮阳市某运输公司(以下简称濮阳公司)所有的重型罐式货车尾随相撞,发生交通事故,导致杨某文死亡、财产毁损,罐式货车所载的一甲胺溶液发生泄漏,造成环境污染。此次事故中,李某承担全部责任,濮阳公司的驾驶员无责任。上述牵引车系挂靠蒙城县某运输有限公司(以下简称蒙城公司)、新余市某运输公司(以下简称新余公司)经营。此次事故导致泄漏的一甲胺溶液达5.34吨,对当地鱼塘和农田造成污染。事故发生后,政府职能部门对被污染的鱼塘和农田损失情况进行了实地测查,确认了相关损失。重庆市长寿区某村1组(以下简称某村1组)提起诉讼,请求判令蒙城公司、新余公司、杨某文的遗属李某芳等、

[1] 本案入选2014年7月3日最高人民法院发布的九起环境资源审判典型案例。合议庭成员:殷俊勇、罗瑶星、程素珍。

濮阳公司连带赔偿因环境污染造成的财产损失7500元。

重庆市长寿区人民法院审理于2011年12月13日作出(2011)长法民初字第00690号民事判决:一、由濮阳公司、李某芳赔偿某村1组水井损失7500元;蒙城公司、新余公司承担补充赔偿责任。二、杨某芹等在继承杨某文遗产的范围内对前款债务承担清偿责任。三、驳回某村1组对驾驶员李某的诉讼请求。

一审宣判后,各方当事人均未提出上诉,判决已发生法律效力。

裁判理由

法院生效裁判认为,本案虽因交通事故引发,但原告以环境污染责任请求相关责任人赔偿,符合法律规定,环境污染者应依法各自承担的责任。

其一,根据《中华人民共和国侵权责任法》第六十五条、第六十八条的规定,环境污染者承担的是无过错赔偿责任,即使因第三人的过错造成他人损失,也不能免责。濮阳公司作为交通事故中无过错一方,按照环境侵权的规定,仍应当承担环境污染的损害赔偿责任,其在赔偿后有权向有过错的其他责任人进行追偿。

其二,杨某文在交通事故中负全部责任,其过错行为与某村1组遭受的环境污染损害具有直接因果关系,故杨某文应承担赔偿责任。但杨某文已死亡,该债务发生在其与李某芳婚姻关系存续期间,故李某芳应当对该债务承担连带责任。根据继承法的规定,杨某芹等杨某文的继承人应在继承杨某文遗产范围内承担赔偿责任。

其三,杨某文所有的车辆,分别挂靠在蒙城公司、新余公司名下经营,故该两公司应当承担补充赔偿责任。[1]李某系杨某文雇用的驾驶员,其在从事雇用活动中造成他人损害的,依法应由雇主对外承担侵权责任。

裁判要旨

1. 交通事故导致环境污染侵权的,污染者应承担环境侵权赔偿责任。

---

〔1〕《中华人民共和国民法典》第一千二百一十一条规定:以挂靠形式从事道路运输经营活动的机动车,发生交通事故造成损害,属于该机动车一方责任的,由挂靠人和被挂靠人承担连带责任。本案系环境污染侵权案件,且挂靠机动车无责任,与该规定情形不同。

2. 环境侵权污染者死亡的,其继承人应在继承遗产范围内承担环境侵权赔偿责任。

示范意义

本案是因交通事故导致环境污染责任主体如何认定的典型案件。本案明确了因交通事故导致危险化学品泄漏引发的环境污染责任纠纷中,污染者、第三人、挂靠公司及驾驶员的责任承担方式,法律关系较为复杂、典型,为类似案件的裁判提供了有益的参考。本案的裁判体现了对环境污染责任的严格认定,彰显了司法在保护生态环境、维护群众合法权益方面的积极作用,对推动相关主体加强安全管理、预防环境污染事故的发生等具有重要意义。

关联索引

《中华人民共和国民法典》第 1229 条、第 1233 条(本案适用的是 2010 年 7 月 1 日施行的《中华人民共和国侵权责任法》第 65 条、第 68 条)

《中华人民共和国民法典》第 1161 条(本案适用的是 1985 年 10 月 1 日施行的《中华人民共和国继承法》第 33 条)

编写人:王　烁　王　亮

14 环境民事公益诉讼裁判的执行监督

——中华环境保护基金会诉中某化工公司环境污染民事公益诉讼案〔1〕

裁判文书二维码

关键词

民事　环境污染　民事公益诉讼　生态修复　多元联动　执行监督

案　号

一审:重庆市第三中级人民法院(2017)渝03民初1号

基本案情

中某化工公司将生产过程中产生的磷石膏直接堆放在长江边长达18年,覆盖面积达700多亩,最深处达125米,造成当地生态环境损害严重,并对长江生态安全产生重大威胁,被多次处罚。经媒体曝光后,中某化工公司立即制定环境问题整改处置方案,并报请重庆市环保监管部门批准。2017年1月,中华环境保护基金会以中某化工公司超标排放污染物等行为违法,给当地环境带来极大破坏为由提起环境民事公益诉讼,请求判令中某化工公司立即停止环境侵害行为,赔偿相应的修复费用以及生态环境服务功能损失费或采取替代性修复方式。重庆市人民检察院第三分院依法支持起诉。

审理过程中,法院组织中华环境保护基金会与中某化工公司达成如下调

〔1〕本案入选长江流域生态环境司法保护典型案例及2021～2022年度“中国十大环境司法案例”。合议庭成员:贺付琴、陈胜友、杨洋、唐世勇、赵春生、胡建、熊中伦。

解协议:一是中某化工公司承诺严格贯彻落实重庆市及当地环保主管部门批复同意的环境问题整改处置方案,在2019年12月31日前完成封场、覆土、复绿等环境整治工作;二是中某化工公司支付803,700.80元,用于本案或者本地区大气环境、水环境修复或替代性修复等公益用途。法院于2017年11月28日将调解协议进行了为期30日的公告,并通知了负有环境资源保护监督管理职责的重庆市涪陵区环境保护局。公告期满后,未收到任何意见或建议。

重庆市第三中级人民法院于2017年12月28日作出(2017)渝03民初1号民事调解书,确认上述调解协议有效。在执行阶段,在法院的监督下,中某化工公司完成了调解书确定的各项义务。

裁判理由

法院生效裁判认为,环境保护是我国的一项基本国策。一切单位和个人都有保护环境的义务,并有权对污染和破坏环境的单位和个人进行检举和控告。我国设立公益诉讼制度,目的在于修复环境,对受损害的环境公共利益进行救济,发挥法律在生态保护中的惩罚、教育、引导功能。从查明的事实来看,被告中某化工公司违反《中华人民共和国水污染防治法》《中华人民共和国大气污染防治法》等法律规定,数次违法、超标向外环境排放污水、废气,给当地大气环境、水环境造成污染(或者增加污染隐患),且在受到多次行政处罚的情况下,未及时整改,依据损害担责原则,应依法承担相应的法律责任。中华环境保护基金会与中某化工公司达成的调解协议内容符合法律规定,不违反社会公共利益,有利于环境公共利益的保护,依法予以确认。

裁判要旨

环境公益诉讼裁判执行涉及多元主体,人民法院应主导案件执行,通过向有关单位发出司法建议、联动行政主管部门等共同制定生态环境修复评估标准、联合巡检修复工作,形成监督合力,确保公益诉讼裁判得到有效执行。

示范意义

本案是人民法院协同其他部门多元共治推动长江边磷石膏尾矿库修复

治理的典型案例,为司法实践生态修复判决的执行提供了样本和示范。总磷是长江首要超标污染因子,对长江生态安全产生重大威胁。实践中,依靠单一主体或单一机制难以解决环境治理问题,[1]而生态环境协同治理对于解决目前突出的环境问题、加大生态保护力度、健全生态环境监管体制、推动绿色发展等均具有重要意义。[2] 为确保裁判得到有效执行,该案人民法院及时向有关单位发出司法建议,并邀请检察机关、环境资源行政主管部门等共同制定生态环境修复评估标准,邀请人大代表、政协委员对案件执行工作进行监督,构建生态环境修复协调联动机制并全程追踪修复动态,确保调解书确定的义务得到全部履行,充分展现出人民法院在服务和保障长江流域生态文明建设中的主动担当作为。

关联索引

《中华人民共和国民法典》第 1234 条、第 1235 条(本案适用的是 2010 年 7 月 1 日施行的《中华人民共和国侵权责任法》第 15 条、第 65 条)

《最高人民法院关于审理环境民事公益诉讼案件适用法律若干问题的解释》(2015)第 11 条、第 20 条、第 21 条、第 22 条、第 25 条

编写人:游中川　申　威

---

[1] 詹国彬、陈健鹏:《走向环境治理的多元共治模式:现实挑战与路径选择》,载《政治学研究》2020 年第 2 期。

[2] 于文轩:《生态环境协同治理的理论溯源与制度回应——以自然保护地法制为例》,载《中国地质大学学报(社会科学版)》2020 年第 2 期。

15 诉前禁止令保全措施申请的审查判断

——重庆市人民检察院第二分院诉重庆夔某公司等倾倒固体废物诉前行为保全案〔1〕

裁判文书二维码

关键词

民事　生态环境保护　民事公益诉讼　长江　生态环境污染　重大风险　禁止令

案　号

一审：重庆市第五中级人民法院(2024)渝05行保1号

基本案情

重庆夔某公司与某发电厂签订多份脱硫石膏销售合同、处置合同及《应急处置技术协议》,约定重庆夔某公司在满足某发电厂的环保管理要求下承销某发电厂产生的脱硫石膏,某发电厂有权对重庆夔某公司运输、储存、消耗使用脱硫石膏的过程进行监督和资料查阅。因市场行情低迷,重庆夔某公司承销的脱硫石膏未能全部如期销售,陆续将约4.5万余吨脱硫石膏堆存至租用的巨某公司场地,堆存点距梅溪河岸线垂直高差仅20米。奉节县生态环境局曾多次组织重庆夔某公司、某发电厂、巨某公司召开协调会要求转运脱硫石膏。重庆夔某公司虽然向巨某公司支付了场地租赁费,但巨某公司仍以各种理由拒不配合转运工作。奉节县生态环境局委托专家对堆放的案涉脱硫石膏及堆放场地的危险性进行评估并出具意见,认为石膏中含有汞、砷、镍等

〔1〕 合议庭成员:叶欢、申威、吴广哲。

重金属,堆存场地未设置防渗系统、渗滤液收集系统、雨污分流系统,防流失措施不完善,不满足《一般工业固体废物贮存和填埋污染控制标准》(GB18599－2020)的要求,可能存在石膏中的重金属经雨水冲刷淋溶进入梅溪河,影响河水水质的环境风险隐患。重庆市人民检察院第二分院现场调查后认为,脱硫石膏临时堆存点6月至10月暴雨次数较多,重庆夔某公司、某发电厂、巨某公司对脱硫石膏处置不当的行为对生态环境具有现实而紧迫的重大风险,遂于2024年5月6日向重庆市第五中级人民法院申请禁止令,要求重庆夔某公司、某发电厂、巨某公司立即停止脱硫石膏的违规堆存行为,排除环境污染风险隐患。

重庆市第五中级人民法院于2024年5月8日作出(2024)渝05行保1号民事裁定:被申请人重庆夔某公司、某发电厂、巨某公司自本裁定生效之日立即停止在重庆市奉节县康乐镇横路社区梅溪河岸线堆存脱硫石膏的行为。

裁判理由

法院生效裁判认为,重庆夔某公司、某发电厂、巨某公司应立即停止在重庆市奉节县康乐镇横路社区梅溪河岸线堆存脱硫石膏的行为。其一,某发电厂将生产过程中产生的含有汞、砷、镍等重金属的脱硫石膏发包给重庆夔某公司处置,重庆夔某公司将脱硫石膏长期堆存在梅溪河岸线且未采取“三防”措施,构成环境污染隐患。其二,某发电厂、重庆夔某公司均负有及时转运脱硫石膏,消除危险的义务。其三,巨某公司多次拒绝并阻拦转运脱硫石膏,使环境污染隐患继续存在,如不及时制止,脱硫石膏中的汞、砷、镍等重金属因雨水冲刷淋溶进入梅溪河,将对梅溪河的生态环境造成难以弥补的损害。重庆市人民检察院第二分院向法院申请禁止令符合法律规定,应予准许。

裁判要旨

1. 被申请人的持续行为构成环境污染隐患,具有现实而紧迫的重大风险,如不及时制止将对生态环境造成难以弥补的重大损害的,人民法院可以依据申请作出诉前禁止令,禁止被申请人继续实施可能造成环境污染、生态破坏的行为。

2. 为确保环境污染隐患风险的有效排除,人民法院应积极联动当地生态环境保护职能部门及检察机关等,共同督促执行禁止令并消除环境污染重大风险。

示范意义

本案是人民法院适用诉前禁止令有效铲除污染长江重大风险的典型案例。环境污染、生态破坏具有突发性、瞬时性、不可逆性等特征[1],而环境保护禁止令具有及时阻却环境损害发生或扩大的效果,[2]这决定了禁止令在生态环境保护领域具有极端重要作用。本案中,含有大量重金属的脱硫石膏堆存在长江支流梅溪河岸边,一旦雨季来临,脱硫石膏中的重金属会经雨水冲刷淋溶进入梅溪河直到长江,会对长江生态环境造成不可估量的损害。人民法院全面落实生态环境保护预防为主的原则,在收到禁止令申请后48小时内发出禁止令,同时联动当地政府、检察院、生态环境局等部门现场督促转运,最终用时近两个月赶在汛期来临前完成了“石膏山”的彻底转运清理,及时隔绝并铲除了长江生态环境重大安全隐患,为长江生态保护构筑起一道无形的生态司法防护堤。

关联索引

《中华人民共和国民事诉讼法》(2023修正)第103条

《最高人民法院关于生态环境侵权案件适用禁止令保全措施的若干规定》第3条第2款、第8条、第9条第1款

编写人:赵　翎　叶　欢　游中川　汪晓敏

---

〔1〕参见刘竹梅、贾清林、刘慧慧:《〈关于生态环境侵权案件适用禁止令保全措施的若干规定〉的理解与适用》,载《法律适用》2022年第3期。

〔2〕参见王晶:《环境保护禁止令之适用审视》,载《甘肃政法学院学报》2019年第2期。

第二编 生态保护

16 科学增殖放流修复方式的适用

——杨某、陈某非法捕捞水产品刑事附带民事公益诉讼案[1]

裁判文书二维码

关键词

刑事　非法捕捞水产品罪　附带民事公益诉讼　科学增殖放流

案　号

一审：重庆市江津区人民法院(2022)渝0116刑初727号

基本案情

2022年3月16日凌晨2时许，被告人陈某、杨某在长江干流重庆市江津区白沙镇横山村至江津区油溪镇金刚河段使用电鱼工具非法捕捞水产品，其中杨某负责操作电捕鱼工具捕鱼，陈某负责捡鱼，同日3时30分许被民警当场抓获。民警现场查获电捕鱼工具电瓶1台、升压器1台、电鱼竿2根等和渔获物鲤鱼18尾、鲫鱼1尾，其中渔获物共计重32.82千克。经查，上述捕鱼地点位于长江上游珍稀特有鱼类国家级自然保护区实验区，自2020年1月1日0时起实行全面禁捕。杨某、陈某到案后如实供述了上述犯罪事实。杨某、陈某自愿签署了《认罪认罚具结书》。

经重庆市江津区人民检察院委托，中国水产科学研究院长江水产研究所

---

〔1〕 本案系人民法院案例库参考案例(2023-11-1-343-012)。合议庭成员：姜玲、朱锐、陈健、黄云利、罗永芳、马恩平、康晓琴。

于2022年4月2日作出《关于杨某、陈某在重庆市江津区白沙镇横山村至江津区油溪镇金刚河段电捕导致生态损失的鉴定报告》,认为:电捕鱼对渔获物没有选择性,电极产生的扩散电流会导致所触及的各类水生动物死亡或受损,危害面广,不分种类和个体大小,对鱼类资源破坏极其严重。侥幸逃脱电击的鱼类,除在生长过程中形体受损导致无法正常生活外,其性腺生理功能会遭受不同程度的损伤,极易导致其无法形成正常的生殖细胞,不能进行繁殖活动,直接影响其种群繁衍,特别是在3~6月鱼类繁殖期,4~8月仔稚鱼集中索饵期,强大的电流会直接干扰鱼类的繁殖和索饵行为,也会直接破坏鱼卵、仔稚鱼,阻断鱼卵发育过程,导致仔稚鱼畸形等。同时,电捕鱼也会对环境造成危害。被电击致死的部分生物个体的尸体会留在河流中无法浮至水面,导致沉入水底逐渐腐烂变质,从而污染水体。同时,电捕鱼也会对生长在水体中的浮游生物、无脊椎动物、软体动物等造成致命伤害,导致水生生态系统食物链遭受破坏,系统中的物质流动和能量流动受到阻遏,危害水体生态安全。电捕鱼造成土著鱼类数量减少,导致生态位空缺,给外来物种入侵提供了可利用的生态环境,增加了外来物种暴发导致生物入侵的风险。电捕作业对水生生物的破坏十分显著,建议强制当事人对破坏的水生生物资源进行生态修复,结合本案实际情况,同时考虑到生态修复的实际效果和可操作性,建议采用直接放流成鱼和幼鱼的方式对受损水体进行修复。建议在非法捕捞水域放流成鱼131.28千克、幼鱼46,760尾。放流鱼类比例具体如下:放流成鱼鲤124.716千克(规格>500g)、鲫6.564千克(规格>100g),放流幼鱼鲤44,422尾(规格3~5cm)、鲫2338尾(规格3~5cm)。

2022年7月29日,杨某、陈某共同向重庆市江奎水产养殖公司支付7826元的鱼苗款,但尚未进行放流。2022年9月23日,杨某、陈某自愿参加长江生态保护法治志愿服务,在江津区白沙镇滩盘街上通过发放禁渔宣传单的方式挨家挨户向居民、餐馆开展长江禁渔宣传,共走访居民或商户40余家。

另查明,2022年1月13日,《农业农村部关于做好"十四五"水生生物增殖放流工作的指导意见》发布,要求严格遵守增殖放流相关管理规定,科学确定增殖放流物种。要注重发挥增殖放流的生态效益,突出其在水质净化、水域生态修复及生物多样性保护等方面的作用,逐步加大珍贵濒危和地方特有物种的放流比重。长江流域相关省(自治区、直辖市)要根据实际情况,严格控制四大家鱼等经济物种放流规模,加大中华鲟、长江鲟、胭脂鱼等长江珍贵濒危水生野生动物的放流数量。合理规划增殖放流水域。要切实发挥增殖放流公益作用，重点支持在流域性大江大湖、界江界河以及资源衰退严重水域开展增殖放流。严禁放流不符合生态要求的水生生物。用于增殖放流的水生生物必须是本地种，严禁放流外来种、杂交种、选育种及其他不符合生态要求的水生生物。2022 年 8 月 1 日，《重庆市农业农村委员会关于印发 2022 年重庆市天然水域水生生物增殖放流实施方案的通知》对重庆市江津区长江干流、长江上游珍稀特有鱼类国家级自然保护区重庆段等水域的增殖放流对象和数量等进行了规定，考虑到全区增殖放流工作全局性、统一性原则，具体放流种类应根据地方农业农村主管部门要求进行全面统筹，科学放流。

2022 年 10 月 19 日，重庆市江津区农业农村委员会向重庆市江津区人民检察院出具复函，同意杨某、陈某在 2022 年年底前实施增殖放流修复生态，并按中国水产科学研究院长江水产研究所评估金额 7826 元，以及重庆渔业信息网最新公布的水产苗种参考价格每尾 3 元折算，建议该案增殖放流岩原鲤 1000 尾（规格 10～12cm）、胭脂鱼 1610 尾（规格 10～12cm）。

重庆市江津区人民法院于 2022 年 12 月 28 日作出（2022）渝 0116 刑初 727 号刑事附带民事判决：一、陈某、杨某犯非法捕捞水产品罪，分别判处拘役五个月；二、扣押在案的电捕鱼工具，依法予以没收；三、责令杨某、陈某在非法捕捞水域放流岩原鲤 1000 尾（规格 10～12cm）、胭脂鱼 1610 尾（规格 10～12cm）。宣判后，没有上诉、抗诉，判决已发生法律效力。

裁判理由

法院生效裁判认为：杨某、陈某违反保护水产资源法规，在禁渔区、禁渔期采用电捕鱼的禁用方法捕捞水产品，情节严重，其行为已构成非法捕捞水产品罪。杨某、陈某到案后如实供述其罪行，依法可以从轻处罚；自愿认罪认罚，可以依法从宽处罚；积极进行法治宣传，主动购买鱼苗拟用于将来修复生态环境，有悔罪表现，可以酌情从轻处罚。杨某、陈某非法捕捞水产品的行为破坏了渔业生态环境，侵犯了社会公共利益，依法应当承担民事赔偿责任，判令杨某、陈某在非法捕捞水域放流岩原鲤 1000 尾（规格 10～12cm）、胭脂鱼 1610 尾（规格 10～12cm）。

裁判要旨

对于非法捕捞水产品犯罪案件，采取增殖放流方式修复受损生态的，应当依据增殖放流相关规定并参考行政主管部门意见，全面统筹确定增殖放流的物种和数量，实现科学放流。

示范意义

《农业农村部关于做好"十四五"水生生物增殖放流工作的指导意见》要求科学确定增殖放流物种，注重发挥增殖放流的生态效益，逐步加大珍贵濒危和地方特有物种的放流比重。本案积极探索更加科学合理的增殖放流方式，通过放流捕捞鱼物种类转变为放流珍稀濒危鱼类，有利于修复水域生态环境、保障长江生态生物多样性，实现生态环境标本兼治的长效化目标，为打赢长江流域禁捕退捕攻坚战提供有力司法服务和保障。

关联索引

《中华人民共和国刑法》（2020 修正）第 25 条、第 42 条、第 44 条、第 64 条、第 67 条第 3 款、第 340 条

《中华人民共和国刑事诉讼法》（2018 修正）第 15 条、第 101 第 2 款

《最高人民法院、最高人民检察院关于检察公益诉讼案件适用法律若干问题的解释》（2020 修正）第 4 条、第 20 条

《中华人民共和国民法典》第 1229 条

《中华人民共和国环境保护法》（2014 修订）第 64 条

《中华人民共和国民事诉讼法》（2021 修正）第 58 条第 2 款

编写人：彭　莉　朱永祺

17 生态环境服务功能损失赔偿可参照生态环境修复费用所需考量的因素合理确定

——某环境研究所诉某开发公司等生态破坏民事公益诉讼案[1]

裁判文书二维码

关键词

民事　生态破坏　民事公益诉讼　社会组织　服务功能损失　无法鉴定　生态环境修复费用　赔偿金额

案　号

一审：重庆市第四中级人民法院(2018)渝04民初523号

基本案情

2009年4月7日，石柱县政府批复同意建立水磨溪湿地自然保护区。国家生态环境部网站于2012年8月24日发布的《重庆市自然保护区名录(截至2011年底)》显示，水磨溪湿地为内陆湿地县级自然保护区。

2009年9月，经相关政府部门批复，确定石柱三峡库区移民生态工业园规划面积以及四至范围。2011年5月，石柱县发展和改革委员会作出《关于同意移民生态工业园区基础设施建设项目立项的批复》，明确项目业主为某

〔1〕本案系人民法院案例库参考案例(2023－11－2－466－027)，入选最高人民法院2022年12月发布的生物多样性司法保护典型案例。合议庭成员：何洪波、万永福、王宏、史颖馨、许光轩、王贤江、程祖梅。

开发公司。2011年6月,工业园建设工作启动,基本在保护区内进行。2013年3月,某开发公司整体合并至某发展公司,其所有债权债务全部由某发展公司接管,但某开发公司至今未注销。2014年5月,工业园基础设施建设基本完成。

2016年11月,中央环保督察和“绿盾2017”专项行动要求整改环境问题,重庆市环保局亦要求加大整改力度。2018年5月起,石柱县政府启动水磨溪湿地自然保护区环境问题整改,并委托有关专门机构制定了《重庆石柱水磨溪湿地县级自然保护区生态修复方案》,其中关于保护区违规项目情况载明“序号11的项目名称为重庆某科技有限公司,所属功能区为实验、缓冲(部分围墙)……整改措施为缓冲区围墙拆除,保留主体建筑,改做保护区宣教设施。”另有序号21~25的项目名称涉及保护区内的公路,问题分类除序号22为开发问题外,其余为民生问题,整改措施均为保留。经重庆市人民政府同意后,石柱县政府按照方案进行了整改。在整改过程中,重庆市人民检察院向石柱县政府发出《检察建议书》,建议推动生态修复方案的落实并加强修复后的监管工作。随后,该院作出《结案决定书》,载明该县政府全面推动保护区生态修复工作,已经依法履行湿地生态环境保护的法定职责,决定结案。

诉讼过程中,原告提交了社会组织登记证书、章程、起诉前连续五年的年度工作报告书或年检报告书,以及无违法记录的声明。原告向法院申请对建设工业园区给保护区生态环境造成的损失和保护区受到损害至恢复原状期间的服务功能损失的数额进行司法鉴定。后因原告未按要求交纳鉴定费97.1万元,鉴定机构终止司法鉴定工作。审理中,法院委托有关鉴定机构对案涉道路、厂房在自然保护区所处的具体位置进行鉴定。鉴定机构作出的测绘报告显示,原告诉请拆除的道路部分位于该保护区的核心区、缓冲区内,另一部分位于实验区内;原告诉请拆除的厂房全部位于该保护区的实验区内,因此产生鉴定费用2.5万元。原告因本案诉讼产生律师代理费共计30万元,为诉讼支出差旅费13,686.11元。

重庆市第四中级人民法院于2020年8月26日作出(2018)渝04民初523号民事判决:一、某开发公司、某发展公司赔偿生态环境受到损害至恢复原状期间服务功能损失300万元,此款限于判决生效之日起10日内付至法院指定的对重庆石柱水磨溪湿地县级自然保护区具有管理职能的单位账户,用于修复被损害的生态环境;二、某开发公司、某发展公司于判决生效之日起10

日内向原告某环境研究所支付合理律师费 9 万元、为诉讼支出的差旅费 13,686.11 元;三、驳回某环境研究所的其他诉讼请求。判决后,各方均未上诉。判决已发生法律效力。

裁判理由

法院生效裁判认为:1. 本案系环保组织提起的请求被告承担环境侵权民事责任的环境民事公益诉讼,根据法律规定,原告某环境研究所具备本案原告主体资格。2. 石柱县委、县政府委托有关专门机构制定的生态修复方案已明确保护区内公路因涉及民生等问题予以保留。该意见系专业机构综合各方面情况作出的专业判断,并通过了专家评审会的专业评审,重庆市人民政府亦同意该修复方案,基于此,法院对保留公路的专业意见予以认可。况且,案涉公路在该保护区成立前已基本形成,也非三被告修建而成,三被告无权对案涉公路进行处置、拆除。3. 根据法律规定,自然保护区的实验区可以进行科学试验、教学实习、参观考察等活动。原告诉请拆除的四栋厂房全部位于保护区实验区内,案涉生态修复方案对其整改措施为保留主体建筑,改做保护区宣教设施,该四栋厂房现已改做生态文明科普宣教中心,已不属于法律规定的禁止范畴。4. 因原告未按要求交纳鉴定费导致生态环境受到损害至恢复原状期间服务功能损失的数额无法通过司法鉴定确定,但是,侵权人在案涉自然保护区内修建工业园区,给该保护区生态环境造成损害客观存在,服务功能损失亦客观存在,原告请求相关侵权人予以赔偿应予支持。关于侵权人的认定,某开发公司作为案涉工业园区的项目业主,其建设的工业园区基础设施建设项目基本在自然保护区内进行,损害了保护区的生态环境,系直接侵权人。某开发公司整体合并至某发展公司后,其所有债权债务全部由某发展公司接管,之后工业园基础设施直至 2014 年 5 月才基本完成,某发展公司亦系直接侵权人,也是某开发公司所有债权债务的承继者,应当承担相应的赔偿责任。某开发公司至今未注销,不能免除其承担侵权责任。园区管委会未实施损害保护区生态环境的行为,不应承担赔偿责任。鉴于服务功能损失客观存在,法院参照司法解释关于生态环境修复费用所需考量的因素,对本案服务功能损失予以合理确定,酌定被告某开发公司、某发展公司应赔偿的生态环境受到损害至恢复原状期间服务功能损失为 300 万元,用于修复被损害的生态环境。[1] 5. 本案委托鉴定机构所作测绘报告产生鉴定费 2.5 万元,由被告某发展公司、某开发公司向鉴定机构支付。原告请求被告向其支付合理的律师费用 30 万元及为诉讼支出的差旅费 13,686.11 元,法院以原告请求为基础,以被告某开发公司、某发展公司应赔偿的服务功能损失所占原告诉请赔偿损失的比例进行合理确定。原告为诉讼支出的差旅费与本案审理过程密切相关,系为诉讼支出的合理费用,被告某开发公司、某发展公司应予支付。

裁判要旨

社会组织作为环境公益诉讼的原告,因无力交纳鉴定费用导致无法通过司法鉴定方式确定生态环境受到损害至恢复原状期间服务功能损失的金额的,为切实保护受损生态环境,人民法院可参照相关司法解释关于确定生态环境修复费用所需考量的因素,对生态环境受到损害至恢复原状期间服务功能损失的赔偿金额予以合理确定。

示范意义

本案系由社会组织提起的环境民事公益诉讼案件,社会组织依法提起公益诉讼,维护公共利益,是《中华人民共和国环境保护法》规定的社会公众参与环境保护的重要方式。本案中由于司法鉴定费用高昂,社会组织无力承担鉴定费用启动司法鉴定,法院基于侵权人给自然保护区生态环境造成的生态服务功能损失客观存在,参照《最高人民法院关于审理环境民事公益诉讼案件适用法律若干问题的解释》的规定,结合案件中生态破坏的范围和程度、自然保护区所保护对象的珍稀程度、生态环境恢复的难易程度、生态环境恢复状况、被告过错程度等因素酌定期间服务功能损失,破除了司法实践中的一大难点,对于类似案件的审理具有示范意义。本案中被告占用自然保护区修

---

[1] 《最高人民法院关于审理环境民事公益诉讼案件适用法律若干问题的解释》第二十三条:生态环境修复费用难以确定或者确定具体数额所需鉴定费用明显过高的,人民法院可以结合污染环境、破坏生态的范围和程度,生态环境的稀缺性,生态环境恢复的难易程度,防治污染设备的运行成本,被告因侵害行为所获得的利益以及过错程度等因素,并可以参考负有环境资源保护监督管理职责的部门的意见、专家意见等,予以合理确定。

建工业园区造成生态环境破坏，损害了社会公共利益，法院依法判决被告赔偿修复期间服务功能损失300万元并用于修复被损害的生态环境，是在法律框架下对社会组织的鼓励与支持，不仅有利于发挥社会组织参与生态环境保护的积极性，促进“党委领导、政府主导、企业主体、社会组织和公众共同参与”的现代环境治理体系的构建，而且全面、合理保护了受损的生态环境，推动工业园区退出保护区、恢复湿地生态功能，成为落实“共抓大保护、不搞大开发”方针的典型实践。

关联索引

《中华人民共和国自然保护区条例》(2017修订)第18条第4款、第29条、第32条第1款

《最高人民法院关于审理环境民事公益诉讼案件适用法律若干问题的解释》(2015)第21条、第22条、第23条、第24条第1款

编写人：翟维玲

18 行政许可所依据的客观情况发生重大变化，行政机关为公共利益需要可以依法撤回行政许可

——欧某某诉重庆市铜梁区人民政府行政许可案[1]

裁判文书二维码

关键词

行政　行政许可　公共利益　情事变更　行政撤回

案　号

一审：重庆市第一中级人民法院(2016)渝01行初536号

二审：重庆市高级人民法院(2017)渝行终53号

基本案情

被告重庆市铜梁区人民政府(以下简称区政府)向重庆市人民政府报请审批新增城区集中式饮用水源地保护区划分方案。重庆市人民政府批复原则同意了区政府的方案。区政府于2015年10月20日作出通告载明，根据相关法律法规规定，经区政府研究，决定对涪江饮用水源保护区进行环境综合整治，并将铜梁安居提水工程涪江取水点上、下游各水域分别确定为饮用水源一级、二级保护区；在饮用水源二级保护区内禁止从事泊船、采砂、放养家

〔1〕 本案系人民法院案例库参考案例(2023-11-3-004-002)，入选最高人民法院2021年2月发布的长江流域生态环境司法保护典型案例。一审合议庭成员：张力、李立新、吴长渝；二审合议庭成员：尹洁、乐敏、谭秋勤。

禽、网箱养殖等活动；在饮用水源一级保护区内，除遵守二级保护区管理规定外，还须禁止从事水产养殖等行为；对违反通告的单位或个人将依法处理等内容。原告欧某某系该区某镇居民，其于2011年办理水域滩涂养殖证，并延展期限到2015年12月31日，长期在该镇涪江流域从事渔业养殖。欧某某认为被告作出的通告将其养殖区域划定为水源保护区，并禁止其继续从事渔业养殖活动，侵犯其合法权利，提起诉讼，请求撤销该通告。

重庆市第一中级人民法院于2016年11月17日作出(2016)渝01行初536号行政判决：驳回原告欧某某的诉讼请求。欧某某不服上诉，重庆市高级人民法院于2017年4月6日作(2017)渝行终53号行政判决：驳回上诉，维持原判。

裁判理由

法院生效裁判认为：区政府具有就辖区内饮用水水源保护区进行划定，并采取相应措施对水源予以保护的法定职权。被诉通告的目的是防治饮用水源污染，确保广大人民群众生产、生活用水安全，目的正当，行政程序合法。欧某某虽曾依法办理了水域滩涂养殖证，获得从事渔业养殖的行政许可，但根据《中华人民共和国行政许可法》第八条的规定，行政许可所依据的客观情况发生重大变化的，为了公共利益的需要，行政机关可以依法变更或者撤回已经生效的行政许可。

裁判要旨

一般情况下，行政机关不得任意擅自改变已经生效的行政许可。但行政许可作出时所依据的客观情况发生重大变化，为公共利益需要，行政机关可依法变更或者撤回该已经生效的行政许可证，由此给公民、法人或者其他组织造成财产损失的，行政机关应当依法给予补偿。

示范意义

本案系饮用水水源地保护引发的行政诉讼。本案中，虽然行政相对人曾获得从事渔业养殖的行政许可，但政府出于饮用水水源地保护，确保广大人民群众生产生活用水安全的公共利益目的,经过合法程序,以被诉通告撤回原行政许可,该行政行为合法有效,不属于行政权力擅自专断的违法情形。人民法院依法支持行政机关的整治举措,很好地贯彻实施了《中华人民共和国长江保护法》关于加强饮用水水源保护的规定,是切实服务保障长江经济带高质量发展的生动体现。

关联索引

《中华人民共和国水污染防治法》(2008 修订)第 4 条
《中华人民共和国行政许可法》(2003)第 8 条

编写人:黄　琦　胡军政

19 破坏自然保护地罪中“严重后果”或“恶劣情节”的认定

——石某权等三人破坏自然保护地案[1]

裁判文书二维码

关键词

刑事　破坏自然保护地罪　国家级自然保护区　严重后果　恶劣情节

案　号

一审：重庆市涪陵区人民法院(2023)渝0102刑初543号

基本案情

2022年7月，被告人石某权与被告人李某术、张某禄共同商议，拟用挖掘机施工方式修通一条从龙山村林地落水孔（小地名）至石门坎（小地名）的道路。随后被告人石某权、李某术二人以雇用挖机作业方式在龙山村1社开挖修建道路。石某权、李某术二人将道路修建至院居寺（小地名）笋林后，张某禄雇用挖机将道路开挖续修至其位于龙山村2社石门坎笋林附近。涉案路段修建的路面宽4~5米。经重庆金佛山国家级自然保护区管理事务中心核实认定，涉案地域龙山村1社、2社修建道路均位于重庆金佛山国家级自然保护区核心区范围内。经重庆市林业司法鉴定中心司法鉴定，金山镇龙山村1社修路毁坏林地0.3696公顷(5.54亩)，毁坏林木75株，活立木蓄积9.728立方米，毁坏程度为严重毁坏，森林类别为国家公益林Ⅰ级，林种为特种用途林。

---

〔1〕 合议庭成员：李信梅、王艳国、杨丽彦。

金山镇龙山村2社修路毁坏林地0.9978公顷(14.97亩),毁坏林木177株,活立木蓄积36.055立方米,毁坏程度为严重毁坏,森林类别为国家公益林Ⅰ级,林种为特种用途林。三被告人经民警电话通知到案,到案后如实供述犯罪事实。2023年11月16日,三被告人主动缴纳生态修复保证金共计6000元并提存。2024年1月22日,三被告人签订承诺书,自愿承担对因修路受损林地生态恢复期间的管护、守护义务。

重庆市涪陵区人民法院于2024年1月31日作出(2023)渝0102刑初543号刑事判决:以破坏自然保护地罪判处石某权等三人有期徒刑一年至八个月不等刑期,并处罚金人民币5000~6000元不等,同时依法对三人适用缓刑。宣判后,各方未上诉、抗诉,一审判决已发生法律效力。

裁判理由

法院生效裁判认为:被告人石某权等三人违反自然保护地管理法规,在国家级自然保护区核心区内擅自开挖林地修建道路,造成自然保护地内林地20.51亩严重毁坏,毁坏林木252株、活立木蓄积达45.783立方米,造成严重后果,其行为均构成破坏自然保护地罪。三名被告人作为金佛山自然保护区的原住居民,为了扩大采笋规模进行毁林修路,修建路段路面宽4~5米,严重改变了涉案林地的生态原状,明显超出了自然保护地原住居民为生产、生活所需而进行的开垦、开发活动以及修建等合理范围,破坏了自然保护地内林地生态安全,依法应当追究其刑事责任。鉴于石某权等三人具有自首、自愿认罪认罚、主动缴纳部分生态修复保证金、承诺自愿从事受损林地恢复地段的管护和守林责任等法定或酌定从轻、减轻处罚情节,遂依法作出如上判决。

裁判要旨

1. 在国家级自然保护区内的原住居民,违反自然保护地管理法规,明显超出为生产、生活所必需而进行开垦、开发活动以及修建建筑物,造成严重后果或者有其他恶劣情节的,应当依法追究其刑事责任。

2. 在国家公园、国家级自然保护区内非法开垦,同时符合破坏自然保护地罪和非法占用农用地罪构成要件的,依照《中华人民共和国刑法》第三百四十二条之一第二款的规定,应当依照处罚较重的规定定罪处罚。在破坏自然保护地罪和非法占用农用地罪的法定刑幅度相同的情形下，基于国家全面推进以国家公园为主体的自然保护地体系建设的重大战略决策，此时应遵循特别法优于普通法的原则，以破坏自然保护地罪定罪处罚。

示范意义

本案系重庆法院首例追究破坏自然保护地犯罪行为的刑事案件。本案的处理为破坏自然保护地罪中“严重后果”或“恶劣情节”的认定提供了一般标准，对该罪的规范适用和类案审理具有参考指导意义。人民法院依法追究三人的刑事责任，有效地维护了国家公园、国家级自然保护区生态安全和生物多样性，彰显了人民法院用最严格制度、最严密法治保护生态环境、筑牢国家自然保护地生态安全司法屏障的决心和成效。

关联索引

《中华人民共和国刑法》(2020 修正)第 342 条之一

编写人：刘　湘

20 非法制造枪支猎杀野生动物的定罪与量刑

——黄某某非法制造枪支，非法猎捕、杀害珍贵、濒危野生动物，非法持有枪支案[1]

裁判文书二维码

关键词

刑事　非法制造枪支　非法猎捕、杀害珍贵、濒危野生动物　非法持有枪支　野生动物保护

案　号

一审：重庆市垫江县人民法院(2020)渝0231刑初34号

基本案情

2016年至2017年，被告人黄某某分别从他人处获得自制预充气式气步枪和自制气枪各一支。2018年，黄某某购买一支射钉枪及钢管、瞄准仪等部件，并将射钉枪进行改装。2019年5月至11月，黄某某利用其改装的射钉枪在东印山猎捕四只疑似果子狸的野生动物，其中1只被其妻子煮食，其余3只被放置于家中冰箱。11月13日，黄某某被民警抓获，公安机关在其住处搜查出“快排”气枪1支、“突鹰”气枪1支、射钉枪改装的疑似枪支1支、瞄准镜1个、钢珠94颗、射钉弹86颗，并从其亲属处查获猎杀的3只疑似果子狸尸体。经鉴定，3支疑似枪支均具备致伤力，认定为枪支，其中射钉枪改装的枪支是

〔1〕 本案入选人民法院依法惩处妨害疫情防控犯罪典型案例(第一批)。合议庭成员：叶志强、董延洪、曾洋。

以火药为动力发射非制式枪弹的非制式枪;3只疑似果子狸尸体中有1只为小灵猫,系国家二级重点保护野生动物,另2只为花面狸,属于国家保护的有益的或者有重要经济、科学研究价值的陆生野生动物。

重庆市垫江县人民法院于2020年3月4日作出(2020)渝0231刑初34号判决:被告人黄某某犯非法制造枪支罪,判处有期徒刑三年;犯非法猎捕、杀害珍贵、濒危野生动物罪,判处有期徒刑一年六个月,并处罚金人民币一万元;犯非法持有枪支罪,判处拘役六个月,数罪并罚,决定执行有期徒刑四年,并处罚金人民币一万元。

宣判后,各方未上诉、抗诉,一审判决已发生法律效力。

裁判理由

法院生效裁判认为黄某某私自制造以火药为动力的非制式枪支,该枪支经鉴定具备致伤力,符合《中华人民共和国刑法》(2020修正)第一百二十五条第一款规定的非法制造枪支罪的构成要件。黄某某违反野生动物保护法规,猎捕、杀害国家二级重点保护野生动物小灵猫,其行为符合《中华人民共和国刑法》(2020修正)第三百四十一条第一款规定的非法猎捕、杀害珍贵、濒危野生动物罪的构成要件。黄某某非法持有2支枪支,其行为符合《中华人民共和国刑法》(2020修正)第一百二十八条第一款规定的非法持有枪支罪的构成要件。黄某某一人犯数罪,应数罪并罚。其具有自首情节,且自愿认罪认罚,依法可以从轻或减轻处罚。黄某某的行为不仅破坏了野生动物资源,还对社会公共安全构成潜在威胁,应予以严厉打击,同时结合其自首和认罪态度,体现宽严相济的刑事政策,作出如上判决。

裁判要旨

非法制造枪支并猎捕国家重点保护野生动物的行为,应分别构成非法制造枪支罪,非法猎捕、杀害珍贵、濒危野生动物罪和非法持有枪支罪,数罪并罚。

示范意义

本案是人民法院数罪并罚依法惩治非法猎捕、杀害珍贵、濒危野生动物罪的典型案例。保护野生动物维护生物多样性和生态平衡,既是每个公民的责任和义务,也是推进生态文明建设的重要内容,更是不可逾越的法律红线。本案被告人非法制造枪支并猎捕国家保护动物的行为不仅破坏了野生动物资源,还对社会公共安全构成潜在威胁。本案明确了非法制造枪支并猎捕国家保护动物行为的定罪标准和量刑原则,为类似案件审理提供了裁判参考。本案的裁判彰显了人民法院对破坏生态环境行为的严厉打击态度,对增强社会公众的生态保护意识、维护生物多样性等具有重要意义。

关联索引

《中华人民共和国刑法》(2020 修正)第 125 条第 1 款、第 128 条第 1 款、第 341 条第 1 款、第 67 条第 1 款、第 69 条、第 72 条第 1 款、第 73 条第 2 款和第 3 款、第 52 条、第 53 条、第 64 条

《中华人民共和国刑事诉讼法》(2018 修正)第 15 条、第 201 条

编写人:王　亮　余凌云

21 劳务代偿在野生动物资源修复中的适用

——李某江、罗某银非法狩猎、危害珍贵、濒危野生动物刑事附带民事公益诉讼案[1]

裁判文书二维码

关键词

刑事　危害珍贵、濒危野生动物罪　非法狩猎罪
刑事附带民事公益诉讼　野生动物资源修复　劳务代偿

案　号

一审:重庆市万州区人民法院(2024)渝 0101 刑初 65 号

基本案情

2022 年 12 月至 2023 年 1 月,李某江先后四次在四川省万源市白果镇某村附近使用猎犬狩猎,捕获国家二级重点保护野生动物中华鬣羚 1 只、毛冠鹿 2 只,有重要生态、科学、社会价值的陆生野生动物小麂 1 只。2023 年 1 月 11 日,罗某银邀约李某江一起清理事先安置的钢丝套时,发现 1 只中华斑羚被套中死亡,二人将其分割后带回家。同日,李某江运输 5 块猎获物肉至重庆市城口县准备贩卖时,被城口县公安局民警查获。2023 年 1 月 13 日,罗某银主动投案。经鉴定,李某江、罗某银分别造成野生动物资源损失 83,000 元和 50,000 元。经认定,万源市全域为禁猎区,全年为禁猎期;犬捕为禁止使用的

〔1〕 本案入选秦岭生态环境司法保护典型案例。合议庭成员:许仕钰、梅念章、邓洲、邓慧、刘兴玲、马跃箭、康健。

猎捕方法,猎套为禁止使用的猎捕工具。涉案地点位于四川花萼山国家级自然保护区实验区。

重庆市万州区人民法院于2024年3月20日作出(2024)渝0101刑初65号刑事判决:被告人李某江犯危害珍贵、濒危野生动物罪,非法狩猎罪,判处有期徒刑一年三个月,缓刑两年,并处罚金;被告人罗某银犯危害珍贵、濒危野生动物罪,判处有期徒刑七个月,缓刑一年,并处罚金。李某江赔偿生态环境资源损害损失83,000元(以劳务代偿方式替代赔偿49,800元,按《以工代偿建议方案》履行);罗某银赔偿生态环境资源损害损失50,000元;李某江、罗某银向社会公众赔礼道歉。宣判后,无上诉、抗诉,判决已发生法律效力。

裁判理由

法院生效裁判认为:被告人李某江、罗某银非法猎捕、杀害国家重点保护野生动物,构成危害珍贵、濒危野生动物罪;被告人李某江违反狩猎法规,在禁猎区、禁猎期使用禁用方法进行狩猎,破坏野生动物资源,情节严重,构成非法狩猎罪。二被告人非法猎捕行为,造成野生动物资源损害,破坏生物多样性,损害了社会公共利益,应当承担民事侵权责任。被告人李某江判决宣告以前一人犯数罪,应当实行数罪并罚;结合其认罪认罚、坦白的情节以及积极赔偿生态环境损害损失的悔罪表现,依法予以从轻处罚;其辩护人提出择一重罪处罚的辩护意见,因被告人李某江四次独立猎获野生动物,每次行为均符合犯罪构成要件,故不予采纳。被告人罗某银有认罪认罚、自首情节以及积极赔偿生态环境损害损失,依法予以从轻处罚。

裁判要旨

人民法院审理环境资源案件应当践行恢复性司法理念。当事人请求采取劳务方式替代修复受损生态环境的,应考量其经济能力、劳动能力、赔偿金额等因素,明确劳动的地点、时间、期限、属地监管责任等内容。

示范意义

本案系依法惩处危害珍稀、濒危野生动物资源犯罪行为,筑牢秦岭区域生态环境高质量保护屏障的典型案例。本案中,破坏生态环境的野生动物猎捕、运输、销售行为横跨川渝两地,人民法院打破行政区域限制,跨省域前往犯罪行为地开展巡回审判,既彰显了严惩破坏生态环境犯罪行为的司法态度,实现了环境资源案件的源头治理,又激发了社会公众更加珍惜生态环境的情感,践行尊重自然、保护生物多样性的理念,有助于切实提升跨行政区域生态共建、环境共保,为加快建设美丽中国先行区贡献司法力量。

关联索引

《中华人民共和国刑法》(2023 修正)第 341 条第 1 款、第 2 款

《最高人民法院、最高人民检察院关于办理破坏野生动物资源刑事案件适用法律若干问题的解释》第 6 条、第 7 条

编写人:许仕钰　方　元

22 非法捕捞时捕获了珍贵、濒危野生动物如何定罪量刑

——熊某辉等三人非法猎捕珍贵野生动物案[1]

裁判文书二维码

关键词

刑事　危害珍贵、濒危野生动物罪　非法捕捞水产品罪　想象竞合　择一重罪处罚

案　号

一审：重庆市涪陵区人民法院（2017）渝0102刑初286号

二审：重庆市第三中级人民法院（2017）渝03刑终146号

基本案情

2017年3月25日，被告人熊某辉、杜某、江某波携带渔网、鱼竿等工具至长江干流丰都河段龙洞湾水域，捕获2只白鲢鱼和1条胭脂幼鱼并造成胭脂鱼死亡。三人在捕鱼过程中被重庆市丰都县公安局派出所民警当场查获，三人所使用的刺网网目尺寸为6cm，违反重庆市关于长江干流和嘉陵江、乌江水域网目尺寸不得小于8cm的相关规定。经西南大学司法鉴定所鉴定，胭脂鱼属于国家二级保护野生动物。重庆市涪陵区人民检察院以熊某辉等3人犯非法猎捕珍贵野生动物罪、非法捕捞水产品罪提起公诉。

重庆市涪陵区人民法院于2017年6月27日作出（2017）渝0102刑初286

[1] 本案入选长江流域水生态司法保护典型案例、2016～2017年重庆法院环境资源审判十大典型案例。一审合议庭成员：李信梅、冉洪芳、卿岛；二审合议庭成员：贺付琴、陈胜友、杨洋。

号刑事判决：一、被告人熊某辉犯非法猎捕珍贵野生动物罪，判处有期徒刑六个月，并处罚金 2000 元；二、被告人杜某犯非法猎捕珍贵野生动物罪，判处有期徒刑六个月，并处罚金 2000 元；三、被告人江某波犯非法猎捕珍贵野生动物罪，判处有期徒刑六个月，并处罚金 2000 元；四、公安机关扣押在案的作案工具，予以没收。宣判后，熊某辉等 3 人不服，提起上诉。重庆市第三中级人民法院于 2017 年 8 月 11 日作出(2017)渝 03 刑终 146 号刑事裁定：驳回上诉，维持原判。

裁判理由

法院生效裁判认为，被告人熊某辉等 3 人违反国家保护水产资源法规，在禁渔期、禁渔区内采用禁用方法捕捞水产品，同时捕获国家二级保护野生动物胭脂鱼 1 条。[1] 熊某辉等 3 人的一个捕捞行为，同时触犯了非法猎捕珍贵野生动物罪及非法捕捞水产品罪两个罪名，应择一重罪即非法猎捕珍贵野生动物罪定罪处罚，其他行为作为量刑情节予以考虑。熊某辉等 3 人到案后，能如实供述其犯罪事实，系坦白，可以从轻处罚。熊某辉等 3 人互相配合撒渔网，在长江捕鱼自食，对于捕获胭脂鱼持放任态度，系间接故意，对被告人熊某辉提出其在收网过程中意外捕获一条胭脂鱼，不构成非法猎捕珍贵野生动物罪的辩护理由不予支持。

裁判要旨

行为人基于同一主观故意实施非法捕捞行为，捕捞对象同时涉及一般水生动物与珍贵、濒危水生动物，若行为人的非法捕捞行为同时符合危害珍贵、濒危野生动物罪与非法捕捞水产品罪构成要件，属于想象竞合，在认定上应择一重罪处罚。

示范意义

本案明确了禁渔期非法捕捞水产品罪与危害珍贵、濒危野生动物罪竞合

---

〔1〕《最高人民法院、最高人民检察院关于办理破坏野生动物资源刑事案件适用法律若干问题的解释》将危害珍贵、濒危野生动物罪定罪量刑由原来的数量标准调整为价值标准。

时的裁判规则,确立了"择一重罪"的司法适用标准,为类案裁判提供指引。胭脂鱼是我国特有的淡水珍贵濒危物种,具有重要的经济和文化、社会、生态价值。人民法院依法择一重罪,以非法猎捕珍贵野生动物罪定罪量刑,强化了对"绝户网"等破坏性捕捞工具的司法否定性评价,通过严惩非法捕捞犯罪行为有力维护长江水域的生态平衡和生物多样性。

关联索引

《中华人民共和国刑法》(2017 修正)第 341 条第 1 款

编写人:李信梅　刘　湘

23 被告人违规增殖放流不能认定为酌定从轻量刑情节

——黎某建等非法捕捞水产品案[1]

裁判文书二维码

关键词

刑事　非法捕捞水产品罪　违规增殖放流　生态风险　酌定从轻量刑

案　号

一审：重庆市万州区人民法院(2021)渝0101刑初719号

基本案情

2020年5月，被告人黎某建邀约被告人张某波、黎某志及黎某培(另案处理)一同电鱼食用。黎某培驾车搭载其余三被告人到前河重庆市城口县蓼子乡当阳村转拐子河段，相互配合进行捕捞。经群众举报案发，黎某培被当场抓获，其余三被告人将渔获物倒入河中后携电鱼工具藏匿。随后黎某建等三被告人相继自首归案。取保候审期间，其余三被告人自行在重庆市潼南区某淡水鱼养殖场购买裸斑鲤、黄辣丁鱼苗若干投放入案涉河段。

在审理过程中，法院向相关渔业行政主管部门发出咨询函。城口县农业农村委员会复函证实，被告人在增殖放流前后均未向渔业行政主管部门报备，裸斑鲤在城口县前河水域属外来物种，放流极可能对城口县本地物种造成影响，不宜在该河段放流。潼南区农业农村委员会复函证实，潼南区某淡

[1] 本案入选2021年度人民法院环境资源审判典型案例。合议庭成员：许仕钰、张娟、何涓。

水鱼养殖场有出售水产品的合法资质和许可,无增殖放流水生生物物种的资质,裸斑鲤不属于本地种。

重庆市万州区人民法院于2021年12月24日作出(2021)渝0101刑初719号刑事判决:一、被告人黎某建犯非法捕捞水产品罪,判处拘役四个月。二、被告人黎某志犯非法捕捞水产品罪,判处拘役三个月,缓刑六个月。三、被告人张某波犯非法捕捞水产品罪,判处拘役三个月,缓刑六个月。宣判后,三被告人未上诉,公诉机关未抗诉,判决发生法律效力。

裁判理由

法院生效裁判认为:黎某建等三被告人违反保护水产资源法规,在禁渔期、禁渔区内使用禁用的方法捕捞水产品,情节严重,构成非法捕捞水产品罪。三被告人在水生生物主要繁育期的深夜至凌晨时段实施电捕鱼,并作了望风、捕捞等分工以及约定暗号传递信息,使用充气皮船扩大捕捞范围,分工明确、共同实施,不应区分主从犯。三被告人有自首、认罪认罚情节,可以从轻处罚。被告人黎某志、张某波主动缴纳生态修复费用于修复生态环境,悔罪表现较好,在量刑时予以酌情考量。

国家对于增殖放流有明确具体的规定,在放流时必须遵循有关法律法规和工作规程,做到科学放流,才能达到修复水生态、保持生态平衡的目的,否则不但无法实现增殖放流的初衷,甚至可能危害生物多样性和水域生态安全。三被告人虽有主动修复水生生态、弥补水生生物资源及生态环境损害之意,但事前未履行报告程序,导致渔业行政主管部门未能及时对三被告人的增殖放流行为予以监督管理,自行投放区域外来物种裸斑鲤的行为,可能不仅不能修复水生态环境,反而有害于放流水域的生态平衡,不应提倡,三被告人违规增殖放流不能认定为酌定从轻量刑情节。

裁判要旨

增殖放流是高度技术性和规范性的活动,被告人自行实施增殖放流,未遵循国家关于增殖放流的管理规定和工作规范,对放流水域生态安全造成不良影响的,其主观修复意愿被消解,人民法院不予认定为从轻量刑情节。

示范意义

本案系因非法捕捞水产品引发的刑事案件。增殖放流是恢复渔业资源，保持生态平衡的重要措施，须遵循科学规律合理开展。不规范的增殖放流可能造成外来物种入侵，会抵消增殖放流作用，甚至给生物多样性造成破坏。本案中，人民法院审查确认被告人开展的增殖放流活动不符合水生生物增殖放流管理相关规定，不能起到保护水生生物多样性和生态环境的作用，放流外来物种可能造成涉案河流物种种质混杂、种群退化，影响生物遗传多样性，对其行为作出否定性评价。同时法院向相关渔业主管部门发出司法建议，建议其加强对增殖放流的监管，该举措对于促进科学合理开展增殖放流活动具有指引作用。

关联索引

《中华人民共和国刑法》（2020 修正）第 340 条

编写人：许仕钰　吴江山

24 非法移植国家重点保护植物的定性

——胡某国非法采伐国家重点保护植物案[1]

裁判文书二维码

关键词

刑事　非法采伐　非法移植　国家重点保护植物　犯罪构成

案　号

一审：重庆市渝北区人民法院(2018)渝0112刑初360号

二审：重庆市第一中级人民法院(2018)渝01刑终262号

基本案情

2016年3月，被告人胡某国联系郭某礼欲购买野生香樟树并寻找树源。后胡某国在未取得林业主管部门许可的情况下，在郭某礼等人帮助下，组织工人采伐金果园内野生香樟树21株、重庆市缙云山国家自然保护区黛湖保护站5号班组国有林内野生香樟树29株、重庆市缙云山国家级自然保护区澄江保护站4号班组国有林内野生香樟树72株。经鉴定，该122株野生香樟树属于国家二级保护野生植物。

另查明，被告人是为了移植而采伐上述野生香樟树，案发时只作了截冠处理和断根处理，移植尚未完成。

重庆市渝北区人民检察院以被告人胡某国犯非法采伐国家重点保护植物罪向法院提起公诉。

---

〔1〕 本案入选最高人民法院公报2023年第4期(总第320期)。一审审判员：赵文芬；二审合议庭成员：贾科、张力、吴长渝。

被告人胡某国及其辩护人提出,被告人胡某国没有犯罪意图,其行为不是采伐而是移栽。

重庆市渝北区人民法院于2018年3月28日作出(2018)渝0112刑初360号刑事判决:被告人胡某国犯非法采伐国家重点保护植物罪,判处有期徒刑二年,并处罚金30,000元。宣判后,被告人胡某国提出上诉。重庆市第一中级人民法院于2018年7月26日作出(2018)渝01刑终262号刑事裁定:驳回上诉,维持原判。

裁判理由

法院生效裁判认为,被告人胡某国明知无林木采伐许可证,仍在他人帮助下组织移植野生香樟树,构成非法采伐国家重点保护植物罪。具体如下:

其一,从国家规范来看,根据《国家林业局关于切实加强和严格规范树木采挖移植管理的通知》[1]关于"采挖树木和运输、经营采挖树木的管理,适用《森林法》《森林法实施条例》有关林木采伐、木材运输和经营(加工)管理的规定。采挖树木,必须办理林木采伐许可证"的规定,表明国家行政主管部门认为"采伐"包括"采挖移植",而采挖移植须办理采伐许可证。行政主管部门对于采伐的界定具有专业性和科学性,应予参照。

其二,从立法目的来看,本案罪名客体是国家林业保护管理制度,虽非法移植未以毁灭植物生命为代价获取利益,主观上具有希望被移植植物存活的意愿,但该行为破坏了植物原有生存环境;因脱离国家监管,移植人是否具备相应技术条件、操作方式是否规范,均无法保障,其行为将导致增加植物死亡的可能性,侵害国家森林资源和生态环境,对其进行打击符合《中华人民共和国刑法》第三百四十四条的立法目的。

其三,从犯罪构成来看,主观方面,野生香樟树和人工香樟树在外观上有明显差异,被告人具有两年从事绿化行业经验,应当能够判断采伐对象是否为野生香樟树;其也供认自己知道采伐的是野生香樟树以及野生香樟树受国家保护,清楚是在未办理采伐许可手续的情况下实施采伐行为;同时也明知缙云山自然保护区野生林木上有生物防治灯、金果园与缙云山国家自然保护区之间立有界碑等情形。客观方面,被告人具体负责寻找货源,组织工人非

[1] 该通知自2014年1月1日起施行,有效期至2018年12月31日。

法采伐野生香樟树,系实际行为人。其具有非法采伐国家重点保护植物的主观故意和客观行为。

裁判要旨

1. 未办理林木采伐许可证,非法移植国家重点保护植物的行为,属于《中华人民共和国刑法》第三百四十四条规定的“非法采伐国家重点保护植物”;

2. 认定被告人是否具有非法采伐国家重点保护植物的主观故意,可结合野生植物是否具有可普遍识别的外观特征、被告人是否具有林木行业工作经验、自然保护区是否设置特殊的林木保护设施等因素予以确定。

示范意义

本案系非法采伐国家重点保护植物的刑事案件。刑法未明确“采伐”范畴,对“采伐”的认识各有不同[1]。但对于具有较高观赏价值的受保护植物,“移植”逐渐成为主要手段。鉴于移栽在社会危害程度上与砍伐存在一定差异,对非法移栽珍贵树木或者国家重点保护的其他植物的行为,在认定是否构成犯罪以及裁量刑罚时,应当考虑植物的珍贵程度、移栽目的、移栽手段、移栽数量、对生态环境的损害程度等情节,综合评估社会危害性,确保罪责刑相适应。本案将非法“移植”纳入本罪客观表现形式,具有较强的警示教育作用,对统一该类案件的法律适用标准具有重要意义。

关联索引

《中华人民共和国刑法》(2017 修正)第 344 条

编写人:贯　科　何　铜

---

〔1〕 有学者认为移植行为不属于采伐,不构成本罪。参见张明楷:《刑法学(第五版)》,法律出版社 2016 年版,第 1137 页。崔志伟:《“但书”出罪的学理争议、实证分析与教义学解构》,载《中国刑事法杂志》2018 年第 2 期。

25 非法移栽国家重点保护植物的行为定性

——张某长非法采伐国家重点保护植物案[1]

裁判文书二维码

关键词

刑事　危害国家重点保护植物罪　非法移栽国家重点保护植物　行为定性

案　号

一审:重庆市万州区人民法院(2017)渝 0101 刑初 799 号

二审:重庆市第二中级人民法院(2019)渝 02 刑终 75 号

基本案情

2017 年 3 月初,张某长以 400 元的价格购买了梁平区明达镇某村村民蒋某才园场内的一株红豆杉后,随即采挖移栽至自家花园。此外,张某长得知梁平区竹山镇某村 11 组"大河囚"有一株红豆杉,遂上山采挖并邀请谢某文和张某太帮其搬运,公安机关在现场将张某长抓获归案。经鉴定,涉案树木为南方红豆杉,系国家一级重点保护野生植物,采伐自"大河囚"处的红豆杉已死亡。

重庆市万州区人民法院于 2018 年 12 月 28 日作出(2017)渝 0101 刑初 799 号刑事判决:被告人张某长犯非法采伐国家重点保护植物罪,判处有期徒

[1] 本案入选 2019 年人民法院环境资源典型案例。一审合议庭成员:陈伟、刘金琼、邓国惠;二审合议庭成员:张镇勇、杨超、冯波。

刑三年三个月,并处罚金。一审宣判后,张某长不服,提起上诉。重庆市第二中级人民法院于2019年8月16日作出(2019)渝02刑终75号刑事判决:撤销重庆市万州区人民法院(2017)渝0101刑初799号刑事判决第一项;被告人张某长犯非法采伐国家重点保护植物罪,判处有期徒刑三年,缓刑三年,并处罚金。

裁判理由

法院生效裁判认为:本案争议焦点为张某长行为的定性和量刑问题。

1. 关于移栽野生红豆杉行为的定性应为采伐,构成非法采伐国家重点保护植物罪。理由如下:

其一,从文理解释层面来看。“采”解释为摘取、搜集、挖掘,“伐”解释为砍斫、砍伐。采伐作为词语,可以解释为采和伐,在未冲突时,不应限制和消除“采”的固有含义,故采伐不应只理解为砍伐,还应当具有“采”的内涵,包括迁移、改造、移栽。

其二,从行为特征、危害后果层面来看。移栽虽并未直接剥夺受保护植物的生命,但植物能否存活与移栽季节、移栽方法、移栽手段、植物生命力、原生长地的地理环境等因素息息相关,即使专业的移植都不能确保植株必然存活。质言之,移栽具有剥夺保护植物生命的高度盖然性。故从主观立场来看,砍伐是剥夺植物生命之直接故意,移栽则至少持放任之态度。即便移栽存活,将“野生”变成“家养”,也不可避免会破坏受保护植物的原始生态价值。因此,移栽与砍伐在行为方式上有所差异,但行为性质、危害后果等方面具有同质性,将移栽与砍伐等同视之,符合同类解释原理。

其三,从法益保护层面来看。犯罪是对法益的侵害,刑法的目的是保护法益。对此,尽管不能为了保护法益而将法无明文规定的行为以犯罪论,也不能明显超出刑法用语含义,以保护法益为由行类推解释之实。但在法律文本规范含义范围内,仍应以保护法益为中心,尽量避免处罚漏洞的存在。在生态法益这一观念逐步形成的当下,若认为采伐仅指砍伐,会导致移栽这一类具有严重社会危害性的行为游离于犯罪之外。在罪刑法定原则范围内将采伐解释为移栽、采集、砍伐,有利于严密刑事法网,更好地保护生态法益,推进生态文明建设。

2. 张某主观恶性小

张某长基于观赏之目的将野生红豆杉移栽至自家花园，主观恶性较小；其采用锄头将树连根采挖，运输时仅对枝丫进行修剪，未对整个树干造成损害，对案涉野生红豆杉生态功能的损害程度较低。此外，张某长在二审中与相关单位达成《生态修复协议》，积极完成修缮抚育和补植复绿义务并缴纳罚金，认罪、悔罪态度较好。综合考量其上述量刑情节，可以从轻处罚。

裁判要旨

1. 行为人非法移栽国家重点保护野生植物，属于《中华人民共和国刑法》第三百四十四条规定的"非法采伐"行为。

2. 由于移栽的社会危害程度不同于砍伐，在定罪量刑时，应当考虑植物的珍贵程度、移栽目的、移栽手段、移栽数量、对生态环境的损害程度等情节，综合评估非法移栽行为的社会危害性，确保罪责刑相适应。

示范意义

本案系非法采伐国家重点保护植物的刑事案件。红豆杉是国家一级重点保护植物，具有重要的科学、经济和观赏价值。《最高人民法院、最高人民检察院关于适用〈中华人民共和国刑法〉第三百四十四条有关问题的批复》（法释〔2020〕2号）第二条明确将非法移栽行为纳入《刑法》第三百四十四条的规制范围。本案中，人民法院在该批复施行之前，认定移栽行为属于非法采伐行为，对正确理解上述批复，规范采挖、移栽珍贵野生植物的行为定性，具有重要的指导意义。同时，对警示引导社会公众树立法律意识，保护生物多样性，具有较好的教育示范作用。

关联索引

《中华人民共和国刑法》（2017修正）第344条

编写人：王　翔　吴江山

26 生态环境损害赔偿协议可通过申请司法确认赋予强制执行力

——酉阳土家族苗族自治县农业农村委员会与姚某生态环境损害赔偿协议司法确认案[1]

裁判文书二维码

关键词

民事　生态环境损害　赔偿协议　生态保护与修复　司法确认

案　号

一审:重庆市黔江区人民法院(2020)渝 0114 民特 38 号

基本案情

2019 年 6 月 6 日 23 时 30 分许,赔偿义务人姚某伙同他人在国家规定的禁渔期间至重庆市酉阳土家族苗族自治县(以下简称酉阳县)酉酬镇溪口村小地名“王家坝河”的天然河流,姚某操作禁止使用的捕捞工具电鱼机非法捕捞野生鱼,被民警当场查获,并依法扣押了姚某使用的电鱼工具及渔获物。经清点并称重,姚某非法捕捞野生渔获物共计 330 尾,总净重 5.1 千克。赔偿义务人违反了《中华人民共和国刑法》(2017 修正)第三百四十条、第六十七条第三款、第六十四条的规定。

西南大学姚维志、苏胜齐和吴正理三位专家受酉阳县农业农村委员会委托就姚某电捕鱼行为导致的渔业资源损失进行评估并出具了《关于姚某非法

[1] 本案入选长江流域水生态司法保护典型案例。合议庭成员:陈江、白海燕、李颖。

捕捞水产品犯罪行为所导致渔业资源损失的专家评估意见》(以下简称《专家意见》),说明姚某是用电瓶作为电源并连接到升压器,升压器将电压升高后通过连接电线的手操网输出到水中,再用手抄网将电晕的鱼捞起。从捕获的鱼体大小看,本案中被告人所使用电鱼装置的输出电压不低于600V。该电压下电击作用范围不低于6米半径,即距离电极6米内的鱼类均会受害。姚某非法捕捞水产品案中,对间接损失无法定量估算,渔业资源直接损失约为4242元。根据《重庆市生态环境损害赔偿制度改革实施方案》的规定,本案专家鉴定费3000元应列入生态环境损害赔偿范围。本案生态环境损害赔偿金额合计7242元。

2019年12月20日,赔偿权利人指定的部门酉阳县农业农村委员会与赔偿义务人姚某经磋商,于2019年12月20日达成了如下磋商协议:《生态环境损害赔偿协议》共分四个部分,第一部分是甲乙双方认可《生态环境损害赔偿协议》中的生态环境损害事实及相关证据;第二部分是甲乙双方认可《生态环境损害赔偿协议》关于赔偿依据及理由的阐述;第三部分是甲乙双方认可《生态环境损害赔偿协议》中甲乙双方的磋商意见;第四部分是甲乙双方一致同意《生态环境损害赔偿协议》中规定的赔偿责任及履行方式。甲乙双方一致认可乙方采取自行修复的方式履行生态环境损害赔偿责任。乙方履行生态环境损害赔偿责任的具体要求:根据《专家意见》及实际应予支付的专家鉴定费,本案生态环境损害量化金额合计7242元。其中,专家鉴定费3000元在本协议签订之日支付给相关专家。义务人违法犯罪行为导致的价值4242元的渔业资源直接损失,由义务人依据《专家意见》通过实施增殖放流的方式对破坏的生态环境进行修复,自行修复工作在《生态环境损害赔偿协议》签订之日起2个月内完成。酉阳土家族苗族自治县农业农村委员会与姚某共同向法院申请对《生态环境损害赔偿协议》进行司法确认。

重庆市黔江区人民法院于2020年4月23日作出(2020)渝0114民特38号民事裁定书,确认酉阳县农业农村委员会与姚某于2019年12月20日自行磋商达成一致的生态环境损害赔偿协议有效。

裁判理由

法院生效裁判认为,姚某在长江流域非法捕捞水产品,经专家评估造成生态环境损害量化金额合计7242元,应予赔偿。赔偿权利人指定的部门酉阳县农业农村委员会与赔偿义务人姚某经磋商达成的赔偿协议,未违反法律强制性规定,不损害公共利益,协议中的修复方案科学可行,应予确认。

裁判要旨

1. 侵权人非法捕捞水产品造成生态环境损害的,行为人可以采取经专家评估的增值放流方式科学修复受损生态环境,生态修复履行情况可以作为行为人非法捕捞水产品刑事案件酌定从轻的量刑情节。

2. 生态环境损害赔偿协议司法确认案件中,人民法院应坚持修复优先理念,重点审查生态修复方案是否科学可行、是否足以维护生态环境公共利益,以确保受损生态环境得到全面保护修复。

示范意义

本案系人民法院全面贯彻生态优先、注重修复环境司法理念的典型案例。本案行为人在长江流域天然河流非法捕捞水产品造成生态环境损害,省级人民政府授权的机关与其进行磋商,达成生态环境损害赔偿协议,人民法院依法予以确认。赔偿义务人依据专家评估意见通过实施增殖放流的方式对破坏的生态环境进行修复,履行情况作为后续刑事案件酌定从轻的量刑情节,既修复了被损害的生态环境,也拓展了非法捕捞水产品行为人承担生态环境损害赔偿责任的司法路径,对推进长江生态保护修复、筑牢长江上游重要生态屏障具有重要意义。

关联索引

《中华人民共和国民法典》第1234条、第1235条

《中华人民共和国民事诉讼法》第206条

《最高人民法院关于审理生态环境损害赔偿案件的若干规定(试行)》(2019)第20条

编写人:陈　江　游中川

27 行政行为需考虑湿地保护等公共利益

——罗某某诉丰都县水务局行政批复案[1]

裁判文书二维码

关键词

行政　行政诉讼　行政批复　河道采砂　湿地保护

案　号

一审:重庆市涪陵区人民法院(2016)渝0102行初167号

基本案情

2009年至2013年,经游某申请,丰都县水务局每年均为其经营的采砂场办理为期一年的采砂许可证。2010年,罗某某与游某合伙经营,将采砂场更名为"丰都县羊某采砂场"(以下简称羊某采砂场)。2014年5月,重庆市水利局认定羊某采砂场属于在重庆市长江三峡龙河流域湿地自然保护区范围内违规修建的房屋和砂石加工场,根据《重庆市河道管理条例》的规定,应限期报送工程建设方案及洪水影响评价报告,补办审批手续。随后,罗某某向丰都县水务局递交相关文件。2014年9月3日,丰都县水务局作出丰都水务发〔2014〕94号《关于丰都县羊某砂石加工场涉河建设方案的批复》(以下简称《批复》),原则同意羊某砂石加工场建设工程,建议按基本建设程序到相关部门完善审批手续。2016年2月,罗某某再次向丰都县水务局申请办理采砂许可证,丰都县水务局答复羊某采砂场在2008年已被划为湿地自然保护区,禁止采砂,不予办证。罗某某不服,诉至法院,请求确认丰都县水务局作出的

〔1〕 本案入选长江流域环境资源审判十大典型案例。合议庭成员:刘芸、刘泽勤、李洪明。

《批复》违法。

重庆市涪陵区人民法院于2016年11月21日作出(2016)渝0102行初167号行政判决:撤销《批复》。一审宣判后,各方当事人未提出上诉,判决现已发生法律效力。

裁判理由

法院生效裁判认为,首先,针对《批复》的可诉性问题。其一,根据最高人民法院指导案例22号裁判要旨,地方人民政府对其所属行政管理部门的请示作出的批复,一般属于内部行政行为,不可对此提起诉讼。但行政管理部门直接将该批复付诸实施并对行政相对人的权利义务产生了实际影响,行政相对人对该批复不服提起诉讼的,人民法院应当依法受理。本案《批复》并非行政机关内部文件,而是丰都县水务局针对罗某某提交的工程建设方案予以批准,对罗某某的权利义务产生实际影响,人民法院应当受理。其二,《批复》仅能证明被诉行政行为即丰都县水务局同意罗某某的建设工程方案客观存在,无法证明丰都县水务局同意采砂或者羊某采砂场采砂行为合法,采砂须申请采砂许可证。其次,就《批复》合法性问题。根据《重庆市河道管理条例》第八条的规定,丰都县水务局作为县级河道主管机关,具有对本行政区域河道管理范围内工程建设方案的审查职权。对罗某某提交的《丰都县羊鹿沟砂石加工场涉河建设方案及洪水影响评价报告》,丰都县水务局依法应按照防洪要求进行审查,并作出批复,同时在审查过程中应当考虑其经营场所在湿地自然保护区范围内这一事实。丰都县水务局辩称其不知道丰都府〔2008〕194号《关于同意建立重庆长江三峡龙河流域湿地自然保护区的批复》和湿地自然保护区范围明显不合理。根据《中华人民共和国行政诉讼法》(2014修正)第三十四条规定,丰都县水务局未依法提供证明《批复》合法的事实和法律依据,其作出的行政批复应视为没有证据,故依法撤销丰都县水务局作出的丰都水务发〔2014〕94号《批复》。

裁判要旨

1. 行政机关作出行政行为的依据不仅包括业务范围内的事实和法律依据,也包括环境资源保护等涉及公共利益的事实和法律依据。

2. 行政批复大多是上级行政机关针对下级行政机关申请作出，属于内部行政行为，不具有可诉性。但如其作出对象为公民、法人或其他组织，对其实际权利义务产生影响，人民法院应当受理。

示范意义

本案针对行政批复的可诉性和行政行为作出的事实和法律依据范围，明确对当事人作出并对其权利义务产生实际影响的批复具备可诉性，同时行政机关作出行政行为的依据包括涉及环境资源保护等公共利益的事实和法律依据。湿地生态系统自然资源丰富且生态环境脆弱、不易修复，对其的保护不是生态环境主管部门一家之责，需要全社会共同参与。本案体现了人民法院对湿地生态系统的重点保护，对推动各个行政机关共同参与湿地生态系统保护具有积极作用。

关联索引

《中华人民共和国行政诉讼法》(2014 修正)第 34 条

编写人：刘　芸　赵国杪

28 古树名木保护职责的认定

——重庆市九龙坡区人民检察院诉重庆市九龙坡区某局不履行保护古树法定职责公益诉讼案[1]

裁判文书二维码

关键词

行政　环境保护责任　古树名木　管护职责

案　号

一审：重庆市江津区人民法院(2021)渝0116行初137号

基本案情

重庆市九龙坡区人民检察院发现杨家坪步行街4株古树上设置有夜景灯饰，以损害树木健康方式直接钉于树木本体，影响了古树健康生长，侵害了国家利益和社会公共利益。九龙坡区人民检察院遂向九龙坡区某局发出检察建议，该局书面回复整改情况。经复勘现场，发现4株古树上又直接以钉长钉、卡卡钉的形式设置夜景灯饰。重庆市中正司法鉴定中心出具评估意见认为，上述行为违反了《城市古树名木保护管理办法》等相关规定，应补挂古树标志牌，加强管理与养护。九龙坡区人民检察院提起诉讼，请求确认九龙坡区某局怠于履行古树保护管理职责违法，判令该局全面充分履职，对4株古树采取有效保护管理措施。九龙坡区某局收到起诉状副本后，履行了监督管理

---

〔1〕 本案入选2021年度人民法院环境资源审判典型案例。合议庭成员：陈红专、姜玲、朱锐、马恩平、陈汉中、周家红、罗永芳。

职责。公益诉讼起诉人将诉讼请求变更为确认被告未依法全面履行监管职责违法。

重庆市江津区人民法院于2021年7月26日作出(2021)渝0116行初137号判决:确认被告重庆市九龙坡区某局对重庆市九龙坡区杨家坪步行街编号为1921(榕树)、1923(幌伞枫)、1928(菩提)、1931(榕树)的4株城市古树的保护管理未及时依法全面履行监管职责违法。一审宣判后,双方当事人均未提出上诉,本判决已发生法律效力。

裁判理由

法院生效裁判认为,本案的争议焦点在于重庆市九龙坡区某局是否怠于履行古树保护管理职责。

1. 九龙坡区人民检察院作为公益诉讼人提起诉讼主体适格

《中华人民共和国行政诉讼法》(2017修正)第二十五条第四款的规定体现了行政诉讼中检察机关对涉及环境、食品药品等公共利益的关注〔1〕:"人民检察院在履行职责中发现生态环境和资源保护、食品药品安全、国有财产保护、国有土地使用权出让等领域负有监督管理职责的行政机关违法行使职权或者不作为,致使国家利益或者社会公共利益受到侵害的,应当向行政机关提出检察建议,督促其依法履行职责。行政机关不依法履行职责的,人民检察院依法向人民法院提起诉讼。"公益诉讼起诉人履行诉前程序后提起本案行政公益诉讼,符合法律规定。

2. 被告确实存在怠于履行古树保护管理职责的情形

根据《中华人民共和国环境保护法》《城市古树名木保护管理办法》《重庆市城市园林绿化条例》等规定,被告重庆市九龙坡区某局对其行政区域内古树健康状况有监督管理职责,对以钉铁钉等方式损伤城市古树的行为,具有限期拆除等职责。检察建议发出后,被告虽然对存在的问题进行了部分整改并书面复函,但因整改不到位,案涉古树并未得到彻底修复。在公益诉讼起诉人提起行政公益诉讼后,被告才履行职责,委托管护单位按照相关技术规范要求进行管护。因此,在公益诉讼人提起公益诉讼之前,被告重庆市九龙

---

〔1〕 参见王作化、喻怀峰、刘霞:《作为客观诉讼的环境行政公益诉讼》,载《南京工业大学学报(社会科学版)》2023年第5期。

坡某局怠于履行古树保护管理职责的情形确实存在。

3. 公益诉讼起诉人变更诉讼请求符合法律规定情形

2021 年 6 月 4 日,重庆市园林绿化服务中心出具报告证明案涉四株古树健康隐患已消除,判决被告继续履行法定职责已无必要。《最高人民法院、最高人民检察院关于检察公益诉讼案件适用法律若干问题的解释》(2018)的出台,进一步完善了检察公益诉讼制度[1],其中第二十四条规定:“在行政公益诉讼案件审理过程中,被告纠正违法行为或者依法履行职责而使人民检察院的诉讼请求全部实现,人民检察院撤回起诉的,人民法院应当裁定准许;人民检察院变更诉讼请求,请求确认原行政行为违法的,人民法院应当判决确认违法。”因此,公益诉讼起诉人变更诉讼请求符合法律规定情形,应当予以支持。

裁判要旨

城市园林绿化管理机关负责管护辖区城市古树,对以钉铁钉等方式损伤城市古树的行为负有限期拆除等职责。人民法院可结合古树实际情况和专家意见,对古树状态进行综合评估,进而判断管理机关是否完全履行古树管护职责。

示范意义

本案是因行政机关不履行古树保护职责引发的行政公益诉讼案件。古树上设置夜景灯饰在日常生活中较为常见,但装饰设置不应损害古树健康生长。本案查明夜景灯饰损害树体的情形存在,依法确认行政机关未及时对城市古树采取有效保护措施的行为违法。人民法院依法充分发挥司法职能,以司法手段推动行政机关履职尽责,守护国家和社会公共利益,有利于引导公众提升古树名木保护意识,科学合理开展装饰活动,营造人与自然和谐的美好家园。

---

[1] 参见夏云娇、尚将:《环境行政公益诉讼判决方式的检视及其完善》,载《南京工业大学学报(社会科学版)》2021 年第 3 期。

关联索引

《中华人民共和国行政诉讼法》(2017 修正)第 25 条第 4 款、第 74 条第 2 款

《中华人民共和国环境保护法》(2014 修订)第 29 条第 2 款

《最高人民法院、最高人民检察院关于检察公益诉讼案件适用法律若干问题的解释》(2018)第 24 条

《重庆市城市园林绿化条例》第 5 条第 2 款

编写人:姜　玲　朱永祺

29 行政机关未履行法定职责损害社会公共利益的认定

——重庆市巫溪县人民检察院诉巫溪县某局不履行法定职责行政公益诉讼案[1]

裁判文书二维码

关键词

行政　行政公益诉讼　英烈纪念设施保护　英烈荣誉　社会公共利益

案　号

一审:重庆市万州区人民法院(2022)渝0101行初60号

基本案情

盼官山公墓位于巫溪县宁河街道白鹅社区,在城市规划范围内。墓区内建有烈士陵园,陵园内有烈士墓及铭刻有在解放战争、抗美援朝战争、对越自卫反击战、国家经济建设中牺牲的113名烈士的英名墙。巫溪县某局负有墓区及烈士陵园附近垃圾的监督管理职责。因巫溪县政府开展盼官山公墓附近地块征收工作,征收产生的大量建筑及生活垃圾堆放在公墓及烈士陵园附近,占地面积达1292平方米。2021年11月8日,巫溪县人民检察院与巫溪县某局就盼官山公墓和烈士陵园附近露天堆放的垃圾影响环境卫生问题进行磋商并达成诉前磋商意见,由巫溪县某局及时清理公墓及烈士陵园附近露天

[1] 本案入选2022年度人民法院环境资源审判典型案例。合议庭成员:王翔、黄华、程红兵、崔坤勇、曾华祥、张勇林、张兴胜。

堆放的垃圾。2021 年 12 月 27 日,巫溪县某局对盼官山公墓和烈士陵园附近露天堆放的垃圾进行了部分清运。2022 年 1 月 10 日,巫溪县人民检察院回访复核时,发现墓区及烈士陵园附近堆放的剩余垃圾仍未被清运,且新增了堆放垃圾,严重影响公墓及烈士陵园周边环境卫生。2022 年 1 月 18 日,巫溪县人民检察院向巫溪县某局发出检察建议书,建议巫溪县某局及时清运露天堆放的垃圾。巫溪县某局未予书面回复,也未履行监管职责。巫溪县人民检察院遂提起行政公益诉讼。

重庆市万州区人民法院于 2022 年 9 月 30 日作出(2022)渝 0101 行初 60 号行政判决:被告巫溪县某局立即对巫溪县盼官山公墓和烈士陵园、烈士墓附近建筑和生活垃圾露天堆放现状依法履行监管职责。宣判后,双方未上诉,判决已发生法律效力。

裁判理由

法院生效裁判认为:盼官山公墓和烈士陵园位于巫溪县城市规划范围内,巫溪县某局作为建筑及生活垃圾监督管理部门,对涉案露天堆放的垃圾负有法定监管职责。巫溪县人民检察院与巫溪县某局磋商垃圾清理事宜,且发出检察建议后,巫溪县某局仍未全面履职,堆放的垃圾未得到彻底清理,致使环境进一步恶化,破坏了公墓、烈士陵园的环境卫生。该怠于履职行为致使祭祀环境遭到破坏,违反了英烈纪念设施保护制度,影响了纪念设施庄严、肃穆、清净的环境和氛围,侵害了公众铭记英烈、缅怀烈士、追忆先人的特殊感情,损害了社会公共利益。

裁判要旨

1. 在法律、法规、规章未就特定领域、特定事项的行政监管职责作出明确授权的情况下,行政机关的定职能、定机构、定编制方案或有权机关作出的职能划定的有效规范性文件可以作为判断行政机关是否具有相应法定职责的依据。

2. 社会公共利益可以结合历史传统、民族精神、社会公众普遍情感认知、社会主义核心价值观、公序良俗以及法律规定等进行认定。行政机关未履行法定职责的行为伤害了人民群众铭记英烈、缅怀烈士的精神情感时,可以认定其损害了社会公共利益。

示范意义

本案是因行政机关不履行监督管理英烈纪念设施、公墓的环境职责引发的环境行政公益诉讼案件。英雄烈士是民族的脊梁、时代的先锋,是一个民族最闪亮的坐标。庄重、肃穆、洁净的祭祀环境是人们对英烈表达尊崇与缅怀之情的重要基础。本案中,行政机关怠于履行对公墓及烈士陵园环境保护的监管职责,致使大量垃圾露天堆放在公墓及烈士陵园附近,严重影响了公墓及烈士陵园的环境卫生,破坏了祭祀氛围,伤害了社会公众追忆英烈、寄托哀思的特殊感情,损害了社会公共利益。人民法院通过司法裁判,敦促行政机关积极全面履职,推动全社会形成尊崇英烈、保护英烈的良好氛围,对于弘扬英烈精神、爱国主义精神及培育和践行社会主义核心价值观具有重要意义。

关联索引

《中华人民共和国英雄烈士保护法》第 4 条第 2 款

《中华人民共和国行政诉讼法》(2017 修正)第 72 条

编写人:王　翔　方　元

第三编

资源开发利用

30 行政机关违法强推土地应当承担赔偿责任

——陈某杨诉重庆市綦江区某镇人民政府行政赔偿案〔1〕

裁判文书二维码

关键词

行政　行政赔偿　承包土地　违法强推　补偿安置

案　号

一审：重庆市大渡口区人民法院(2019)渝0104行赔初10号

二审：重庆市第五中级人民法院(2019)渝05行赔终26号

基本案情

2015年8月4日，重庆市綦江区某村8社部分村民向重庆市綦江区某镇人民政府(以下简称某镇政府)提出申请，要求依綦江区当时的征地拆迁安置政策规定的安置补偿标准，对某村8社全部土地房屋实施征收并进行补偿安置。2015年12月23日，某镇政府(甲方)与某村8组(乙方)签订了征收土地协议书，约定了甲方征收乙方土地面积共计250.24亩，其中耕地192.64亩，宅基地33亩，其他土地24.6亩。2015年12月30日，某镇政府(乙方)与某村8组(甲方)签订了土地移交协议，约定了由甲方向乙方移交某村8组土地283.05亩。2016年11月30日，某镇政府(甲方)与某村8组(乙方)签订了交

〔1〕　本案系人民法院案例库参考案例(2024-11-3-020-001)。一审合议庭成员：马志勇、杨志芳、邓金凤；二审合议庭成员：张小明、周琦、应禧。

地协议,约定了甲方将未使用的122亩土地交由乙方集体经济组织统一管理。陈某杨在某村8组承包面积为4.25亩的农村集体土地,其中1.18亩土地并不在征地范围内。陈某杨的承包地每年均栽种两季农作物,春夏季耕种水稻,秋冬季栽种蔬菜萝卜。2014年前,某村8组属綦江区某镇杂交水稻制种基地。2014年后,某村8组未再进行水稻制种。

2016年1月11日,某镇政府推掉了原告陈某杨位于某村8组享有合法承包经营权的土地上种植的作物,2018年6月19日,该强推行为被人民法院判决确认违法。2018年8月1日,陈某杨向某镇政府提交行政赔偿申请。2018年9月6日,某镇政府作出不予赔偿的决定。陈某杨不服,遂向人民法院提起行政赔偿诉讼。

重庆市大渡口区人民法院于2019年3月27日作出(2019)渝0104行赔初10号行政赔偿判决:撤销某镇政府作出的不予赔偿决定书;某镇政府赔偿陈某杨15,637.69元。宣判后,陈某杨不服,提起上诉。重庆市第五中级人民法院于2019年9月2日作出(2019)渝05行赔终26号行政赔偿判决:驳回上诉,维持原判。

裁判理由

法院生效裁判认为:本案焦点问题是,某镇政府对陈某杨造成财产损害计算时间的确定、赔偿标准和赔偿范围的确定。

其一,陈某杨受到财产损害的计算时间。本案中,陈某杨共承包4.25亩集体土地,其中2.713亩在渝府地〔2017〕725号和渝府地〔2018〕232号批复征地范围内,1.18亩在上述征地范围外。被告的强推行为对原告征地范围内造成的财产损害的计算时间应为2016年1月至2018年3月;征地范围外因2016年11月已交由某村8组集体经济组织,故对原告征地范围外造成的财产损害的计算时间应为2016年1月至11月。

其二,陈某杨财产损害的赔偿范围及赔偿标准问题。陈某杨承包土地上作物被强推后,其在上述时间内不能种植水稻和蔬菜萝卜。据当地统计年鉴可知,2016年水稻为940斤/亩,蔬菜(萝卜)为3055斤/亩,2017年水稻为941斤/亩,蔬菜(萝卜)为3110斤/亩;水稻单价因审理中原、被告未提交证据,参照《国家发展改革委、财政部、农业部、国家粮食局、中国农业发展银行关于公布2016年稻谷最低收购价格的通知》(发改价格〔2016〕223号,已废止）、《国家发展改革委、财政部、农业部、国家粮食局、中国农业发展银行关于公布 2017 年稻谷最低收购价格的通知》（发改价格〔2017〕307 号，已废止），按 2016 年 1.38 元/斤、2017 年 1.36 元/斤计算；萝卜单价因审理中原告未提交证据，根据被告提交的綦江区农业农村委员会出具的情况说明，按最高标准 0.35 元/斤计算。

其三，关于被告给原告造成的具体财产损害。计算如下：（1）征地范围内：①2016 年水稻 940 × 1.38 × 2.713 = 3519.3（元）；2016 年萝卜 3055 × 0.35 × 2.713 = 2900.88（元）；②2017 年水稻 941 × 1.36 × 2.713 = 3471.99（元）；2017 年萝卜 3110 × 0.35 × 2.713 = 2953.1（元）；（2）征地范围外：2016 年水稻 940 × 1.38 × 1.18 = 1530.7（元）；2016 年萝卜 3055 × 0.35 × 1.18 = 1261.72（元）；以上财产损害总计 15,637.69 元。

综上所述，某镇政府强推陈某杨承包土地违法行为与陈某杨因该行政违法行为未能在涉案承包土地种植农作物而造成经济损失之间存在因果关系，故应承担赔偿责任。故法院依法作出如上裁判。

裁判要旨

行政机关违法强推土地的，应承担赔偿责任。赔偿损失不仅包括强推承包地行为发生时的现有财物和既得利益，还包括未来可得财物和未来可得利益，但未经证实的不确定利益不能作为直接损失。在赔偿标准上，可以参照当地统计年鉴确立的产量，以及国家收购价格和当地行政主管部门出具的证明材料。

示范意义

本案是行政机关违法强推土地，人民法院依法支持土地承包人损失赔偿请求的典型案例。本案中，在赔偿期间上，人民法院判决镇政府在少批多占土地、多占土地已退还集体经济组织前提下，对强推土地时起至退还集体经济组织止期间的损失予以赔偿，确立了相应赔偿的最大期间；在赔偿范围上，未机械以 2014 年以后大多数农民没有进行水稻种植为由而不将该部分损失计算在内，而是包含了一年四季所不能种植的农作物种类，还充分考虑了强推承包地行为造成相对人无法种植的未来可得利益，充分体现了损害赔偿的意旨与降低可得利益赔偿难度的司法政策;[1]在赔偿标准上,参照了当地统计年鉴确立的产量,以及国家收购价格和当地行政主管部门出具的证明材料。该案体现了人民法院始终以最大限度保护耕地和土地承包人合法利益为着眼点,服务保障粮食安全"国之大者"的信念和决心。

关联索引

《中华人民共和国行政诉讼法》(2017 修正)第 89 条

《中华人民共和国国家赔偿法》(2012 修正)第 2 条、第 4 条、第 36 条

编写人:马志勇　陈　璐

---

〔1〕严立:《可得利益赔偿中的证明标准:从确定性规则回归优势证据规则》,载《中外法学》2024 年第 3 期。

31 无证取水行为的认定

——某电站诉重庆市彭水苗族土家族自治县水利局行政处罚案[1]

裁判文书二维码

关键词

行政　行政处罚　自然保护区缓冲区　无证取水　追责期限

案　号

一审：重庆市彭水苗族土家族自治县人民法院（2019）渝0243行初138号
二审：重庆市第四中级人民法院（2020）渝04行终70号

基本案情

某电站的厂房建立在重庆市丰都县境内，主要向乌江支流的里头河流域取水，其取水口位于重庆市彭水苗族土家族自治县（以下简称彭水县）某自然保护区缓冲区内。某电站自投产运营以来未取得取水许可证而擅自取水。彭水县水利局经立案调查、组织听证、通知其限期更换取水口等程序，于2019年4月25日作出行政处罚决定书，判令其立即停止水事违法行为，拆除取水设施并缴纳罚款5万元。某电站提起行政诉讼，请求撤销该行政处罚决定。

彭水县人民法院于2019年12月16日作出（2019）渝0243行初138号行政判决：驳回原告某电站的诉讼请求。某电站不服，提出上诉。重庆市第四

〔1〕 本案系人民法院案例库参考案例（2024－11－3－001－004）。一审合议庭成员：朱为、艾鸿海、陈国云；二审合议庭成员：谭中宜、王宏、万永福。

中级人民法院于2020年4月23日作出(2020)渝04行终70号行政判决:驳回上诉,维持原判。

裁判理由

法院生效裁判认为:某电站未经批准长时间在自然保护区的缓冲区内取水。彭水县水利局在送达《责令改正通知书》《责令停止水事违法行为通知书》后,某电站仍不停止违法取水行为的情况下,对其作出停止违法取水行为、拆除违法取水设施并处罚款的行政处罚决定正确。彭水县水利局作出案涉行政处罚决定程序合法。

裁判要旨

在未取得取水许可证的情况下,在自然保护区的缓冲区内长期取水发电,行政机关依法作出行政处罚决定的,人民法院予以支持。

示范意义

自然保护区的缓冲区能够有效保证自然保护区的核心区免受外界活动的干扰,确保核心区内生态系统的稳定和生物多样性。《中华人民共和国自然保护区条例》规定,在自然保护区的缓冲区内,不得建设任何生产设施。人民法院支持行政机关对某电站在缓冲区内建立取水口的行为作出的行政处罚决定,彰显了人民法院打击破坏自然保护区缓冲区的生态环境的行为及保护自然保护区生态环境的司法力度,凸显了设置自然保护区缓冲区的重要意义。

关联索引

《中华人民共和国水法》(2016修正)第69条

编写人:翟维玲

32 环境民事公益诉讼二审程序应全面审查

——重庆市大渡口区规划和自然资源局诉蔡某强等生态环境损害赔偿诉讼案[1]

裁判文书二维码

关键词

民事　生态环境损害赔偿诉讼　公益诉讼　第二审程序　全面审查

案　号

一审:重庆市第五中级人民法院(2019)渝05民初3913号

二审:重庆市高级人民法院(2020)渝民终389号

基本案情

2013年,蔡某强等五人向重庆市大渡口区环境卫生管理处申请设立建筑垃圾消纳场。后三次申请续办,累计许可期限约12个月。蔡某强等五人在大渡口区某镇某村五社、六社倾倒弃土(渣)累计时间共约38个月。蔡某强等五人自始至终未取得任何用地审批手续。2018年5月,相关部门认定蔡某强等五人在大渡口区某镇某村五、六社倾倒渣土占用农用地总面积为7.6925公顷。经鉴定,耕地总体破坏程度为"重度破坏"。经评估,涉案土地的复垦费用为1,477,700元。

[1] 本案入选重庆法院第20批参考性案例。一审合议庭成员:冉崇高、陈霞、张莉、许培英、姚天玲;二审合议庭成员:黄成、杨卉萍、谭振亚。

2019 年 10 月 21 日,重庆市大渡口区规划自然资源局向法院提起诉讼,请求判令:蔡某强等五人连带赔偿因其非法占用农用地倾倒弃土(渣)造成生态环境损害的土地复垦费 1,477,700 元,并承担本案勘测定界费等,合计 1,603,090.18 元。重庆市大渡口区人民检察院支持起诉。

重庆市第五中级人民法院作出一审判决:一、蔡某强等五被告赔偿造成生态环境损害的土地复垦费 1,011,057.90 元、勘测定界费 14,692.68 元、司法鉴定费 15,697.5 元、复垦方案编制费 45,000 元、律师服务费 50,000 元,合计 1,136,448.08 元,支付至法院指定的账户。二、蔡某强等五被告应于判决生效之日起十日内支付判决第一项中土地复垦费的 25% 和勘测定界费、司法鉴定费、复垦方案编制费、律师服务费(计 378,154.66 元);并于 2020 年 6 月 30 日前、12 月 30 日前、2021 年 6 月 30 日前分别支付土地复垦费的 25%(计 252,764.48 元)。三、蔡某强等五被告对判决第一项、第二项确定的赔偿义务承担连带清偿责任。四、驳回重庆市大渡口区规划和自然资源局的其他诉讼请求。

宣判后,蔡某强等五人不服,提起上诉。重庆市高级人民法院作出二审判决:一、撤销一审判决;二、蔡小强等五人连带赔偿土地复垦费 1,477,700 元,并承担勘测定界费 14,692.68 元、司法鉴定费 15,697.5 元、复垦方案编制费 45,000 元、律师服务费 50,000 元。

裁判理由

法院生效裁判认为,在农民集体所有的土地上设置建筑垃圾消纳场,系用于非农建设,属于对农用地用途的改变,需要经过土地管理部门的审批。本案中,蔡某强等五人虽然取得了环境卫生管理部门核发的建筑垃圾消纳许可,但自始至终未取得任何用地审批手续。环境卫生管理部门在其职权范围内核发的建筑垃圾处置行政许可不能替代土地管理部门的用地审批。一审法院关于蔡某强等五人在取得环境卫生管理部门核发的建筑垃圾处置行政许可期间内实施的倾倒行为属合法行为的认定不当,依法予以纠正。

一审判决后,蔡某强等五人上诉,但重庆市大渡口区规划和自然资源局未提起上诉,在此情形下,能否直接改判蔡某强等五人承担 1,477,700 元土地复垦费,将蔡某强等五人置于比一审判决更为不利的地位。生态环境损害赔偿诉讼属于民事公益诉讼,核心是“保护公共利益”。这就决定了民事公益诉讼奉行“限制处分”的程序机理。

第一,限制处分具有正当性。在生态环境损害发生后,行政机关提起生态环境损害赔偿诉讼的目的是维护国家利益和社会公共利益,并非维护其自身利益,其处分权应受到限制。一审判决后,行政机关未行使上诉的程序权利,但不能认为其放弃了实体权利。

第二,限制处分具有必要性。在二审中,人民法院不仅需要围绕上诉人的上诉请求进行审理,还需要发挥审级监督职能,主动全面审查,以实现对国家利益和社会公共利益的全面保护。如果维持一审判决,将直接导致相关责任人部分责任被免除、国家利益和社会公共利益受到损害。

第三,限制处分不违反“不告不理”的基本法理。改判蔡某强等五人承担全部责任,并没有超出一审诉讼请求,不违反“不告不理”的基本法理。

裁判要旨

人民法院审理生态环境保护民事公益诉讼二审案件时,应坚持损害担责原则,就第一审判决的事实认定和法律适用进行全面审查,一审判决不足以维护国家利益、社会公共利益的,第二审人民法院应依法予以纠正,但不得超出一审诉讼请求范围。

示范意义

本案是全国法院首例不适用“禁止不利益变更原则”的公益诉讼案例。[1] “禁止不利益变更”是民事诉讼理论中“处分原则”的内容。[2] 不同于“保护私益”的民事私益诉讼,民事公益诉讼的核心是“保护公共利益”,需要将公益利益放在利益衡量的优先位置,这就决定了民事公益诉讼奉行“限制处分”的程序机理。本案中,人民法院基于“充分保护公共利益”和“损害担责”之考量,不适用“禁止不利益变更”,彰显了公益诉讼的制度逻辑与独立价

---

〔1〕 所谓禁止不利益变更原则,是指只有一方当事人上诉的情况下,对于该上诉人,上诉法院不得作出比一审判决更不利于上诉人的判决。参见廖中洪:《“禁止不利益变更”原则若干问题研究》,载《现代法学》2009 年第 1 期。

〔2〕 处分原则是指民事诉讼当事人有权在法律规定的范围内自由处置自己的民事实体权利和民事诉讼权利。参见李浩:《法学新阶梯:民事诉讼法学》,法律出版社 2014 年版,第 33 页。

值。另外,法院在维护社会公共利益的同时,不得违背基本的诉讼法理,有助于建构既符合现代法治要求,又有助于实现追究审判实质正义、程序正义及环境正义的绿色职权主义生态环境诉讼模式。[1]

关联索引

《最高人民法院关于适用〈中华人民共和国民事诉讼法〉的解释》(2022年修正)第321条第2款(本案适用的是2021年1月1日施行的《最高人民法院关于适用〈中华人民共和国民事诉讼法〉的解释》第323条第2款)

编写人:黄　成　杨卉萍

---

〔1〕 吕忠梅:《构建绿色职权主义生态环境诉讼模式——以生态环境法典编纂为视角》,载《法律适用》2025年第1期。

33 确认行政机关履职违法的认定

——重庆市人民检察院第一分院诉长寿区水利局、长寿区农业农村委员会环境行政公益诉讼案[1]

裁判文书二维码　　裁判文书二维码

关键词

行政　公益诉讼　长江支流　生态保护　违法围堰养鱼　确认违法

案　号

一审：重庆市第一中级人民法院(2023)渝01行初4、5号

基本案情

龙溪河系长江一级支流，其重庆市长寿区但渡镇河段河道于20世纪80年代修建了多处围堰用作鱼塘养殖，并取得相关证照。但养殖证件过期后仍有7处围堰未拆除，其中2处至案发时仍在违法围堰养鱼。前述鱼塘共侵占龙溪河河道总面积约2.4公顷，距该区饮用水源取水点距离约554米，侵占龙溪河河道及水域、岸线资源，影响河道行洪，并存在污染饮用水源的风险。2022年5月，重庆市人民检察院第一分院(以下简称重庆一分检)对长寿区水利局、长寿区农业农村委员会(以下简称长寿区农委)立案调查并发出检察建

---

〔1〕本案入选2023年生态环境保护检察公益诉讼典型案例。(2023)渝01行初4号案合议庭成员：包颖、伏虹瑾、王蓓、黄维凤、蒋贤玉、赵泽新、蒋茂群；(2023)渝01行初5号案合议庭成员：伏虹瑾、吴长渝、罗红、黄维凤、蒋贤玉、赵泽新、蒋茂群。

议。2022 年 10 月,重庆一分检跟进调查发现,整改工作未取得实质性成效,遂再次向长寿区水利局、长寿区农委送达工作函,提示督促其加快推进整改工作,但相关围堰仍未实质性整改。2022 年 12 月,重庆一分检分别对长寿区水利局、长寿区农委提起行政公益诉讼,请求判令长寿区水利局对案涉围堰养鱼塘侵占河道水域及岸线资源的情形进行监管治理;长寿区农委对案涉违法围堰渔业养殖进行监管治理。

诉讼过程中,长寿区水利局、长寿区农委监督完成 7 处围堰养鱼塘设施拆除工作,重庆一分检以现场勘查等方式予以确认。随后,重庆一分检变更诉讼请求为确认长寿区水利局、长寿区农委未依法履职行为违法。

重庆市第一中级人民法院于 2023 年 6 月 27 日作出(2023)渝 01 行初 4 号、5 号行政判决:确认长寿区农委对辖区龙溪河流域非法无证养鱼履行监管职责不到位的行为违法;确认长寿区水利局对辖区龙溪河流域围堰养鱼塘侵占河道履行监管职责不到位的行为违法。判决后,各方当事人均未提出上诉,判决已发生法律效力。

裁判理由

法院生效裁判认为,长寿区水利局、长寿区农委对案涉违法行为在较长时间内未依法督促整改,但考虑有历史原因、政策变化等因素影响,事出有因、情有可原。检察机关变更诉讼请求于法有据,且可进一步督促行政机关依法履职,实现最大限度维护国家利益和社会公共利益的目的,故判决支持检察机关诉讼请求。

裁判要旨

行政公益诉讼中,人民法院应积极推动行政机关履行职责,在行政机关整改完成、受损公益得到修复后,公益诉讼起诉人变更诉讼请求要求确认行政机关未及时履行监督管理职责行为违法的,人民法院应予支持。

示范意义

本案系人民法院通过裁判督促行政机关依法及时履职保护生态环境的

行政公益诉讼典型案件。本案审理过程中,人民法院坚持恢复性司法理念,在确认行政机关履行监督职责完成整改、受损公益得到修复后,依法准许公益诉讼人变更诉讼请求,并判决行政机关未及时履行监督管理职责的行为违法,以诉的"确认"体现司法价值引领,强化环境行政公益诉讼对公共利益的保护,实现保护环境公共利益实效性、监督行政机关履职和节省诉讼成本等多重价值的统一,对类似公益诉讼案件的审理具有参考意义。

关联索引

《中华人民共和国行政诉讼法》(2017 修正)第 74 条

《最高人民法院、最高人民检察院关于检察公益诉讼案件适用法律若干问题的解释》(2020 修正)第 24 条

编写人:徐凯思　吴广哲

第四编

生态环境治理与服务

34 委托型排污模式下生态环境损害赔偿责任认定

——重庆市人民政府、重庆两江志愿服务发展中心诉重庆藏金阁物业管理有限公司、重庆首旭环保科技有限公司生态环境损害赔偿、环境民事公益诉讼案〔1〕

裁判文书二维码

关键词

民事　生态环境损害赔偿诉讼　环境民事公益诉讼　委托排污　共同侵权　生态环境修复费用　虚拟治理成本法

案　号

一审:重庆市第一中级人民法院(2017)渝01民初773号

基本案情

重庆藏金阁电镀工业园(又称藏金阁电镀工业中心)位于重庆市江北区港城工业园区内,是该工业园区内唯一的电镀工业园,园区内有若干电镀企业入驻。重庆藏金阁物业管理有限公司(以下简称藏金阁公司)为园区入驻企业提供物业管理服务,并负责处理企业产生的废水。藏金阁公司领取了排放污染物许可证,并拥有废水处理的设施设备。2013年12月5日,藏金阁公

〔1〕 本案为最高人民法院第130号指导性案例,入选最高人民法院公报案例、人民法院保障生态环境损害赔偿制度改革典型案例、联合国环境规划署数据库中国环境司法案例。合议庭成员:裘晓音、贾科、张力。

司与重庆首旭环保科技有限公司(以下简称首旭公司)签订为期4年的《电镀废水处理委托运行承包管理运行协议》(以下简称《委托运行协议》),首旭公司承接藏金阁电镀工业中心废水处理项目,该电镀工业中心的废水由藏金阁公司交给首旭公司使用藏金阁公司所有的废水处理设备进行处理。2016年4月21日,重庆市环境监察总队执法人员在对藏金阁公司的废水处理站进行现场检查时,发现废水处理站中两个总铬反应器和一个综合反应器设施均未运行,生产废水未经处理便排入外环境。2016年4月22日至26日,经执法人员采样监测分析发现外排废水重金属超标,违法排放废水总铬浓度为55.5mg/L,总锌浓度为2.85×102mg/L,总铜浓度为27.2mg/L,总镍浓度为41mg/L,分别超过《电镀污染物排放标准》(GB21900-2008)的规定标准54.5倍、189倍、53.4倍、81倍,对生态环境造成严重影响和损害。2016年5月4日,执法人员再次进行现场检查,发现藏金阁废水处理站1号综合废水调节池的含重金属废水通过池壁上的120mm口径管网未经正常处理直接排放至外环境并流入港城园区市政管网再进入长江。经监测,1号综合废水调节池内渗漏的废水中六价铬浓度为6.10mg/L,总铬浓度为10.9mg/L,分别超过国家标准的29.5倍、9.9倍。从2014年9月1日至2016年5月5日违法排放废水量共计145,624吨。还查明,2014年8月,藏金阁公司将原废酸收集池改造为1号综合废水调节池,传送废水也由地下管网改为高空管网作业。该池池壁上原有110mm和120mm口径管网各一根,改造时只封闭了110mm口径管网,而未封闭120mm口径管网,该未封闭管网系埋于地下的暗管。首旭公司自2014年9月起,在明知池中有一根120mm管网可以连通外环境的情况下,仍然一直利用该管网将未经处理的含重金属废水直接排放至外环境。

受重庆市人民政府委托,重庆市环境科学研究院对藏金阁公司和首旭公司违法排放超标废水造成的生态环境损害进行鉴定评估,并于2017年4月出具《鉴定评估报告书》。该评估报告载明:本事件污染行为明确,污染物迁移路径合理,污染源与违法排放至外环境的废水中污染物具有同源性,且污染源具有排他性。污染行为发生持续时间为2014年9月1日至2016年5月5日,违法排放废水共计145,624吨,其主要污染因子为六价铬、总铬、总锌、总镍等,对长江水体造成严重损害。《鉴定评估报告书》采用《生态环境损害鉴定评估技术指南总纲》《环境损害鉴定评估推荐方法(第Ⅱ版)》推荐的虚拟治理成本法对生态环境损害进行量化,按22元/吨的实际治理费用作为单位虚拟治理成本,再乘以违法排放废水数量,计算出虚拟治理成本为320.3728万元。违法排放废水点为长江干流主城区段水域,适用功能类别属Ⅲ类水体,根据虚拟治理成本法的“污染修复费用的确定原则”,Ⅲ类水体的倍数范围为虚拟治理成本的4.5~6倍,本次评估选取最低倍数4.5倍,最终评估出二被告违法排放废水造成的生态环境污染损害量化数额为1441.6776万元(320.3728万元×4.5=1441.6776万元)。重庆市环境科学研究院是《环境保护部关于印发〈环境损害鉴定评估推荐机构名录(第一批)〉的通知》中确认的鉴定评估机构。

2016年6月30日,重庆市环境监察总队以藏金阁公司从2014年9月1日至2016年5月5日通过1号综合调节池内的120mm口径管网将含重金属废水未经废水处理站总排口便直接排入港城园区市政废水管网进入长江为由,作出行政处罚决定,对藏金阁公司罚款580.72万元。藏金阁公司不服申请行政复议,重庆市环境保护局作出维持行政处罚决定的复议决定。后藏金阁公司诉至重庆市渝北区人民法院,要求撤销行政处罚决定和行政复议决定。重庆市渝北区人民法院于2017年2月28日作出(2016)渝0112行初324号行政判决,驳回藏金阁公司的诉讼请求。判决后,藏金阁公司未提起上诉,该判决发生法律效力。

2016年11月28日,重庆市渝北区人民检察院向重庆市渝北区人民法院提起公诉,指控首旭公司、程某(首旭公司法定代表人)等构成污染环境罪,应依法追究刑事责任。重庆市渝北区人民法院于2016年12月29日作出(2016)渝0112刑初1615号刑事判决,判决首旭公司、程某等人构成污染环境罪。判决后,未提起抗诉和上诉,该判决发生法律效力。

重庆市第一中级人民法院于2017年12月22日作出(2017)渝01民初773号民事判决:一、被告藏金阁公司和被告首旭公司连带赔偿生态环境修复费用1441.6776万元,于本判决生效后十日内交付至重庆市财政局专用账户,由原告重庆市人民政府及其指定的部门和原告重庆两江志愿服务发展中心结合本区域生态环境损害情况用于开展替代修复;二、被告藏金阁公司和被告首旭公司于本判决生效后十日内,在省级或以上媒体向社会公开赔礼道歉;三、被告藏金阁公司和被告首旭公司在本判决生效后十日内给付原告重庆市人民政府鉴定费5万元,律师费19.8万元;四、被告藏金阁公司和被告首旭公司在本判决生效后十日内给付原告重庆两江志愿服务发展中心律师费8

万元;五、驳回原告重庆市人民政府和原告重庆两江志愿服务发展中心其他诉讼请求。判决后,各方当事人在法定期限内均未提出上诉,判决发生法律效力。

裁判理由

法院生效裁判认为,依据《生态环境损害赔偿制度改革试点方案》(已废止)的规定,重庆市人民政府有权提起生态环境损害赔偿诉讼,重庆两江志愿服务发展中心具备合法的环境公益诉讼主体资格,两原告基于不同的规定而享有各自的诉权,均应依法予以保护。鉴于两案原告基于同一污染事实对同一被告提起诉讼,诉讼请求基本相同,故将两案合并审理。

本案的争议焦点为:

1.《鉴定评估报告书》认定的污染物种类、污染源排他性、违法排放废水计量以及损害量化数额是否准确

首先,关于《鉴定评估报告书》认定的污染物种类、污染源排他性和违法排放废水计量是否准确的问题。污染物种类、污染源排他性及违法排放废水计量均已被(2016)渝0112行初324号行政判决直接或者间接确认,本案中两被告并未提供相反证据来推翻原判决,故对《鉴定评估报告书》依据的上述环境污染事实予以确认。具体而言,一是关于污染物种类的问题。除生效刑事判决所认定的总铬和六价铬之外,两被告违法排放的废水中还含有重金属物质如总锌、总镍,该事实得到了江北区环境监测站、重庆市环境监测中心出具的环境监测报告以及(2016)渝0112行初324号生效行政判决的确认,也得到了首旭公司法定代表人程某在调查询问中的确认。二是关于污染源排他性的问题。两被告辩称,江北区环境监测站出具的江环(监)字〔2016〕第JD009号分析报告单确定的取样点W4、W6位置高于藏金阁废水处理站,因而该两处检出污染物超标不可能由两被告的行为所致。由于被污染水域具有流动性的特征和自净功能,水质得到一定程度的恢复,鉴定机构在鉴定时客观上已无法再在废水处理站周围提取到违法排放废水行为持续时所流出的废水样本,故只能依据环境行政执法部门在查处两被告违法行为时通过取样所固定的违法排放废水样本进行鉴定。在对藏金阁废水处理情况进行环保执法的过程中,环保部门先后在多个取样点进行过数次监测取样,除江环(监)字〔2016〕第JD009号分析报告单以外,江北区环境监测站与重庆市环境监测中

心还出具了数份监测报告,重庆市环境监察总队的行政处罚决定和重庆市环境保护局的复议决定是在对上述监测报告进行综合评定的基础上作出的,并非单独依据其中一份分析报告书或者监测报告作出。环保部门在整个行政执法包括取样等前期执法过程中,其行为的合法性和合理性已经得到了生效行政判决的确认。同时,上述监测分析结果显示废水中的污染物系电镀行业排放的重金属废水,在案证据证实涉案区域唯有藏金阁一家电镀工业园,而且环境监测结果与藏金阁废水处理站违法排放废水种类一致,以上事实证明上述取水点排出的废水来源仅可能来自藏金阁公司废水处理站,故可以认定污染物来源具有排他性。三是关于违法排污计量的问题。根据生效刑事判决和行政判决的确认,结合行政执法过程中的调查询问笔录,可以认定铬调节池的废水进入 1 号综合废水调节池,利用 1 号综合废水调节池安装的 120mm 口径管网将含重金属的废水直接排入外环境并进入市政管网这一基本事实。经庭审查明,《鉴定评估报告书》综合证据,采用用水总量减去消耗量、污泥含水量、在线排水量、节假日排水量的方式计算出违法排放废水量,其所依据的证据和事实或者已得到被告方认可或生效判决确认,或者相关行政行为已通过行政诉讼程序的合法性审查,其所采用的计量方法具有科学性和合理性。综上所述,藏金阁公司和首旭公司提出的污染物种类、违法排放废水量和污染源排他性认定有误的异议不能成立。

其次,关于《鉴定评估报告书》认定的损害量化数额是否准确的问题。原告方委托重庆市环境科学研究院就本案的生态环境损害进行鉴定评估并出具了《鉴定评估报告书》,该报告确定两被告违法排污造成的生态环境损害量化数额为 1441.6776 万元。经查,重庆市环境科学研究院是《环境保护部关于印发〈环境损害鉴定评估推荐机构名录(第一批)〉的通知》中确立的鉴定评估机构,委托其进行本案的生态环境损害鉴定评估符合司法解释的规定,其具备相应鉴定资格。根据原环境保护部组织制定的《生态环境损害鉴定评估技术指南总纲》《环境损害鉴定评估推荐方法(第Ⅱ版)》,鉴定评估可以采用虚拟治理成本法对事件造成的生态环境损害进行量化,量化结果可以作为生态环境损害赔偿的依据。鉴于本案违法排污行为持续时间长、违法排放数量大,且长江水体处于流动状态,难以直接计算生态环境修复费用,故《鉴定评估报告书》采用虚拟治理成本法对损害结果进行量化并无不当。《鉴定评估报告书》将 22 元/吨确定为单位实际治理费用,系根据重庆市环境监察总队现场核查藏金阁公司财务凭证,并结合对藏金阁公司法定代表人孙某良的调查询问笔录而确定。《鉴定评估报告书》根据《环境损害鉴定评估推荐方法(第Ⅱ版)》,Ⅲ类地表水污染修复费用的确定原则为虚拟治理成本的4.5~6倍,结合本案污染事实,取最小倍数即4.5倍计算得出损害量化数额为320.3728万元×4.5=1441.6776万元,也无不当。

综上所述,《鉴定评估报告书》的鉴定机构和鉴定评估人资质合格,鉴定评估委托程序合法,鉴定评估项目负责人亦应法庭要求出庭接受质询,鉴定评估所依据的事实有生效法律文书支撑,采用的计算方法和结论科学有据,故对《鉴定评估报告书》及所依据的相关证据予以采信。

2. 藏金阁公司与首旭公司是否构成共同侵权

首旭公司是明知1号废水调节池池壁上存在120mm口径管网并故意利用其违法排污的直接实施主体,其理应对损害后果承担赔偿责任,对此应无疑义。本争议焦点的核心问题在于如何评价藏金阁公司的行为,其与首旭公司是否构成共同侵权。法院认为,藏金阁公司与首旭公司构成共同侵权,应当承担连带责任。

第一,我国实行排污许可制,该制度是国家对排污者进行有效管理的手段,取得排污许可证的企业即是排污单位,负有依法排污的义务,否则需承担相应法律责任。藏金阁公司持有排污许可证,必须确保按照许可证的规定和要求排污。藏金阁公司以《委托运行协议》的形式将废水处理交由专门从事环境治理业务(含工业废水运营)的首旭公司作业,该行为并不为法律所禁止。但是,无论是自行排放还是委托他人排放,藏金阁公司都必须确保其废水处理站正常运行,并确保排放物达到国家和地方排放标准,这是取得排污许可证企业的法定责任,该责任不能通过民事约定来解除。申言之,藏金阁公司作为排污主体,具有监督首旭公司合法排污的法定责任,依照《委托运行协议》其也具有监督首旭公司日常排污情况的义务,本案违法排污行为持续了1年8个月的时间,藏金阁公司显然未尽监管义务。

第二,无论是作为排污设备产权人和排污主体的法定责任,还是按照双方协议约定,藏金阁公司均应确保废水处理设施设备正常、完好。2014年8月藏金阁公司将废酸池改造为1号废水调节池并将地下管网改为高空管网作业时,未按照正常处理方式对池中的120mm口径暗管进行封闭,藏金阁公司也未举证证明不封闭暗管的合理合法性,而首旭公司正是通过该暗管实施违法排放,也就是说,藏金阁公司明知为首旭公司提供的废水处理设备留有可以实施违法排放的管网,据此可以认定其具有违法故意,且客观上为违法排放行为的完成提供了条件。

第三,待处理的废水是由藏金阁公司提供给首旭公司的,那么藏金阁公司知道需处理的废水数量,同时藏金阁公司作为排污主体,负责向环保部门缴纳排污费,加之作为物业管理部门,其对于园区企业产生的实际用水量也是清楚的,而这几个数据结合起来,即可确知违法排放行为的存在,因此可以认定藏金阁公司知道首旭公司在实施违法排污行为,但其却放任首旭公司违法排放废水,同时还继续将废水交由首旭公司处理,可以视为其与首旭公司形成了默契,具有共同侵权的故意,并共同造成了污染后果。

第四,环境侵权案件具有侵害方式的复合性、侵害过程的复杂性、侵害后果的隐蔽性和长期性,其证明难度尤其是对于排污企业违法排污主观故意的证明难度较高,且本案又涉及对环境公益的侵害,故应充分考虑到此类案件的特殊性,通过准确把握举证证明责任和归责原则来避免责任逃避和公益受损。综上,根据本案事实和证据,藏金阁公司与首旭公司构成环境污染共同侵权的证据已达到高度盖然性的民事证明标准,应当认定藏金阁公司和首旭公司对于违法排污存在主观上的共同故意和客观上的共同行为,两被告构成共同侵权,应承担连带责任。

裁判要旨

1. 取得排污许可证的企业,负有确保其排污处理设备正常运行且排放物达到国家和地方排放标准的法定义务,委托其他单位处理的,应当对受托单位履行监管义务;明知受托单位违法排污不予制止甚或提供便利的,应当对环境污染损害承担连带责任。

2. 污染者向水域排污造成生态环境损害,生态环境修复费用难以计算的,可以根据环境保护部门关于生态环境损害鉴定评估有关规定,采用虚拟治理成本法对损害后果进行量化,根据违法排污的污染物种类、排污量及污染源排他性等因素计算生态环境损害量化数额。

示范意义

本案系全国首批、重庆首例生态环境损害赔偿诉讼案例。人民法院通过妥善区分生态环境损害赔偿案件与刑事案件、行政案件的证明标准,有效实现了刑事、民事、行政三类诉讼有机衔接,为全国法院审理生态环境损害赔偿诉讼提供了经验积累与制度完善的重庆样本,彰显了重庆法院破解新型环境资源审判难题的司法智慧。

关联索引

《中华人民共和国民法典》第1229条(本案适用的是2010年7月1日施行的《中华人民共和国侵权责任法》第65条)

编写人:贾　科　胡　博

第五编

气候变化应对

35 长江流域生态修复裁判方式确定

——重庆市人民检察院第二分院诉张某奉、赵某辉生态破坏民事公益诉讼案[1]

裁判文书二维码

关键词

民事　生态破坏　民事公益诉讼　生态修复　森林资源　验收标准

案　号

一审:重庆市第二中级人民法院(2020)渝02民初604号

基本案情

2015年11月至2016年4月,被告张某奉、赵某辉为种植药材销售获利,未办理相关手续,在重庆市奉节县云雾乡采用挖掘机作业损毁重点公益防护林地118.43亩。2017年4月,重庆市万州区人民法院以张某奉、赵某辉构成非法占用农用地罪对二人进行刑事处罚。该案审理期间,张某奉、赵某辉主动补植树苗,恢复植被。公益诉讼起诉人于2019年委托司法鉴定所鉴定后,认为张某奉、赵某辉2017年补植的林地不符合验收标准,需继续履行补植义务,遂向法院提起诉讼,请求判决张某奉、赵某辉就地进行生态修复或者承担修复费用,支付鉴定费,并向社会公开赔礼道歉等。

本案审理中,奉节县林业局复函法院,为确保森林资源安全,恢复受损生

[1] 本案入选最高人民法院发布的森林资源民事纠纷典型案例。合议庭成员:王剑波、孙玉涛、朱晓丽、徐太敏、彭超、冉爱铭、杨中敢。

态环境,其将安排专业技术人员对案涉林地的后期补植及管护进行技术指导,并对修复效果组织评估。

重庆市第二中级人民法院于2020年12月31日作出(2020)渝02民初604号民事判决:一、被告张某奉、赵某辉在本判决生效后两个月内在重庆市市级媒体上向社会公众赔礼道歉。二、被告张某奉、赵某辉参照西南大学司法鉴定所[2019]鉴字第027号《鉴定意见书》所载修复方案在2021年12月31日前完成补植补造并管护至2024年12月31日;如被告张某奉、赵某辉在上述期限内未履行该义务,则应承担生态环境修复费用86,453.90元。三、被告张某奉、赵某辉在本判决生效后一个月内支付公益诉讼起诉人重庆市人民检察院第二分院鉴定费5500元。四、驳回公益诉讼起诉人重庆市人民检察院第二分院其他诉讼请求。

宣判后,双方未上诉,判决已发生法律效力。

裁判理由

法院生效裁判认为:被告应承担生态破坏环境侵权责任。其一,本案中,虽然被告主动购买了苗木在原地补植,但损毁区域林地植被尚未得到有效恢复,仍存在大量地表裸露区域。在受损生态环境未得到有效恢复的情况下,被告仍应就其侵权行为造成的损害后果承担侵权责任。其二,被告实施的侵权行为虽损毁了原林地,但种植土层未被破坏,具备就地恢复造林的条件。因此,被告应按照修复方案,在当地林业主管部门的指导帮助下进行补植补造并管护,提高造林的成活率和保存率,对于灌木生长旺盛的地块,应及时割灌除杂草,让栽植树种拥有良好的生长环境,确保受损森林资源得以恢复。

裁判要旨

1. 人民法院审理长江流域生态破坏民事公益诉讼案件,应当贯彻生态优先、科学修复原则。侵权人损毁长江流域重要生态区、生态状况脆弱区公益林造成生态破坏,具备原地修复生态环境条件的,侵权人应承担原地生态环境修复责任。

2. 侵权人自行修复生态环境不符合长江流域生态修复要求的,公益诉讼起诉人请求侵权人承担生态修复责任的,人民法院可以参考专家意见及林业主管部门出具的专业意见，判决侵权人在林业主管部门指导下按照修复方案继续履行生态环境修复义务，并明确受损生态环境的修复评估标准。

示范意义

本案是人民法院结合长江区域生态特点全面、系统、科学修复受损生态环境的典型案例。生态环境修复责任旨在修复生态损害、保护环境公益，[1]但当前修复生态环境的判项大多较简单且不具体，未在判决中明确修复方案、施工单位、修复过程的监管以及修复完成后的验收、评估等内容，[2]导致侵权人不知道该如何履行修复义务、监管部门也因无监管标准而难以监管，致使环境公益诉讼案件中生态环境修复执行机制运行不畅问题日渐浮现，[3]制约了修复效果。本案被毁损林地系长江公益防护林，人民法院全面贯彻落实《中华人民共和国长江保护法》的要求，秉持生态修复优先理念，立足森林环境要素特点，通过保育结合、明确修复方案、细化修复方式等，限期被告按照修复方案就地继续履行补植复绿、管护抚育义务，明确了受损森林生态环境的修复验收标准，并协调当地林业主管部门为当事人提供技术指导并组织验收，创新了生态修复裁判方式，积极助推筑牢长江上游重要生态屏障，实现了案件裁判法律效果、政治效果、社会效果和生态效果的有机统一。

关联索引

《中华人民共和国民法典》第1229条

《中华人民共和国森林法》(2019修订)第3条、第37条、第39条

《最高人民法院关于审理环境民事公益诉讼案件适用法律若干问题的解释》(2020修正)第18条

编写人：游中川　付丽姝

---

〔1〕 王晶、向俊宇：《生态环境修复责任性质界定及实现机制》，载《南京工业大学学报(社会科学版)》2024年第3期。

〔2〕 胡淑珠：《从制裁到治理：环境公益诉讼案件生态环境修复执行机制研究》，载《中国应用法学》2023年第1期。

〔3〕 李挚萍：《生态环境修复司法的实践创新及其反思》，载《华南师范大学学报(社会科学版)》2018年第2期。

36 物业服务企业应为业主安装电动汽车充电设施提供便利

——范某浮诉重庆某华公司物业服务合同纠纷案[1]

裁判文书二维码

关键词

民事　物业服务合同　生态文明　合同义务解释　充电桩　电动汽车

案　号

一审:重庆市江津区人民法院(2019)渝0116民初12700号

基本案情

范某浮系坐落于重庆市江津区双福街道某小区某停车位(以下简称案涉停车位)的不动产所有权人。范某浮与该小区物业服务公司重庆某华公司签订的《停车位物业管理服务协议》第4条约定:"本协议中未规定的事宜,遵照国家有关法律、法规和规章执行。"此外,该服务协议还约定了案涉停车位的管理费等事宜。范某浮购买新能源汽车后,向供电企业申请在案涉停车位安装充电桩时,被告知申请材料中应包含小区物业服务企业出具的同意其在停车位安装充电桩的证明。范某浮遂要求重庆某华公司出具同意证明,该公司拒绝出具。范某浮遂诉至法院请求判令重庆某华公司出具同意其安装新能源汽车充电桩的证明。

---

〔1〕 审判员:杨继光。

重庆市江津区人民法院于2020年1月14日作出(2019)渝0116民初12700号民事判决,判决重庆某华公司向范某浮出具同意其在案涉停车位安装新能源汽车充电桩的证明。一审宣判后,双方当事人均未上诉,判决已发生法律效力。

裁判理由

法院生效裁判认为,物业服务企业应为业主安装电动汽车充电设施提供便利。

其一,物业服务企业的物业服务义务范围涵盖了为业主安装充电桩提供便利。大力发展电动汽车,对保障能源安全、促进节能减排、防治大气污染等具有重要意义,而充电设施建设是电动汽车应用推广的重要举措。国家部委及重庆市发布的相关部门规章[1]、行政规章[2]等均要求物业服务企业在充电设施建设时予以配合、提供便利。双方签订的《停车位物业管理服务协议》明确,未约定的事宜,遵照国家有关法律、法规和规章执行。鉴于范某浮申请在其停车位安装充电桩,按供电企业要求,需小区物业服务企业出具证明,而该"出具证明"义务为前述协议第4条约定所涵盖,故重庆某华公司应当履行。

其二,安装充电桩存在小概率安全隐患及需使用共有部分等客观事实,不应成为阻碍因素。新能源汽车作为新生事物,其诞生发展之初并不完美,即便客观上存在较小概率引发自燃事故[3],但是社会不应因噎废食,且充电设施建设,是国家重要政策方向。充电桩安装时,因布设电线需使用建筑物共有部分,属于建筑物区分所有权人为提升专有部分使用价值而对共有部分的合理使用[4]。

其三,物业服务企业仍应加强对安装充电桩停车位的管理。业主根据双

---

〔1〕 2016年7月25日发布的《国家发展改革委、国家能源局、工业和信息化部、住房城乡建设部关于加快居民区电动汽车充电基础设施建设的通知》(发改能源〔2016〕1611号)第六条:发挥物业服务企业积极作用。在居民区充电基础设施安装过程中,物业服务企业应配合业主或其委托的建设单位,及时提供相关图纸资料,积极配合并协助现场勘查、施工。

〔2〕 重庆市人民政府于2018年12月14日印发《重庆市支持新能源汽车推广应用政策措施(2018—2022)》(已废止)规定:社会企业、居民区业主委员会应积极参与充电设施建设或提供便利。

〔3〕 参见中国汽车工程学会《新能源汽车安全研究报告(2020年)》:新能源汽车的自燃率与传统燃油车相近,为0.001%~0.002%。

〔4〕 《中华人民共和国民法典》第二百七十三条第一款:业主对建筑物专有部分以外的共有部分,享有权利,承担义务。

方签订的物业管理服务协议交纳停车费,并享有在其停车位安装充电桩的合法权利。物业服务企业同意业主安装充电桩并不意味着可以放松、放弃管理。重庆市某华公司仍可在发现范某浮存在侵权等不当行为时,及时行使物业管理职权,予以纠正、制止。

裁判要旨

1. 小区业主向供电企业申请在其停车位安装新能源汽车充电桩时,物业服务企业应当予以协助。物业服务企业经核验办理人身份信息、停车位产权信息或租赁信息,确认其具备办理资格的,应根据需要出具同意或适宜安装的证明。物业服务企业以物业服务合同未约定或约定不明确为由抗辩的,人民法院不予支持。

2. 因未约定或约定不明导致物业服务企业对业主安装汽车充电桩的协助义务发生争议的,人民法院可以根据诚实信用原则明确双方的履行内容及履行方式,以促使协助安装充电桩义务得到正确的、适当的履行。

示范意义

本案是将物业服务企业为业主安装充电桩提供便利纳入物业服务义务范围的典型案例。新能源电动汽车的普及是科学技术进步的体现,也是人类环保意识提升的印证。本案中,人民法院积极回应群众关切的居民区安装充电桩所引发的物业服务义务范围等热点问题,营造了有利于经济社会绿色低碳转型的良好氛围,把在助推新质生产力发展过程中增进人民福祉落实到司法裁判中,服务保障新质生产力发展大局,推动实现人与自然的和谐共生。

关联索引

《中华人民共和国民法典》第7条、第8条、第9条(本案适用的是2017年10月1日施行的《中华人民共和国民法总则》第7条、第8条、第9条)

《物业管理条例》(2018修订)第35条

编写人:杨继光　杨　妮

Part I

Prevention and Control of Environmental Pollution

01 Standards for Finding of Facts and Liability Assumption in Light Pollution Cases

—Li X v. China Resources Land (Chongqing) Limited (Dispute over Liability for Environmental Pollution)[1]

Keywords

Civil, Liability for Environmental Pollution, Light Pollution, Determination of Damage, Tolerance

Case Number

First Instance: Civil Judgment No. 6093 [2018] Trial, Civ. Division, Jiangjin District People's Court of Chongqing Municipality

Essential Facts

Plaintiff Li X bought a dwelling (AAAA, Building B, C Community, Xiejiawan Main Street, Jiulongpo District, Chongqing Municipality) and

---

〔1〕 该指导性案例翻译由《北大法宝》授权提供，原文链接：https://www.pkulaw.com/en_case/a6bdb3332ec0adc44a2ba4a4a410711cc62c81e4b1925be9bdfb.html?way = listView。

This case is Guiding Case No. 128 issued by the Supreme People's Court, selected as one of the significant cases with major influence in environmental and resource adjudication over the past decade by the Supreme People's Court, and included in the China Environmental Judicial Cases Database of UNEP. Collegial panel: Jiang Ling, Luo Jing, Zhang Zhigui.

had dwelt therein since 2005. The MixC Shopping Mall developed by defendant China Resources Land (Chongqing) Limited was separated from plaintiff's dwelling by a two-way, six-lane highway with a light rail line in the middle. There was no other barrier between the MixC Shopping Mall and plaintiff's flat. An LED screen intended for advertising, among others, was installed on the outer wall of the MixC Shopping Mall facing plaintiff's dwelling for advertising. The LED advertising billboard, put into operation since its installation in 2014, presented promotional materials and video advertising, among others, every day and produced bright light directly shining into plaintiff's flat, affecting the normal life of plaintiff.

In May 2014, the property owners of plaintiff's community delivered a complaint to the municipal open government mailbox that since the giant LED screen of the MixC in China Resources Land City 24 in Xiejiawan came into operation on May 3, the bright light produced by the giant LED screen had directly shone into their flats, causing serious light pollution, and the volume of promotional videos had been loud, affecting their daily life, in the hope that the relevant authorities required the MixC to lower the volume and the luminous intensity of the LED screen. In September 2014, the residents of D Community, Huangyang Road, delivered a complaint to the municipal open government mailbox that a giant LED screen of the MixC presented information and advertisements overnight, generating so bright light that they were unable to fall into sleep at night and rest normally and that as the light pollution produced by the large screen of the MixC at night severely affected the high rise residents in surrounding communities, the relevant authorities were requested to take action, ban the presentation at night, or ban all-night presentation and allow presentation before 8: 00 p. m., and lower luminous intensity. In February 2018, the residents of plaintiff's community delivered a complaint to the municipal open government mailbox that the large outdoor billboard of the MixC was a nightmare for the residents and that the billboard presented video advertising every day, emitting extremely bright and frequently flickering light, which illuminated the flats of the owners living opposite at night as bright as daytime and seriously affected the rest of the elderly and children. The residents hoped that the relevant authorities took corrective action as soon as possible.

During the trial of this case, the people's court arranged for plaintiff and defendant to inspect the scene on the evening of August 11, 2018. An LED screen directly facing plaintiff's dwelling was presenting an advertising video and produced relatively bright light, which could directly shine into the living room of plaintiff's dwelling. The LED screen stopped presenting the advertising video and was turned off at 20: 58 that night. The employees of the defendant company stated that the LED screen was 160 square meters in extent.

The people's court consulted the Ecological and Environmental Monitoring Station of Jiulongpo District, Chongqing about whether the case-related light pollution problem could be monitored environmentally. The person in charge of the station stated that as neither the state nor Chongqing had specifications and technical indicators in the aspect of the environmental monitoring of light pollution, the monitoring station was unable to conduct environmental monitoring of light pollution problems. Experts from the Chongqing Courts' Pool of Experts Participating in Environmental Resource Trials and the Deputy Director of the Ecological and Environmental Monitoring Station of Yongchuan District, Chongqing also stated that there was no specific standard for light pollution in terms of environmental protection, but from the perspective of civil legal relations, other evidence could be used to determine whether light pollution was caused. According to the evidence submitted by plaintiff in this case, the damage to plaintiff by the electronic screen of the MixC objectively existed and was mainly manifested as affecting the normal rest of plaintiff. Regarding the problems related to the light generated by the LED screen, the court consulted with the professors of the School of Architecture and Urban Planning of Chongqing University, the deputy managing director of the China Illuminating Engineering Society, the senior engineers of the School of Architecture and Urban Planning of Chongqing University, the directors of the China Illuminating Engineering Society, and other experts. The experts stated that the light emitted by LEDs (1) had a visual impact on human, to wit, disability glare and discomfort glare affected human eyes, and had biological effects, to wit, when the luminous intensity decreased at night, a person gradually fell asleep as a result of the interaction between two hormones: melatonin and cortisol—melatonin increased at night and decreased during the daytime, while cortisol decreased at night and increased during the daytime. If the light was too strong, the human biological clock would become disorderly and produce effects in the long run. In addition, the white light generated by LEDs contained blue light, which caused irreversible damage to the human retina. Outdoor blue light hazards were difficult to detect, but there was no standard to determine the duration and intensity. Regarding the impact of luminous intensity on human, some studies concluded that the impact on human was relatively marginal in general if the luminous intensity was less than 400 candela per square meter, but the conclusion was difficult to apply to dynamic billboards. Regarding the luminous intensity specifications, as the specifications prepared by different authorities imposed different limits on luminous intensity, and LED screens were unlike lighting producing direct light, and it was relatively appropriate to conduct determination by national standards related to LED screens.

On December 28, 2018, the Jiangjin District People's Court of Chongqing Municipality entered a Judgment (No. 6093 [2018], First, Civil Division, 0116, Chongqing) that (1) defendant China Resources Land (Chongqing) Limited should immediately cease the light pollution harm caused to plaintiff Li X by the operation of its LED screen placed on the outer wall of the MixC Shopping Mall in Xiejiawan Main Street, Jiulongpo District, Chongqing Municipality directly facing the dwelling of plaintiff Li X in Building B, C Community, Xiejiawan Main Street, Jiulongpo District,

Chongqing Municipality on the effective date of this judgment: (a) the said screen might be on between 08: 30 and 22: 00 from May 1 to September 30 and between 08:30 and 21:50 from October 1 to April 30; and (b) the luminous intensity of the said LED screen should not be higher than 600 candela per square meter after 19:00, each day, and (2) the other claims of plaintiff should be dismissed. After the first-instance judgment was pronounced, neither party appealed, and the judgment became legally effective.

Reasons of Decision

According to the effective judgment rendered by the court, protecting the environment was China's basic policy, and all entities and individuals had the obligation to protect the environment. Article 9 of the General Provisions of the Civil Law of the People's Republic of China (repealed) provided that: "The parties to civil legal relations shall conduct civil activities contributing to the conservation of resources and protection of environment." Article 90 of the Property Law of the People's Republic of China (repealed) provided that: "A holder of real property may not discard solid wastes or discharge atmospheric pollutants, water pollutants, or such harmful substances as noise, light and magnetic radiation by violating the relevant provisions issued by the state." Paragraph 1, Article 42 of the Environmental Protection Law of the People's Republic of China (revised in 2014) provided that: "Enterprises, public institutions, and other businesses that discharge pollutants shall adopt measures to prevent and control pollution and damage to environment caused by waste gas, wastewater, waste residue, medical wastes, dust, malodorous gases, radioactive substances, noise, vibration, optical radiation, electromagnetic radiation, and other substances generated in their production, construction, and other activities." This case concerned a dispute over liability for environmental pollution, and Article 65 of the Tort Law of the People's Republic of China (repealed) provided that: "Where any harm is caused by environmental pollution, the polluter shall assume the tort liability." Tort liability for environmental pollution was special tort liability, and its components included (1) the polluter carried out the act of polluting the environment; (2) the facts that the aggrieved person sustaineddamage; and (3) there was causation between the act of polluting the environment carried out by the polluter and the damage to the aggrieved person.

I. Whether defendant carried out the act of polluting the environment

Defendant China Resources Land (Chongqing) Limited as the owner and manager of the MixC Shopping Mall installed an LED screen on the outer wall of the shopping mall facing the dwelling of plaintiff to present advertisements and promotional materials, among others, emitting bright light directly shining into the living room of the dwelling of plaintiff. It might follow from the photos, video recordings, and other evidence provided by plaintiff and the arrangement for the parties to inspect the scene that the bright light generated by defendant using an LED screen to present advertisements and promotional materials, among others, was beyond the scope generally tolerated by the general public. In terms of the cognitional laws and personal experience of the public, the bright light would seriously affect the normal work and study of neighbors and interfere with the normal life and rest of surrounding residents and caused light pollution. The act that defendant used an LED screen to present advertisements and promotional materials, among others, and cause light pollution constituted an act of environmental pollution.

II. The facts of damage to the aggrieved person

The facts of environmental pollution damage mainly included the facts that the act of polluting the environment caused damage to the property and person of a party and to the environment. The damage consequences caused by tort of environmental pollution were different from those of general tort, including not only measurable resultant damage showing manifest symptoms, but also the damage results that showing latent or temporarily no symptoms and provisionally impossible to indicate by measurement methods. This case concerned a light pollution dispute. The bodily injury caused by light pollution was characterized by latency, implicitness, and other characteristics. The aggrieved person often did not show obvious symptoms of damage at the beginning of damage, and the damage he or she sustained often could not be temporarily indicated by accurate measurement methods. But over time, the damage would be gradually manifested. Based on the expert opinions in this case, light pollution produced impacts on human perceived visually, and too bright light would cause human biological clock disorder. The impacts were unnoticeable in a short time, but would be considerable in the long term. In this case, the bright light produced by defendant using an LED screen to present advertisements and promotional materials, among others, was beyond the tolerance of ordinary persons and affected the normal life and rest of residents living nearby such as plaintiff. According to the rule of thumb, the light pollution generated by defendant using the LED screen was bound to cause damage to the physical and mental health of plaintiff and others, which was also generally accepted by the public. In summary, the light pollution generated by defendant using the LED screen had caused damage to the dwelling environmental rights and interests of plaintiff and to the physical and mental health of plaintiff.

III. Whether defendant was subject to tort liability for environmental pollution

Article 66 of the Tort Law of the People's Republic of China provided that: "Where any dispute arises over an environmental pollution, the polluter shall assume the burden to prove that it should not be liable or its liability could be mitigated under certain circumstances as provided for by law or to prove that there is no causation between its conduct and the harm." In this case, plaintiff presented evidence proving defendant's act of polluting the environment and the facts of damage to plaintiff. Defendant should bear the burden of proving the non-liability or mitigating circumstances as provided by the law or the absence of causation between the defendant's act of pollution and the damage in the case. However, defendant failed to submit evidence of the foregoing circumstances and thus should bear the adverse consequences of failure to meet the burden of proof and be subject to tort liability for environmental pollution. Article 13 of the Interpretation of the Supreme People's Court of Several Issues on the Application of Law in the Trial of Disputes over Liability for Environmental Torts (2015) (repealed) provided that: "The people's court may, based on the claim of the aggrieved party and the specific case circumstances, rationally render a judgment to order the polluter to assume civil liabilities, including but not limited to the stopping of the tortious act, removal of obstruction, elimination of danger, restoration to the original state, making an apology, and making compensation for losses." The damage caused by environmental tort was different from general personal injury and property damage and had unique requirements for tort liability to which tortfeasors were subject. Environmental torts were against the personal and property rights and interests of the public at large in a certain region through the medium of the environment, and once the damage could be indicated by measurement methods, the consequences were often impossible to be repaired and eliminated. Hence, for environmental torts, the tortfeasor was subject to corresponding tort liability for his or her act of polluting the environment, even if no measurable damage consequences had occurred. In this case, based on the complaints of citizens, defendant, as the manager of the MixC Shopping Mall, should have realized in the production and operation process that the bright light emitted when the LED screen was used to present advertisements and promotional materials, among others, would affect plaintiff and others living in the surrounding residential communities and had the obligation to take necessary measures to reduce the impact on plaintiff and others. However, defendant kept using the LED screen to present advertisements and promotional materials, among others, and the bright light produced was significantly beyond the tolerance of an ordinary person, created light pollution, seriously disrupted the normal life of surrounding persons, and caused damage to the environmental rights of plaintiff and others and to their physical and mental health. Though plaintiff had not shown obvious symptoms, it was an objective fact that the light pollution had infringed on the life of plaintiff and damaged the environmental rights and interests of plaintiff. Therefore, defendant should bear civil liability for stopping the infringement and eliminating the nuisance.

Gist of Decision

As personal injury caused by light pollution is characterized by latency, implicitness, and individual differences, among others, the people's court shall determine light pollution damage, taking into account national standards, local standards, industry standards, whether it interferes with the normal life, work, and study of others, and whether it is beyond the tolerance of the public. The tolerance of the public may be measured based on the reaction of the surrounding residents, the actual perception on the scene, and expert opinions, among others.

Model Significance

This case is the first LED display light pollution liability dispute in Chongqing. This case innovatively applies the law and forms a legal rule for similar cases. When the intense light generated by the operation of the LED display exceeds the generally tolerable range for the general public, it becomes light pollution due to excessive light. Whether it exceeds the generally tolerable range of the general public can be comprehensively determined by the objective complaints from neighboring residents, the on-site actual feelings, and with consideration of expert opinion. At the same time, this case considering the normal perception of light and the work-rest schedule of ordinary people, alleviated the negative impact of light pollution on the plaintiff's life within the tolerance range of ordinary people, by regulating the defendant's opening time and brightness value of the LED display screen; in order to achieve the goal of ceasing infringement, to ensure that the plaintiff gains a stronger sense of justice and thus reaching a balance between environmental protection and economic development.

Associated Indexing

Article 1229, Article 1230, the Civil Code of the People's Republic of

China (in this case, Article 65, Article 66 of the Tort Law of the People's Republic of China, effective as of July 1, 2010)

Paragraph 1, Article 42, the Environmental Protection Law of the People's Republic of China (Revised in 2014)

Written by: Ran Chonggao, Luo Jing, Zhu Rui, Zhu Yongqi

02

Methods of Liability Assumption for Polluters to Cease Infringement

—Chongqing Green Volunteer Federation v. Jianshi Huangchangping Mining Co., Ltd. of Enshi Tujia and Miao Autonomous Prefecture of Hubei Province (Civil Public Interest Litigation for Water Pollution Liability) [1]

Keywords

Civil, Environmental Civil Public Interest Litigation, Cessation of Infringement, Resumption of Production, Conditional, Environmental Impact Assessment

Case Number

First Instance: Civil Judgment No. 00001 [2014] Trial, Public Interest, Wanzhou District People's Court of Chongqing Municipality

Second Instance: Civil Judgment No. 77 [2016] Final, Civ. Division, No. 2 Intermediate People's Court of Chongqing Municipality

[1] 该指导性案例翻译由《北大法宝》授权提供,原文链接: https://www.pkulaw.com/en_case/a6bdb3332ec0adc4d4c362acf5d056204032392fac0a1c2fbdfb.html?way=listView。

This case is Guiding Case No. 134 issued by the Supreme People's Court and has been included in the China Environmental Judicial Cases Database of UNEP. First instance collegial panel: Lu Wei, Feng Gang, Wang Xiang, Ji Fangying, Huang Renjun. Second instance collegial panel: Wang Jianbo, Yang Chao, Shen Ping.

Essential Facts

Plaintiff Chongqing Green Volunteer Federation (hereinafter referred to as the "Green Federation") filed an environmental civil public interest litigation against defendant Jianshi Huangchangping Mining Co., Ltd. of Enshi Tujia and Miao Autonomous Prefecture of Hubei Province (hereinafter referred to as the "Huangchangping Company"), requesting for an order that defendant cease infringement and assume the liability of ecological and environmental restoration. The Second Branch of the People's Procuratorate of Chongqing Municipality supported the filing of the litigation.

As ascertained by the court during trial, Qianzhangyan Reservoir was located at the border of Wushan County and Fengjie County of Chongqing Municipality and Jianshi County of Hubei Province. The reservoir with a designed storage capacity of 4.05 million cubic meters commenced to be built in 2008 and was determined as a centralized drinking water source protection area by the People's Government of Chongqing Municipality on December 6, 2013, which supplied water to a population of more than 50,000 in the surrounding area. Jianshi County of Hubei Province was adjacent to Wushan County of Chongqing Municipality. The beneficiation plant of defendant Huangchangping Company was located in Guojiatang State-owned Gaoyanzi Forest Farm, Yezhou Town, Jianshi County, with a straight-line distance of approximately 2.6 kilometers from the Qianzhangyan Reservoir in Wushan County. The region was mountainous karst terrain, with intersecting underground cracks and subterranean rivers. The iron pyrite beneficiation project of Huangchangping Company prepared a feasibility study report in 2009 and received approval from the Development and Reform Commission of the Enshi Tujia and Miao Autonomous Prefecture on April 23, 2010. The environmental impact assessment was carried out in July 2010, and approved by the Environmental Protection Bureau of the Enshi Tujia and Miao Autonomous Prefecture on May 16, 2011. Construction started in 2012 and was basically completed in June

2014, but water pollution prevention facilities, among others, were not completed. The iron pyrite production plant of Huangchangping Company was a construction project that discharged pollutants because of the discharge of wastewater and tailings during its iron pyrite production. Its feasibility study report on the project construction clearly pointed out that the tailings pond was a karst depression formed naturally, and the karst in the pond was characterized by fissures and caves. The pre-assessment report on the safety of the tailings pond works stated: "The following modifications and supplements to the assessment report are proposed: (1) The leakage of the pond should be assessed by unit, and counter-measures should be put forward. (2) Supplements should be made to the assessment of possible drainage problems in the tailings pond after its operation." However, Huangchangping Company failed to implement the modifications and supplemental measures.

On August 10, 2014, the beneficiation plant of Huangchangping Company used about 500 tons of raw iron pyrites, ethyl sodium xanthate, and No. 2 oil for illegal production and discharged the wastewater and tailings generated into the natural depression with developing dolines without treatment. On August 12, 2014, the residents of Hongchun Village, Wushan County reported anomaly in the water quality at the intake of the drinking water source of the Qianzhangyan Reservoir, and Wushan County began to implement its plan for major environmental emergencies. The results of emergency monitoring showed that the polluted water body had no toxic heavy metal, but contained toxic organic compounds, with COD (chemical oxygen demand) and Fe (iron) 0.25 times and 30.3 times higher than the standards respectively and suspended matter as high as 260 mg/L. The relevant authorities of Chongqing Municipality sealed the polluted water body in the reservoir and adopted emergency measures such as purifying the polluted water body with drugs.

After the water pollution incident at Qianzhangyan Reservoir occurred, the Ministry of Environmental Protection specified that the incident constituted a major environmental emergency. The Environmental Risk and Damage Authentication and Assessment Research Center of the Chinese Academy of Environmental Planning made the Environmental Damage Assessment Report on the Environmental Emergency in Qianzhangyan Reservoir in Hongchun Township, Wushan County, Chongqing Municipality. The report assessed the pollutants in the environmental pollution, the direct economic losses caused by the environmental emergency, and the impact the pollution had on the ecology and environment of the reservoir, among others. It judged that the incident caused no long-term adverse effect on the water ecology and environment of the reservoir, and neither subsequent ecological and environmental restoration nor further medium and long-term damage assessment were required. The Department of Environmental Protection of Hubei Province made an administrative punishment decision on September 4, 2014, stating that when the water pollution prevention and control facilities were under construction, the iron pyrite beneficiation project of Huangchangping Mining Company was put into production without authorization and illegally discharged and dumped the wastewater and tailings produced during its production into the depression below the factory building, resulting in the leakage of the wastewater and waste residue through the fissures at the bottom of the depression, polluting the water body of Qianzhangyan Reservoir, ordering the suspension of its production until acceptance and remediation measures to eliminate pollution within a time limit to be taken, in addition to a fine of 1, 000, 000 yuan. After the administrative punishment decision had been made, Huangchangping Company paid the fine in full, but failed to take effective measures to eliminate pollution.

On April 26, 2015, at the request of plaintiff, the court entrusted Beijing Normal University to authenticate the ecological restoration and its cost for the Qianzhangyan environmental pollution incident. According to the authentication by Beijing Normal University, (1) Huangchangping Company was the only source of pollution causing ecological and environmental damage to Qianzhangyan Reservoir, the liable party was clear, and the cause of the environmental damage was clear. (2) The conclusion of the Environmental Damage Assessment Report on the Environmental Emergency in Qianzhangyan Reservoir in Hongchun Township, Wushan County, Chongqing Municipality that no long-term adverse effect was caused on the ecology and environment of the reservoir, and neither subsequent ecological and environmental restoration nor further medium and long-term damage assessment were required was admitted. (3) The assessment and determination of ecological and environmental damage for the polluted soil: After nine months, the ethyl sodium xanthate in the soil in the incident area was degraded and would not cause further damage to the local ecology and environment, but the Fe pollutants in the soil of the depression had not been naturally degraded and remained in excess of the local ecological baseline. Since natural restoration in the short term was impossible, carrying potential pollution risks to Qianzhangyan Reservoir and the surrounding ecology and environment, ecological restoration by means of manual intervention was required. According to the Recommended Methods for the Assessment of Environmental Damage in the Disposal Phase of Environmental Emergencies (No. 118 [2014], General office of the Ministry of Environmental Protection), it was calculated by the approach of virtual treatment cost that the ecological restoration cost for the soil in the depression was about 991, 000 yuan. (4) It was proposed that a detailed ecological restoration plan should be developed subsequently, the ecological and environmental damage in the accident area should be restored, and subsequent regulation should be effectively conducted, so as to ensure the drinking water safety of Qianzhangyan Reservoir and the surrounding ecological and environmental safety. During the trial of the case, the Green Federation applied for notifying the authenticator to appear and give opinions on ecological restoration in court. The authenticator, professor Wang Jinsheng, was of the opinion that elements in soil were not controlling indicators, and in terms of drinking water safety, Fe in the soil of the depression was higher than drinking water safety standards; and in the place of the beneficiation plant of defendant Huangchangping Company, there were a large number of subterranean rivers, high precipitation, and high risk of contaminating drinking water.

On January 14, 2016, the Wanzhou District People's Court of Chongqing Municipality entered a Civil Judgment (No. 00001 [2014], First, Public Interest, Wanzhou, Court) that (1) Jianshi Huangchangping Mining Co., Ltd. should immediately cease the infringement of the drinking water source at Qianzhangyan Reservoir in Wushan County and re-conduct environmental impact assessment, and might not engage in production without approval and without the acceptance of environmental protection facilities; (2) Jianshi Huangchangping Mining Co., Ltd. should, within 180 days this judgment took effect, develop a restoration plan and conduct ecological restoration with respect to the soil in the depression in the beneficiation plant in Guojiatang State-owned Gaoyanzi Forest Farm, Yezhou Town, Jianshi County, Enshi Tujia and Miao Autonomous Prefecture of Hubei Province, and if the restoration obligation failed to be fulfilled, or the restoration failed to meet the standards, Jianshi Huangchangping Mining Co., Ltd. should bear the restoration cost of 991,000 yuan payable to the designated account number; (3) Jianshi Huangchangping Mining Co., Ltd. should apologize in state-level media for its conduct of polluting the ecology and environment and harming the public interest; (4) Jianshi Huangchangping Mining Co., Ltd. should reimburse Green Federation for the reasonable expenses and lawyer's fee incurred by it totaling 150,000 yuan; and (5) the other claims of Green Federation should be dismissed. After the first-instance judgment had been pronounced, Jianshi Huangchangping Mining Co., Ltd. was unsatisfied and appealed. The No. 2 Intermediate People's Court of Chongqing Municipality entered a Civil Judgment (No. 77 [2016], Final, Civil Division, 02, Chongqing) on September 13, 2016, dismissing the appeal, affirming the original judgment.

Reasons of Decision

According to the effective court judgment, one of the issues in this case was whether the order of cessation of infringement and re-conduct of environmental impact assessment were necessary.

As environmental tort often caused irreversible environmental pollution and damage to ecological resources, the polluted environment and damaged ecological resources were often difficult to restore, and sole subsequent economic compensation was insufficient to compensate for the losses caused to the ecology and environment, attention should be paid to prevent environmental tort, so as to truly achieve the purpose of environmental protection. In this case, Huangchangping Company only suspended its production, and its illegality such as the "three simultaneous" work being seriously lagging behind and uncompleted environmental protection facilities not being eliminated, making it possible to resume its illegal production at any time. As the previous pollution from Huangchangping Company caused some ecological indicators of the soil in the relevant area to exceed the ecological baseline, there was high precipitation in the area, the area was a karst mountainous area with relatively many fissures and caves and intersected subterranean rivers, and the subterranean rivers were the sources of Qianzhangyan Reservoir, the risk of pollution was obvious. Given that the illegality of Huangchangping Company had not been eliminated, the geological and geographical conditions of the region where the project was located were complex and special, and it could not be ensured that the resumption of production would not cause further environmental pollution, the resumption of production should be prohibited in order to effectively prevent further pollution damage to the local ecology and environment, avoid the risk of another litigation if Huangchangping Company's resumption of illegal production were discovered, reduce the burden of litigation on the parties, and save judicial resources. To that end, though Huangchangping Company had suspended production before the litigation, it should be ordered to cease its infringement of the drinking water source at Qianzhangyan Reservoir.

The construction of Qianzhangyan Reservoir began in 2008, and the environmental impact assessment of the project of Huangchangping Company was carried out in July 2010 and approved by the local environmental authorities on May 16, 2011. Article 23 of the Law of the People's Republic of China on Environmental Impact Assessment (amended in 2016) provided that: "In case a construction project may cause unfavorable environmental impacts covering more than one administrative region or if the relevant administrative departments of environmental protection have disputes over the appraisal conclusion of the impacts imposed by the project concerned upon the environment, the environmental impact appraisal documents shall be subject to the examination and approval of the administrative department of environmental protection that is the superior of all the administrative departments concerned." Given that the nature of the project, its relative position to the reservoir, and the local special geological and geographical conditions, the environmental impact assessment of the project should have taken into account the impact on Qianzhangyan Reservoir at that time, but because the two projects were in different administrative areas at provincial levels, the environmental impact assessment at that time failed to mention Qianzhangyan Reservoir, highlighting its incompleteness and obvious insufficiency. The addition of the environmental protection goal of Qianzhangyan Reservoir required to be particularly taken into account resulted in the changes of the original basis for environmental impact assessment. Under the actual circumstances that a major environmental emergency had taken place, major changes to the case-related project in terms of the measures to prevent pollution and ecological damage were obviously required. According to paragraph 1, Article 24 of the Law of the People's Republic of China on Environmental Impact Assessment (amended in 2016): "If, after the environmental impact appraisal document of a construction project has been approved, either the nature or scale or venue or the production techniques employed or the measures for preventing pollution and preventing ecological damage has undergone substantial changes, the construction entity shall submit anew the environmental impact appraisal documents of the construction project for examination and approval" and paragraph 3, Article 17 of the Water Pollution Prevention and Control Law of the People's Republic of China (revised in 2008): "Installations for the prevention and control of water pollution as concerned in a construction project shall be designed, constructed and put into use simultaneously with the principal part of the project; where it involves water area for navigation or fishery, the administrative department of environmental protection shall, when examining and approving the environmental impact assessment document, ask for the opinion of the competent department of traffic and that of fishery," given the importance of Qianzhangyan Reservoir, its environmental sensitivity as a Class A drinking water source protection area, the potential huge risk of pollution the case-related project carried to the reservoir, and the fact that the reservoir should have been included as a key environmental protection target in the environmental impact assessment of the construction project and that a major environmental emergency had been objectively caused, in light of the changes in the original basis for environmental impact assessment, in order to protect the key environmental protection target and safeguard the public interest, Huangchangping Company should re-conduct environmental impact assessment of the project on the basis of considering the environmental impact on Qianzhangyan Reservoir and go through statutory approval procedures, and might not engage in production without approval and without acceptance of environmental protection facilities.

Gist of Decision

In environmental civil public interest litigation, the people's court that orders the polluter to cease infringement may order it to re-conduct environmental impact assessment and not to resume production until the approval of environmental impact assessment documents and the acceptance of supporting environmental protection facilities.

Model Significance

This case clarifies the specific forms of liability for the polluters to cease infringement in environmental civil public interest litigation. The environment is a comprehensive ecosystem with multiple functions, serving as a public good that is non-exclusive in consumption.[1] Given the irreversible nature of environmental damage and the inadequacy of mere subsequent economic compensation to remedy the ecological lost caused by environmental infringers, in environmental civil public interest litigation, even if the environmental infringer has ceased production, People's Court may order the environmental infringer to bear liability for cessation of infringement by imposing additional conditions for resumption of production—provided that restarting operations would still have ecological risks. This case further specifies the specific method of performance for cessation of infringement as reapplying for an environmental impact assessment, and prohibiting production without approval from the environmental protection administrative agencies and without acceptance of environmental protection facilities, making the judgment more enforceable. This is conducive to promptly enjoining illegal production activities, comprehensively protecting social public interests, and providing a new approach for the adjudication of environmental public interest litigation cases. It is of great significance for accurately applying the liability for cessation of infringement to protect the ecological environment and safeguard public interests.

Associated Indexing

Paragraph 1, Article 24, the Environmental Impact Assessment Law of the People's Republic of China (Amended in 2016)

---

[1] See Cai Shouqiu, *An Analysis of the Legislative Purpose of the* 2014 *Environmental Protection Law,* Journal of China University of Political Science and Law, 2014(6).

Paragraph 3, Article 17, the Water Pollution Prevention and Control Law of the People's Republic of China (Revised in 2008)

Written by: Shen Ping, Wang Xiang, You Zhongchuan

03 Regulatory Application of Offsetting Expenses for Technology Transformation in Public Interest Litigation

—Fifth Branch of the People's Procuratorate of Chongqing Municipality v. Chongqing Yuhuang Electrical Equipment Manufacturing Co., Ltd., et al. (Civil Public Interest Litigation for Environmental Pollution)[1]

Keywords

Civil, Civil Public Interest Litigation for Environmental Pollution, Environmental Protection Technology Transformation, Offset Expenses, Eco-Environmental Damages

Case Number

First Instance: Civil Judgement No. 256 [2019] Trial, Civ. Division, No. 5 Intermediate People's Court of Chongqing Municipality

[1] 该指导性案例翻译由《北大法宝》授权提供，原文链接：https://www.pkulaw.com/en_case/08df102e7c10f2066a8f1ed214c49f5d447a5c71e0ef7e23bdfb.html?way=listView。

This case is Guiding Case No. 204 of the Supreme People's Court and has been included in the China Environmental Judicial Cases Database of UNEP. First instance collegial panel: Ran Chonggao, Chen Xia, Zhang Yinghong, Yao Tianling, Wang Ping, Ren Fumin, Xu Peiying. Second instance collegial panel: Tang Yalin, Zhao Ling, Huang Cheng.

Second Instance: Civil Judgement No. 387 [2020] Final, Civ. Division, the High People's Court of Chongqing Municipality

Essential Facts

Chongqing Pengzhan Chemicals Co., Ltd. (hereinafter referred to as "Pengzhan Company"), Chongqing Yuhuang Electrical Equipment Manufacturing Co., Ltd. (hereinafter referred to as "Yuhuang Company"), and Chongqing Shuntai Iron Tower Manufacturing Co., Ltd. (hereinafter referred to as "Shuntai Company") had no qualifications for management of hazardous wastes. On April 10, 2015, Pengzhan Company signed contracts with Yuhuang Company and Shuntai Company respectively, agreeing that Pengzhan Company would sell hydrochloric acid to Yuhuang Company and Shuntai Company at a price of 420 yuan per ton, with freight payable by Pengzhan Company. The price included the sales price of hydrochloric acid and the costs of taking back the waste hydrochloric acid for disposal by Pengzhan Company. In July 2015, Pengzhan Company directly began illegally discharging the waste hydrochloric acid after taking back the waste hydrochloric acid from Yuhuang Company and Shuntai Company. From July 2015 to March 2016, Pengzhan Company illegally discharged at least 717.14 tons of waste hydrochloric acid, resulting in the pollution of Tiaodeng River. According to assessment, the incident caused eco-environmental damages of 6,454,260 yuan, in addition to administrative processing costs of 25,100 yuan and identification fee of 5000 yuan. After the pollution incident, Yuhuang Company and Shuntai Company invested in technology transformation in many aspects such as acid mist collection and flux recovery systems, and improved the level of environmental protection. The Fifth Branch of the People's Procuratorate of Chongqing Municipality, plaintiff in the public interest litigation, sued in the people's court, seeking a judgment that Pengzhan Company, Yuhuang Company, and Shuntai Company should pay a total of 6,484,360 yuan in eco-environmental damages and identification fee, and apologize to the public, on the grounds that Pengzhan Company, Yuhuang Company, and Shuntai Company should be liable for the losses caused by the environmental pollution incident.

On November 29, 2019, the Fifth Intermediate People's Court of Chongqing Municipality entered a Civil Judgment (No. 256 [2019], First, Civil, 05, Chongqing) that (1) defendant Pengzhan Company should pay compensation for eco-environmental pair costs of 6, 479, 360 yuan resulting from the illegal discharge of waste hydrochloric acid and a technical consulting fee of 5000 yuan, totaling 6, 484, 360 yuan, to the account for funds earmarked for judicial ecological repair designated by the court within ten days from the effective date of this judgment; (2) defendants Yuhuang Company and Shuntai Company were each jointly and severally liable for 3, 242, 180 yuan out of the compensation payable by defendant Pengzhan Company as determined in item (1) of this judgment; and (3) defendants Pengzhan Company, Yuhuang Company, and Shuntai Company should make apologies to the public via a media outlet at or above the municipal level in Chongqing Municipality within 30 days from the effective date of this judgment.

After the judgment was pronounced, Yuhuang Company and Shuntai Company appealed, and filed an application for installment payments and a request for offsetting their technology transformation costs during trial at second instance.

On December 25, 2020, the High People's Court of Chongqing Municipality entered a Civil Judgment (No. 387 [2020], Final, Civil, Chongqing) (1) that items (1) and (3) of the Civil Judgment (No. 256 [2019], First, Civil, 05, Chongqing) of the Fifth Intermediate People's Court of Chongqing Municipality should be affirmed; (2) that item (2) of the Civil Judgment (No. 256 [2019], First, Civil, 05, Chongqing) of the Fifth Intermediate People's Court of Chongqing Municipality should be set aside; (3) Yuhuang Company and Shuntai Company should each be jointly and severally liable for 3, 242, 180 yuan out of the eco-environmental damages payable by Pengzhan Company, and after providing effective security to the Fifth Intermediate People's Court of Chongqing Municipality, pay in three installments respectively equal to 25%, 25%, and 50%, at specific payment time: each paying 809, 920 yuan in addition to 2500 yuan in technical consulting fee within ten days from the effective date of this judgment, each paying 809, 920 yuan before December 31, 2021, and each paying 1, 619, 840 yuan before December 31, 2022, with the technical consulting fee being paid to the account designated by the Fifth Intermediate People's Court of Chongqing Municipality within ten days after obtainment by enforcement; and (4) If Yuhuang Company and Shuntai Company significantly reduced the production of hazardous wastes or resource consumption when holding production capacity unchanged, by conducting technological transformation after this judgment took effect, and were not punished for environmental violations, they might apply to the people's court when paying the third installment for offsetting the technological transformation expenses paid by them, based on the assessment opinion on the effect of technological transformation and the audit report on investments in technological transformation issued by a legally qualified intermediary.

Reasons of Decision

The effective court judgment held the following: Article 57 of the Law of the People's Republic of China on the Prevention and Control of Environment Pollution Caused by Solid Wastes (2015 Amendment) provides: "Entities engaged in the collection, storage and treatment of hazardous wastes shall apply to the environmental protection authorities of the people's governments at or above the county level for operation permits; entities engaged in operating activities of utilizing hazardous wastes shall apply to the environmental protection authority of the State Council or the environmental protection authorities of the people's governments of provinces, autonomous regions, and municipalities directly under the Central Government for operation permits." In this case,

Yuhuang Company and Shuntai Company, as producers of hazardous wastes, violated the statutory obligation to prevent and control pollution by hazardous wastes by delivering the hazardous wastes involved in this case to Pengzhan Company, which had no hazardous waste operation permit. In relation to the hazardous wastes illegally discharged by Pengzhan Company, it was impossible to determine the specific quantity or share attributable to Yuhuang Company and Shuntai Company respectively, which constituted joint tort, and they thus should be jointly and severally liable for the eco-environmental damage caused by Pengzhan Company.

Environmental public interest litigation, as an important litigation system established by the Environmental Protection Law, is aimed at enforcing environmental tort liability and more importantly at urging and directing environmental tortfeasors to implement environmental repair, encouraging enterprises to take the path of ecological priority and green development, and achieving coordination between environmental protection on one side and economic construction and social development on the other. Yuhuang Company and Shuntai Company implemented technology transformation after the pollution incident involved in this case, and requested that technology transformation costs be offset against eco-environmental damages. In relation to the issue of whether technology transformation costs may be offset against the eco-environmental damages payable, the environmental protection technology transformation projects implemented by an enterprise and their purposes should be identified and treated by classification, according to the above judicial concept concerning environment. If the environmental protection technology transformation projects implemented by an enterprise and their purposes are only to comply with its environmental impact assessment requirements, meet the pollutant discharge standard set by its pollutant discharge permit, or perform other statutory mandatory obligations, the technology transformation costs in relation thereto should not be offset; if the enterprise, after fully performing the mandatory environmental protection obligations imposed by the law on the enterprise, achieves higher utilization rates of resources, reduction of pollutant emissions, higher comprehensive utilization rates of wastes, and other effects by using clean energy, adopting better technologies, processes, or equipment, and other means, consideration should be given to appropriately offsetting the technology transformation costs in relation thereto.

In this case, because of the self-cleansing capability of rivers, the eco-environmental repair of the polluted water bodies was no longer necessary. Yuhuang Company and Shuntai Company were willing to continue their technology transformation, and their undertakings to implement technology transformation were conducive to the reduction, reuse, and reclamation of pollutants and the reduction of local environmental risks. Offsetting the environmental protection technology transformation costs actually paid by Yuhuang Company and Shuntai Company against the eco-environmental damages payable by them was in line with the purpose of environmental public interest litigation to safeguard the public interest. In order to support the green transformation of enterprises and encourage Yuhuang Company and Shuntai Company to invest more in energy conservation and emission reduction, the court set the upper limit of the expenses which Yuhuang Company and Shuntai Company might respectively offset at 50% of eco-environmental damages payable by them. If Yuhuang Company and Shuntai Company significantly reduced the production of hazardous wastes or resource consumption when holding production capacity unchanged, by conducting technological transformation after this judgment took effect, and were not punished for environmental violations, they might apply to the people's court for offsetting the technological transformation expenses paid by them, based on the assessment opinion on the effect of technological transformation and the audit report on investments in technological transformation issued by a legally qualified intermediary.

In environmental civil public interest litigation cases, it is necessary not only to ensure the timely and effective repair of the damaged eco-environment, but also to give enterprises, which correctly treat their environmental violations and are willing to actively assume environmental legal liability, an opportunity to continue lawful production and operations, so as to achieve a balance between eco-environmental protection and the promotion of economic development. The COVID-19 epidemic had a certain impact on the production and operation of Yuhuang Company and Shuntai Company. After the case was discovered, the two enterprises invested much in implementation of technology transformation, and currently experienced a certain degree of operating difficulties as a part of payable technology transformation costs became due. In order to promote development, stabilize expectations, protect people's livelihood, and maintain the viability of enterprises as going concern to the maximum extent, Yuhuang Company and Shuntai Company's request for installment payments were granted, to wit, they were allowed to pay eco-environmental damages in three installments over two years.

Gist of Decision

1. Where the damaged eco-environment is beyond repair, or repair is unnecessary, and in addition to performing the mandatory obligations under laws and regulations on eco-environmental protection, the tortfeasor implements environmental protection technology transformation by conservational, intensive, and circular utilization of resources and other means, which is assessed as delivering energy saving, emissions reduction, pollution and carbon reduction, and risk reduction effects, the people's court may, on application by the tortfeasor, in light of factors such as the schedule of environmental protection technology transformation and compliance with eco-environmental protection laws, appropriately offset the expenses incurred in environmental protection technology transformation against the eco-environmental damages payable by it.

2. Where the tortfeasor applies for offsetting expenses incurred in the implementation of environmental protection technology transformation in order to comply with environmental impact assessment requirements and the pollutant discharge standards set by the pollutant discharge permit or to perform other mandatory obligations under laws and regulations on eco-environmental protection, the people's court shall not uphold its application.

Model Significance

"Offsetting expenses for technology transformation" is an innovative exploration in the fulfillment of environmental civil liability,[1] embodying distinct characteristics of environmental and resource adjudication. This case marks the first environmental civil public interest litigation in the national courts to regulate the applicable conditions for "offsetting expenses for technology transformation" from both positive and negative perspectives.[2] This case clarifies the considerations and negative conditions for "offsetting expenses for technology transformation," resolves the challenge of how to apply it, and reflects the preventive function of environmental civil public interest litigation. At the same time, it returns to judicial rationality, alleviating concerns about courts "arbitrarily" exploring liability fulfillment methods.[3] The court's decision holds significant exemplary value for incentivizing enterprises to upgrade pollution prevention technology, protecting the eco-environment, promoting green transformation of businesses, and synergistically advancing carbon reduction, pollution control, ecological expansion, and growth.

Associated Indexing

Article 36, Article 40 (1), Environmental Protection Law of the People's Republic of China (Revised in 2014)

---

[1] Qiao Gang, *The Legal Theory and Application of "Offsetting Expenses for Technology Transformation" in Eco-Environmental Damage Civil Liability,* Law Review, 2021(4).

[2] The Civil Judgment (No. 000001 [2014], Final, Environmental Civil, Jiangsu) issued by the High People's Court of Jiangsu Province was the first case to explore the application of "offsetting expenses for technology transformation". Subsequently, courts across regions held divergent views on whether technology transformation costs could offset eco-environmental damages.

[3] Lü Zhongmei, *Environmental Judicial Rationality Must Not Stop at "Exorbitant" Compensation: A Critique of the Taizhou Environmental Public Interest Litigation Case*, Chinese Legal Science, 2016 (3).

Article 3, Circular Economy Promotion Law of the People's Republic of China (2008)

Written by: Zhao Ling, Huang Cheng

04 Determination of Illegal Disposal of Medical Waste

—The People v. Chongqing X Medical Infusion Bottle Recycling Co., Ltd. and Guan X, et al. (Environmental Pollution)[1]

Keywords

Criminal, Crime of Environmental Pollution, Medical Waste, Illegal Disposal, Infectious Hazard

Case Number

First Instance: Criminal Judgment No. 231 [2020] Trial, Crim. Division, People's Court of Yubei District of Chongqing Municipality

Second Instance: Criminal Judgment No. 356 [2021] Final, Crim. Division, the No. 1 Intermediate people's Court of Chongqing Municipality

Essential Facts

Chongqing X Medical Infusion Bottle Recycling Co., Ltd. (hereinafter referred to as the "Recycling Company"), is engaged in the recycling,

[1] This case was selected into the case base of the People's Court (2023 - 11 - 1 - 340 - 008) and was included as a model case concerning environmental pollution of solid waste by the People's Courts. First instance collegial panel: Zhao Wenfen, Chen Guo, and Qiao Gang. Second instance collegial panel: Zhang Li, Wu Changyu, and Fu Hongjin.

transportation, and disposal of disposable plastic infusion bottles (bags) and glass infusion bottles used by medical institutions and not contaminated by patients' blood, bodily fluids, or excretions (excluding medical waste). The legal representative is the defendant Guan X. In August 2018, after recycling glass infusion bottles from medical institutions, the Recycling Company conspired with defendants Li X and Chen X(A), shareholders of Beijing X Environmental Protection Technology Co., Ltd. (case handled separately, hereinafter referred to as the "Environmental Company"), to sell approximately 1300 tons of glass infusion bottles to the Environmental Company, which did not hold a hazardous waste operation permit, at a price of 320 yuan per ton. Chen X(A) arranged for the defendant Chen X (B) to manage production. During the production process, workers buried mixed waste such as needles, cotton swabs, and infusion tubes. After the incident, the buried waste was excavated and transported. Upon appraisal, the waste was confirmed to be hazardous waste, totaling 16.27 tons.

In November 2018, defendant Guan X, knowing full well that defendant Li X did not hold a hazardous waste operation permit, still introduced defendant Yi X to sell the glass infusion bottle caps stored at the Recycling Company to Li Xin order to profit from the price difference. From January to March 2019, Li X hired workers to separate, sort, and clean the acquired bottle caps. The cleaning wastewater was directly discharged into the external environment without proper treatment. Waste such as needles and cotton swabs sorted out was piled up inside the factory premises. After the incident, it was appraised that the bottle caps acquired from Yi X were all hazardous waste. Following emergency disposal procedures, a total of 72.9 tons of waste, including the bottle caps, was transferred for proper treatment.

On April 1, 2021, the Yubei Primary People's Court. Chongqing adjudicated a criminal judgment: the defendant entity, Chongqing Medical Infusion Bottle Recycling Co., Ltd., was convicted of the crime of environmental pollution, and be awarded a fine of 200, 000 yuan; the defendants Guan X, Li X, Chen X (A), Chen X (B), and Yi X were convicted of the crime of environmental pollution and sentenced to fixed-term imprisonment ranging from two years and two months to one year and three months, accompany with respective fines.

After sentencing, the Yubei District People's Procuratorate of Chongqing Municipality filed a protest, and the original defendants, including the Recycling Company, Guan X and Chen X(A), filed an appeal.

On September 13, 2021, the NO. 1 Intermediate People's Court of Chongqing adjudicated a criminal judgment, revising the sentence for Guan X to fixed-term imprisonment of two years and four months and a fine of 100, 000 yuan; the appeals of the other appellants were dismissed.

Reasons of Decision

The court's effective judgment holds that: The sentencing recommendations made by the prosecution in the first instance were appropriate, and the first instance court appropriately adopted the corresponding defense opinions put forward by the defense counsel for each defendant. However, the first instance court made an error in its determination of Guan X's meritorious performance, which was corrected by the second instance court.

Regarding the procuratorial authority's protest opinion that Guan X's action did not constitute meritorious performance. The investigation revealed that Guan X did not engage in any meritorious conduct of leading Yi X to the police to accept investigation. Although Guan X once led Yi X to the Environmental Protection Bureau of Tongliang District, objectively providing clues to Yi X's criminal behavior, which contributed to the subsequent police investigation in the facts that Yi X was suspected of environmental pollution crimes. Guan X's subjective intention was to exonerate himself from guilt, which does not constitute a criminal exposing the criminal acts of others.[1] Based on the above, the procuratorial authority's protest reason regarding Guan X not constituting meritorious performance is valid, and the second instance court adopts it.

Regarding the defense opinion put forward by the appellant Guan X and his defense counsel that he did not constitute the crime of environmental pollution, the investigation revealed that Guan X is the legal representative of the recycling company and is responsible for its operation and management, while the other shareholders are not involved in the operation and management. In November 2018, the appellant Guan X, knowing full well that the defendant Li X did not hold a hazardous waste operation permit, introduced Yi X to sell glass infusion bottle caps to Li X in order to earn a profit from the price difference. In August 2018, the appellant Guan X conspired with Li X and Chen X (A), shareholders of the environmental protection company, to sign a "*Cooperation Agreement*" for the disposal of glass infusion bottles. The recycling company sold glass infusion bottles to the environmental protection company at a price of 320 yuan per ton, leased part of its factory premises located in Group 6, Jinshi Village, Hufeng Town, Tongliang District to the environmental protection company as a disposal site, and was responsible for the qualifications and relevant procedures required for the site. The defendant Chen X (A) arranged for the defendant Chen X (B) to be in charge of management at the factory premises. During this period, the defendant Chen X (B) hired workers to crush, sort, separate, and clean the glass infusion bottles. The sorted waste such as needles, cotton swabs, and syringes were packaged in woven bags and stacked in an open space outside the factory premises. Later, he assigned workers to stack the aforementioned woven bags under a cement dam outside the factory premises and buried them using bricks from a collapsed wall. Subsequently, the selected waste was also disposed of at the same location. On June 8, 2019, a total of 16.27 tons of waste was excavated and transported from the site. Upon appraisal, the aforementioned waste was all hazardous waste.

---

[1] See Ding Xuewen, *Application of the Exclusion Rule for the Source of Meritorious Clues,* People's Justice (Case Studies), 2022 (20).

In summary, the evidence of the appellant Guan X's crime of environmental pollution is conclusive. Apart from the issue of Guan X's alleged meritorious performance, the other facts are explicit with correct law application, and the trial procedures are lawful. However, due to the valid protest by the procuratorial authority regarding the original defendant Guan X not constituting meritorious performance, the sentencing of Guan X should be adjusted. The grounds of appeal by Guan X are not valid, and the second instance court does not admit them.

Regarding the procuratorial authority's protest opinion that Li X is a directly responsible executive staff of the Environmental Company in relation to the company's unit crime. The investigation revealed that as a shareholder of the environmental protection company, Li X conspired to cooperate in the disposal of glass infusion bottles. However, he did not play a decisive, approving, granting, condoning, or directing role in the unit crime committed by the environmental protection company. Therefore, the procuratorial authority's protest reason is not valid, and the second instance court does not admit it. The first instance court's finding that Li X should bear criminal liability as another directly responsible person for the unit crime committed by the environmental protection company is not improper.

Regarding the defense opinions put forward by the appellant Chen X (A) and his defense counsel that he does not constitute a crime, that the crime is minor, and that he confessed voluntarily. The second instance court holds that Chen X (A) constitutes the crime of environmental pollution. Chen X (A) is guilty of the first set of facts, knowing full well that the glass infusion bottles provided by the recycling company were mixed with waste such as needles, which was corroborated by the testimonies and defenses of the defendants Chen X (A) and Li X. This is sufficient to establish that his act constitutes the crime of environmental pollution. Chen X (A) invested in partnership with Li X to purchase and dispose of bottle caps in the name of others. There is no evidence in this case to prove the knowing of Li X that the bottle caps purchased and disposed were mixed with medical waste such as needles, thus he did not have the subjective intention to commit the crime of environmental pollution. For the second set of facts alleged, Chen X (A) does not constitute a crime. Chen X (A) confessed to the criminal facts for which he was responsible and was willing to plead guilty and accept punishment when questioned by the police, but he denied them during the first instance trial. Therefore, he does not constitute voluntary surrender. In summary, the grounds of appeal by appellant Chen X (A) are not valid, and the second instance court does not admit them.

Regarding the defense opinions put forward by the appellant unit, the recycling company, and its defense counsel that it does not constitute a unit crime. The second instance court holds that a crime committed in the name of a unit, with the illegal proceeds belonging to the unit, constitutes a unit crime. In this case, the recycling company is operated by Guan X, who serves as the legal representative, while other shareholders do not participate in the operation. The cooperation between the recycling company and the environmental protection company was decided and a cooperation agreement was signed by Guan X, which reflects the unit's will. The recycling company sold the acquired glass infusion bottles to the environmental protection company for the benefit of the recycling company. The judgment of whether it is for the benefit of the unit is not based on whether the project is profitable or whether the unit actually receives the payment. The grounds of appeal by the appellant unit, the recycling company, are not valid, and the second instance court does not admit them.

In summary, apart from the erroneous determination of Guan X's meritorious performance and improper sentencing, the first instance court has a clear facts finding in the case with correct law application, appropriate sentencing, and lawful trial procedures. The second instance court admits the protest opinion of the protesting authority regarding the invalidity of Guan X's meritorious performance, and makes corresponding changes to Guan X's sentencing, excluding the supplementary punishment. The protest opinion of the protesting authority that Li X is a directly responsible executive staff for the unit crime committed by the environmental protection company, as well as the appeal opinions of the appellant unit and all appellants, cannot be established. The second instance court does not admit them.

Gist of Decision

Medical waste is classified as hazardous waste. The illegal disposal of medical waste that causes serious environmental pollution should be prosecuted and punished in accordance with Article 338 of the Criminal Law, under the crime of environmental pollution.

Model Significance

This case is a criminal case arising from environmental pollution caused by the illegal disposal of medical waste during the COVID – 19 pandemic. Medical waste often carries a large number of harmful pathogens and poses infectious and other hazards. Its illegal disposal not only pollutes the environment but also seriously threatens human health. In this case, the involved enterprises and individuals illegally disposed of medical waste without obtaining a medical waste operation permit, seriously endangering ecological and environmental safety and should bear criminal liability. The adjudication of this case helps to deter and warn relevant institutions, enterprises, and practitioners in the medical industry to dispose of medical waste in accordance with laws and regulations, thereby avoiding public health risks. It demonstrates the People's Court's resolute commitment to combating illegal disposal of medical waste and safeguarding ecological and environmental safety.

Associated Indexing

Article 25 (1), Article 30, Article 31, Article 23, Article 67 (1), Article 52, Article 53 (1), Article 338 of the Criminal Law of the People's Republic of China (Amended in 2017)

Article 1 (2), Article 8, Article 16, Article 17 (1) of the Interpretation of the Supreme People's Court and the Supreme People's Procuratorate on

Several Issues relating to the Application of Law to the Handling of Environmental Pollution Criminal Cases [Then applicable to the Interpretation of the Supreme People's Court and the Supreme People's Procuratorate on Several Issues relating to the Application of Law to the Handling of Environmental Pollution Criminal Cases (2016), Article 1 (2), Articles 7, 14, 15 (1)]

Written by: Fu Hongjin, Xie Chenguang

05 Application of the Criminal Policy of Balancing Leniency and Severity in Crime of Environmental Pollution

—The People v. Wang X et al. (Environmental Pollution Case)[1]

Keywords

Criminal, Crime of Environmental Pollution, Policy of Balancing Leniency and Severity, Upgrading and Renovating Pollutant Discharge Equipment, Ecological Remediation

Case Number

First Instance: Criminal Judgment No. 573 [2017] Trial, Crim, Division, People's Court of Yubei District of Chongqing Municipality

Essential Facts

Defendant Wang X, the legal representative, chairman, and general manager of Chongqing X Chemical Company, defendant Hu X, head of the Safety and Environmental Protection Department of the company, defendant Bai X, head of the Equipment and Energy Department of the

[1] This case was selected into the case base of the People's Courts (2023 – 11 – 1 – 340 – 011) and was included as a model case of judicial protection of the ecological environment in the Yangtze River Economic Belt. Collegial panel: Zhao Wenfen, Zhang Hongyan, Liu Yunxiang.

company, and defendant Deng X, a worker in Infrastructure Department of the company. To reduce the company's pollution control costs, Wang X instructed Bai X and others to construct concealed pipelines, install valves connected to the emergency pool and observation wells, and directly link them to the Yangtze River. From April 2015 to August 14, 2015, Chongqing X Chemical Company produced p-nitroacetophenone without obtaining approval from the environmental impact assessment. The company discharged the generated waste liquid into the emergency pool through pre-installed concealed pipelines and repeatedly turning on the emergency pool valves at night or during rainfall, directly releasing the waste liquid into the Yangtze River. On the evening of August 14, 2015, Deng X was apprehended by the public while turning on the emergency pool valve to discharge waste liquid. Monitoring results showed that the discharged waste liquid contained toxic substances, with nitrobenzene compounds, total cyanides, and manganese exceeding the permissible limits by 1690 times, 30 times, and 58.5 times, respectively. After the incident, Chongqing X Chemical Company immediately ceased production, completed procedures for producing ketones, formulated a pollution control plan, and upgraded its production line. Wang X and the other three defendants purchased saplings worth 186, 000 yuan and donated them to the village committee where the company is located.

It was further found that on August 15, 2013, Chongqing X Chemical Company was subject to administrative penalties for discharging pollutants in improper ways: it was ordered to immediately rectify the illegal acts and fined 51, 500 yuan. On June 30, 2014, Chongqing X Chemical Company was again subject to administrative penalties for discharging pollutants in improper ways: it was ordered to immediately rectify the illegal acts and fined 50, 000 yuan. On November 6, 2015, Chongqing X Chemical Company was once more subject to administrative penalties for this case: it was ordered to immediately rectify the illegal act and fined 16, 800 yuan. The company has paid the aforementioned fines.

On March 27, 2018, the Primary People's Court of Yubei District, Chongqing Municipality rendered Criminal Judgment No. 573 [2017] Trial, Crim, Division, ruling that: 1. Defendant Wang X was convicted of the crime of environmental pollution and sentenced to one year of imprisonment and fined 100, 000 yuan; 2. Defendant Hu X was convicted of the crime of environmental pollution and sentenced to one year of imprisonment and fined 50, 000 yuan; 3. Defendant Bai X was convicted of the crime of environmental pollution and sentenced to one year of imprisonment and fined 50, 000 yuan; 4. Defendant Deng X was convicted of the crime of environmental pollution and sentenced to seven months of imprisonment and fined 20, 000 yuan. No appeals or protests were filed after the verdict, and the judgment has taken legal effect.

Reasons of Decision

The effective judgment holds that, regarding the prosecution's accusation that Wang X, Hu X, Bai X, and Deng X committed environmental pollution as individual crime. All members of the company's decision-making body were aware that the waste liquid generated from ketone production was being discharged without any pollution prevention facilities. Wang X, as the legal representative, chairman, and general manager of the company; Hu X, as the head of the company's safety and environmental protection department; Bai X, as the head of the company's equipment and energy department; and Deng X, as the employee responsible for discharging wastewater, secretly installed a concealed pipeline under Wang's arrangement to directly discharge wastewater containing toxic substances into the Yangtze River, with the aim of reducing the company's pollution control costs. These actions reflect the will of the company, and the illicit benefits obtained were attributed to the company rather than to Wang X, Hu X, Bai X, and Deng X individually. Therefore, this case should be classified as a unit crime. Defendant Wang X, as the principal directly in charge of the unit, shall bear criminal liability for the crime of environmental pollution. Defendants Hu X, Bai X, and Deng X, as the direct executive staffs, shall also bear criminal liability for the crime of environmental pollution.

In this case, all four defendants were first offenders and had voluntarily surrendered. After the incident, the Chongqing X Chemical Company immediately ceased production, significantly invested, rectified and upgraded its wastewater discharge facilities, effectively resolving the discharging issue. Defendant Wang X, as the legal representative of the company, is nearly 70 years old. After the incident, he took effective measures to prevent further pollution, voluntarily purchased saplings to remediate the ecological environment, and made efforts to compensate for the losses, demonstrating good repentance. Defendants Hu X, Bai X and Deng X, who carried out the criminal acts under the instructions of their superiors, also actively participated in the rectification efforts after the incident. They voluntarily purchased saplings to remediate the ecological environment and made efforts to compensate for the losses, demonstrating good repentance. In conclusion, the four defendants were given a lighter punishment in accordance with the law. The defense counsel's arguments in this regard were well-founded and were therefore adopted.

Prior to the incident, Chongqing X Chemical Company had been subject to administrative penalties on multiple occasions for discharging pollutants through improper ways. As employees of the company, the four defendants not only failed to promptly rectify the violations and remediate the damaged ecological environment but also discharged toxic substances through concealed pipelines. The discharged toxic substances, including nitrobenzene compounds, total cyanides, and manganese, exceeded the Class 1 standards of the "Integrated Wastewater Discharge Standard" by 1690 times, 30 times, and 58. 5 times, respectively, causing severe pollution or damage to the Yangtze River Basin. Therefore, it is inappropriate to merely impose a fine or grant probation. The court does not accept the defense counsel's suggestion to apply non-custodial sentences.

In conclusion, the defendants Wang X, Hu X, Bai X, and Deng X violated the provisions of the relevant state laws and regulations by discharging toxic substances through concealed pipelines. The discharged pollutants included the heavy metal manganese, which exceeded the national standard by ten times, causing severe environmental pollution. Their actions constitute the crime of environmental pollution, and they shall be punished according to law. Therefore, the court rendered the aforementioned judgment in accordance with the law.

Gist of Decision

After the incident, the offender immediately ceased production, proactively completed the environmental impact assessment procedures, formulated pollution control plans, upgraded and renovated waste gas and wastewater treatment facilities, effectively resolved the pollution discharge issues, actively assumed corporate social responsibility, and achieved green transformation of production methods. Therefore, a lighter punishment may be imposed at the discretion of the court.

Model Significance

This case involves a company that conducted production without obtaining approval from environmental impact assessment and discharged pollutants through concealed pipes. After receiving multiple administrative penalties for illegal pollutant discharge, the company continued to directly discharge production waste liquid into the Yangtze River through concealed pipelines. Such conduct was legally determined to constitute the crime of environmental pollution, and the offenders were sentenced to imprisonment. At the same time, considering that the involved company proactively upgraded and renovated its production line, completed the relevant procedures and obtained the necessary permits, and achieved a green transformation of its production methods, the offenders were given a lighter punishment. This fully demonstrates the application of the criminal policy of balancing leniency and severity in cases of environmental pollution crimes, which is conducive to promoting polluting enterprises to voluntarily assume social responsibility for ecological and environmental protection and adopt green production methods.

Associated Indexing

Article 338 of the Criminal Law of the People's Republic of China (Amended in 2015)

Written by: Zeng Hao, Zhao Wenfen

06 Crime of Environmental Pollution by Illegal Disposal of Packing Barrels Containing Mineral Oil

—The People v. Bai X, et al.[1] (Environmental Pollution)

Keywords

Criminal, Crime of Environmental Pollution, Illegal Disposal, Hazardous Waste, Packing Barrels Containing Mineral Oil

Case Number

First Instance: Criminal Judgment No. 65 [2016] Trial, Crim. Division, Yubei District People's Court of Chongqing Municipality

Second Instance: Criminal Ruling No. 284 [2016] Final, Crim. Division, the First Intermediate People's Court of Chongqing Municipality

Essential Facts

In August 2014, Defendant Bai X leased a factory in Huanshan Village, Yufengshan Town, Yubei District, Chongqing, to trade in the

[1] The case has been selected into the case base in the People's Court (2023 - 11 - 1 - 340 - 014) and the model case of environmental pollution in the Supreme People's Court in 2017. First instance collegial panel: Shen Yuandong, Chen Guo, and Qin Peng. Second instance collegial panel: Zhang Li, Li Lixin, and Wu Changyu.

recycling of packing barrels. Consequently, from October 2014 to April 2015, without obtaining the permit for operation of hazardous wastes, Defendant Bai X purchased waste packing barrels tainted with mineral oil, paint waste, and organic waste solvent from Defendant Wu X and others. Bai X employed workers to clean these barrels with detergent, lacquer thinner, or water, or sell the dirty ones by cutting into blocks. Bai X instructed workers to dump the sewage generated in the cleaning process onto the ground and discharge the waste to the external environment through pipelines. On April 14, 2015, the police confiscated a total of 28.63 tons of waste packing barrels purchased by Bai X in the aforesaid factory.

Defendant Wu X, who had been selling Shell lubricants since 2006, was obviously aware that the disposal of packing barrels containing lubricant requires the prescribed qualifications. Nevertheless, between October 2014 and April 2015, without verifying or requesting Defendant Bai X to provide a permit for operation of hazardous wastes, Defendant Wu X sold a total of 50. 5 tons of used 209-liter Shell packing barrels containing lubricant to Bai X, and on April 14, 2015, both defendants Bai X and Wu X were arrested by the police.

Additionally, it was found that on November 19, 2015, the Yubei District Environmental Protection Bureau of Chongqing Municipality imposed an administrative penalty on the defendant, ordering the defendant to immediately suspend of hazardous waste activities, with a fine of 143, 700 yuan, which was unpaid. Mineral oils, such as lubricant, are classified as hazardous waste. In addition, waste packaging materials or containers that either contain or are directly contaminated with hazardous waste are categorized as hazardous waste under HW49, according to the Directory of National Hazardous Wastes.

On March 17, 2016, Chongqing Yubei District People's Court made Criminal Judgment (No. 65, [2016], Trial, Crim. Division), ruling as follows: 1. Defendant Bai X, who was convicted of the crime of environmental pollution, shall be sentenced to fixed-term imprisonment of one year and eight months and a fine of 150, 000 yuan. 2. Defendant Wu X, who was convicted of the crime of environmental pollution, shall be sentenced to a fixed-term imprisonment of one year with a probation of two years, a fine of 80, 000 yuan.

Following the verdict, defendant Bai X filed an appeal. Upon examination, on June 29, 2016, the No. 1 Intermediate People's Court of Chongqing Municipality rendered a ruling (No. 284, [2016], Final, Crim. Division) to approve the withdrawal of appeal by Bai X.

Reasons of Decision

The court's effective ruling holds that with respect to the argument presented by the defendant Bai X and his defense counsel, who claimed that the packing barrels purchased by Bai X from Wu X were sold without undergoing any cleaning process. It was found that, defendant Bai X had actually cleaned the lubricant packing barrels he purchased from Wu X with detergent and lacquer thinner. This fact is supported by Bai X's confession and defense, as well as the testimony of witnesses Zhang X and Zhou X, whose statements corroborate and provide further evidence of the truthfulness of Bai X's actions. Therefore, the court finds this argument unconvincing and therefore rejects it.

Defense counsel argued that defendant Bai X's business premise was in a remote, undeveloped area with some residents, with minor criminal circumstances. It was ascertained that the determination for "severe environmental pollution" in the crime of environmental pollution is not dependent on factors such as land use planning or the number of nearby residents. Furthermore, in this case, defendant Bai X, without a permit for operation of hazardous wastes, illegally disposed of more than three tons of mineral oil-containing packing barrels, of which it was classified as hazardous waste. Therefore, the court finds the defense argument unpersuasive and accordingly dismisses it.

Defense counsel argued that defendant Wu X was not the initiator of the criminal intent and had no subjective intent of conspiracy. It was ascertained that while defendant Wu X did not explicitly conspire with Bai X in the business of waste packing barrels, Wu X nevertheless contacted Bai X and facilitated the sale of packaging barrels contaminated with lubricant, without inspecting or requesting the presence of the permit for operation of hazardous wastes. This omission led to severe environmental pollution. In accordance with the relevant judicial interpretations, defendant Wu X is to be held liable for joint environmental pollution. The defense argument is therefore rejected.

In response to defense counsel's argument that the defendant Wu X's actions caused minimal social harm, it was ascertained that Wu X sold packing barrels contaminated with lubricant to Bai X, who lacked a permit for operation of hazardous waste. Since defendant Bai X had no qualification and lacked in the technical expertise, facilities, capacity for hazardous waste disposal, thus failed in effective disposal in compliance with the legal requirements concerning hazardous waste disposal. The fact that Wu X supplied hazardous waste to Bai X inevitably contributed to a severe environmental risk. Therefore, the defense argument is accordingly rejected.

In conclusion, defendant Bai X violated the state stipulations by illegally disposing more than three tons of hazardous waste, thereby causing severe environmental pollution. Defendant Wu X knew that Bai X didn't possess a permit for operation of hazardous waste, still supplied him with hazardous waste, resulting in severe environmental pollution. As a result, both defendants were convicted of crime of environmental pollution. The facts alleged by Yubei District People's Procuratorate are explicit, and the evidence was sufficient and conclusive. Accordingly, the defendants were convicted. Taking into full consideration that Wu X was a first offender and voluntarily confessed his crime during the court trial, and he shall be given a lighter punishment as appropriate. Given that Wu X was a first offender and voluntarily confessed, the court has determined that probation is applicable. The defense counsel's arguments on these points have been accepted by the court. Therefore, the rulings made by the first and second instance courts are in accordance with the law.

Gist of Decision

1. According to Article 7 of Interpretation of the Supreme People's Court and the Supreme People's Procuratorate on Several Issues Concerning the Application of Law in the Handling of Criminal Cases of Environmental Pollution (SPC JI [2023] No. 7), the determination of "severe environmental pollution" in cases where an individual engages in the collection, storage, utilization, or disposal of hazardous waste without a permit for operation of hazardous waste, can be based on the quantity of hazardous waste illegally disposed of or utilized, combined with factors such as the excessive discharge of pollutants or the dumping of pollutants. Specifically, where a feasor, without a required permit for operation of hazardous wastes, collects, stores, cleans, or cuts packing barrels containing mineral oil, and illegally disposed of more than three tons of hazardous waste while discharging wastewater into the external environment, such conduct shall be deemed as "severe environmental pollution".

2. Knowing that the disposal of hazardous waste requires a stipulated permit, although a feasor did not conspire with others to engage in activities of hazardous waste, nevertheless sold or provided hazardous waste to another party, knowing that the other party had no such permit. As a result, the hazardous waste was illegally dumped or disposed of, causing severe environmental pollution. Such conduct shall be regarded as a joint crime of environmental pollution and be prosecuted accordingly.

Model Significance

This case involves the illegal disposal of packing barrels containing mineral oil by a feasor without a permit for operation of hazardous wastes, resulting in environmental pollution. Based on the quantity of illegally disposed hazardous waste, as well as the dumping of pollutants and other circumstances, the acts of collecting, storing, cleaning, and cutting such barrels by a feasor have been legally recognized as the crime of environmental pollution. This judgment helps to deepen the understanding of the criteria for "severe environmental pollution" as stipulated in Article 7 of the judicial interpretation on the crime of environmental pollution. Additionally, the case highlights the prosecution of joint crimes of environmental pollution, reflecting the judicial approach of addressing both the source of the pollution and holding accountable those behind the scenes. The trial of this case demonstrates the firm stance of the People's Court in cracking down on crime of environmental pollution and serves as a warning to producers of hazardous waste.

Associated Indexing

Article 338 of the Criminal Law of the People's Republic of China (Amended in 2015)

Written by: Zeng Hao, Chen Guo

07 Determination of Illegal Discharging Toxic Substances into the Yangtze River by Enterprises with Wastewater Treatment Qualifications

—The People v. Chongqing X Environmental Protection Technology Co., Ltd, et al. (Environmental Pollution)[1]

Keywords

Criminal, Environmental Pollution Crime, Yangtze River Protection, Enterprises with Wastewater Treatment Qualifications, Leakage Sewage

Case Number

First Instance: Criminal Judgment No. 1615 [2016] Trial, Crim. Division, People's Court of Yubei District of Chongqing Municipality

Essential Facts

The defendant, Chongqing X Environmental Protection Technology Co., Ltd (hereinafter referred to as "X Environmental Protection

[1] This case is a reference case in the case base of the People's Court (2023-11-1-340-015), and has been selected as a model case of the People's Court's environmental resource trials safeguarding the high-quality development of the Yangtze River Economic Belt. Collegial panel: Chen Guo, Liu Yunxiang, and Wang Xianrong.

Company"), is an enterprise with level II qualifications for industrial wastewater treatment. On December 5, 2013, the X Environmental Protection Company signed an agreement with Chongqing X Property Management Company, stipulating that the X Environmental Protection Company would operate the wastewater treatment project at Chongqing X Electroplating Industrial Center from December 5, 2013, to January 4, 2018. The X Environmental Protection Company promised to ensure that 100% of the wastewater discharged from the center into the wastewater treatment station would be well-treated, guaranteeing that the quality of the treated wastewater met standards and prohibiting any exceeding or direct wastewater discharge. During the project operation, on-site project managers discovered leakage in Regulating Reservoir No. 1 and reported it to Cheng X, the legal representative of The X Environmental Protection Company. Cheng X convened a project staff meeting and instructed them to illegally discharge incompletely treated electroplating wastewater through the leakage in Regulating Reservoir No. 1. The on-site project managers then pumped incompletely treated electroplating wastewater into Regulating Reservoir No. 1 for leaking. On May 4, 2016, the former Chongqing Environmental Supervision and Inspection Corps conducted an on-site inspection and discovered the illegal discharge. Sampling and monitoring revealed that hexavalent chromium and total chromium concentrations in the leaked wastewater from Regulating Reservoir No. 1 exceeded standards by 29.5 times and 9.9 times, respectively.

On December 29, 2016, ChongqingYubei District People's Court issued criminal judgment No. 1615 [2016] Trial, Crim. Division: 1. The defendant, the X Environmental Protection Company, was convicted of environmental pollution and fined 80,000 yuan; 2. The defendant, Cheng X, was convicted of environmental pollution and sentenced to nine months of imprisonment with a fine of 40,000 yuan; 3. The defendant, Zeng X, was convicted of environmental pollution and sentenced to eight months of imprisonment with a fine of 20,000 yuan; 4. The defendant, Yao X, was convicted of environmental pollution and sentenced to six months of imprisonment, with a probation of two years and a fine of 10, 000 yuan. After the sentencing, neither the company nor the three defendants appealed, and the first-instance judgment has taken legal effect.

Reasons of Decision

The court's effective judgment holds that: The defendant X Environmental Protection Company violated national regulations by illegally discharging pollutants containing heavy metals, which exceed the national pollutant discharge standards by more than three times, causing severe environmental pollution. Its conduct constituted the crime of environmental pollution. The defendant Cheng X, as the legal representative of the company, is the directly responsible executive staff for the company's conduct of polluting the environment; the defendant Zeng X is the on-site management personnel of the project; and the defendant Yao X is an employee of the company, both of whom are directly responsible personnel for the company's conduct of polluting the environment. The facts charged by the public prosecution organ are clear, the evidence is credible and sufficient, and the charges are established. After being apprehended, the defendant Zeng X truthfully confessed his criminal facts, which a constitutes confession, and thus could be given a lenient punishment according to the law. The defendant Yao X voluntarily surrendered himself after committing the crime and truthfully confessed his offense, which constitutes voluntary surrender. Thus, he can be given a lenient punishment according to the law. The defense opinion of the defendant Cheng X's counsel that the defendant Cheng X is a first offender and voluntarily pleaded guilty during the trial is accepted. The defense opinion of the defendant Zeng X's counsel that the defendant Zeng X is a first offender and has the mitigating circumstances of confession is also accepted. In consideration of the fact that the defendant Yao X is a first offender, voluntarily surrendered after committing the crime, and demonstrated genuine repentance, probation may be applied by the law.

Regarding the defense opinion put forward by the counsel of the defendant

Zeng X that Zeng X was not the directly responsible executive member but a directly responsible person of the company, it is acknowledged that although Zeng X was the on-site management personnel for the project, he did not possess the authority of decision-making or approvals related to the project. The defendant, Cheng X, repeatedly instructed him to arrange for workers to utilize the leaking electroplating wastewater from Regulating Reservoir No. 1. Therefore, Zeng X should be recognized as a directly responsible person for the company's act of polluting the environment. This defense opinion is accepted.

Gist of Decision

For entities with wastewater treatment qualifications that conduct illegal discharge of toxic substances into the Yangtze River through leakage, if such acts constitute the crime of environmental pollution, they may be subject to heavier penalties based on the overall circumstances of the case, reflecting a stance of severe punishment.

Model Significance

This case is a criminal case of water pollution caused by discharging sewage into the mainstream of the Yangtze River. In this case, X Environmental Protection Company, as an enterprise with industrial wastewater treatment qualifications, knowing that the regulating tank had leakage issues, still discharged of incompletely treated electroplating wastewater directly into the main stream of the Yangtze River. This severely polluted the Yangtze River water body and should be granted criminal liability in accordance with the law. The People's Court fully exercised its functions in environmental resource trials; in consideration of the overall circumstances, it imposed a more severe punishment at its discretion on the X Environmental Protection Company with wastewater treatment qualifications, providing a refined model for serving and safeguarding the ecological civilization construction of the Yangtze River Basin.

Associated Indexing

Article 338, Criminal Law of the People's Republic of China (Amended in 2015)

Written by: Zeng Hao, Chen Guo

08 Determination of the Causation Between Single Pollution Act and damage consequence in Environmental Pollution Cases Involving Independent Concurrent Torts by Considering Natural Laws, Geographic Location, and Other Factors

—Chongqing X Agricultural Development Co., Ltd. v. Chongqing X Salt Industry Co., Ltd. et al. (Dispute Over Environmental Pollution Liability)[1]

Keywords

Civil, Environmental Pollution Liability, Soil Pollution, Independent Concurrent Tortfeasor, Single Pollution Act, Damage Consequence, Causation

Case Number

First Instance: Civil Judgment No. 3377 [2016] Trial, Civ. Division, People's Court of Yubei District of Chongqing Municipality

[1] This case has been selected into the case base of the People's Court (2023-11-2-377-005). First instance collegial panel: Shen Yuandong, Zhu Xilin, Chen Guo. Second instance collegial panel: Zhang Li, Li Lixin, Wu Changyu.

Second Instance: Civil Judgment No. 8972 [2016] Final, Civ. Divion, the No. 1 Intermediate People's Court of Chongqing Municipality

Essential Facts

Chongqing X Salt Industry Co., Ltd., which is engaged in the production and sale of industrial salt and its chemical products, owns several mining wells, including Changping Well No. 1, Changping Well No. 2, and Changping Well No. 3. Chongqing X Salt Industry Co., Ltd. entered into a contract with Sichuan X Drilling Brigade, under which the Sichuan X Drilling Brigade was responsible for the drilling operations of Changping Well No. 3 and assumed the corresponding economic and environmental liabilities. During the construction process, saline wastewater was generated, causing pollution to an agricultural base owned by Chongqing X Agricultural Development Co., Ltd. (hereinafter referred to as Chongqing X Agricultural Co., Ltd.), which is located approximately 30 meters away. Through mediation by the district people's government, on February 14, 2021, Chongqing X Agricultural Co., Ltd. and the Sichuan X Drilling Brigade signed an *Agreement*, under which the Sichuan X Drilling Brigade agreed to make a one-time compensation payment of 500,000 yuan to the Chongqing X Agricultural Co., Ltd. The Sichuan X Drilling Brigade subsequently fulfilled this payment obligation.

From April to May 2012, due to improper measures in handling and burying pollutants generated from the drilling operations at Changping Well No. 3, combined with rainfall, several agricultural bases, including that of the Chongqing X Agricultural Co., Ltd., suffered pollution. The Changping Well No. 2 owned by the Chongqing X Salt Industry Co., Ltd., is located approximately 100 meters northwest of the agricultural base of Chongqing X Agricultural Co., Ltd.

In April 2012, a leakage occurred in the pipeline system of Changping Well No. 2, resulting in the pollution of several agricultural bases, including that of the Chongqing X Agricultural Co., Ltd. The relevant authorities organized multiple mediation sessions and conducted assessments and evaluations regarding the extent of land contamination, the severity of the damage, and the associated costs. The appraisal opinion determined that environmental pollution damage consisted of two components: property loss and pollution remediation costs. The property loss of the Chongqing X Agricultural Co., Ltd. was assessed at 276, 700 yuan, while the cost of pollution remediation was estimated at 98, 480 yuan. Chongqing X Agricultural Co., Ltd. filed a lawsuit seeking injunctive relief, restitution, compensation for agricultural product losses, losses during soil remediation period, and other related expenses.

The People's Court of Yubei District of Chongqing Municipality, hereby adjudicated Civil Judgment No. 3377 [2016] Trial, Civil. Division (Dated: September 19, 2016) as follows:

1. Chongqing X Salt Industry Co., Ltd. and Sichuan X Drilling Brigade shall take measures to restore the land of Chongqing X Agricultural Development Co., Ltd. to its original condition. If they fail to do so, Chongqing X Agricultural Development Co., Ltd. may undertake the restoration within 30 days following the deadline, with Chongqing X Salt Industry Co., Ltd. and Sichuan X Drilling Brigade jointly responsible for paying 98, 480 yuan for the all associated costs.

2. Chongqing X Salt Industry Co., Ltd. and Sichuan X Drilling Brigade shall be jointly and severally liable to compensate Chongqing X Agricultural Development Co., Ltd. for the loss of 64, 940 yuan incurred during the soil remediation period, as well as for losses due to reduced agricultural production.

3. All other claims of the plaintiff, Chongqing X Agricultural Development Co., Ltd. are hereby dismissed. After sentencing, Chongqing X Salt Industry Co., Ltd. and Sichuan X Drilling Brigade filed an appeal. The No. 1 Intermediate People's Court of Chongqing Municipality hereby adjudicates in Civil Judgment No. 8972 [2016] Final, Civ. Divion (Dated: June 21, 2017) as follows:

1. The first-instance judgment is dismissed.

2. Chongqing X Salt Industry Co., Ltd. and Sichuan X Drilling Brigade shall carry out remediation of the contaminated land. If they fail to do so, Chongqing X Salt Industry Co., Ltd. shall bear 39, 400 yuan, and Sichuan X Drilling Brigade shall bear 59, 080 yuan for the remediation costs.

3. Chongqing X Salt Industry Co., Ltd. shall compensate 25, 970 yuan for losses incurred during the soil remediation period and losses due to reduced agricultural production. Sichuan X Drilling Brigade shall also compensate 25, 970 yuan for losses incurred during the soil remediation period and losses due to reduced agricultural production.

4. All other claims of the plaintiff, Chongqing X Agricultural Development Co., Ltd. are hereby dismissed.

Reasons of Decision

The court's effective judgment holds that the key issue in this case is the determination of the liability subject for compensation, as well as the causative potency and division of responsibility for the pollution behavior involved in the case.

Firstly, the determination of the liability subject for compensation.

When the pipeline leakage occurred at Changping Well No. 2, it was owned, managed, and operated by Chongqing X Salt Co., Ltd., which should bear the compensation liability for the pollution consequences caused by Changping Well No. 2. Although Changping Well No. 3 is owned by Chongqing X Salt Co., Ltd., both pollution acts at Changping Well No. 3 occurred during the period of the construction management and de facto control of Sichuan X Drilling Brigade. Furthermore, the cause of the pollution was attributed to the construction activities conducted by Sichuan X Drilling Brigade. Therefore, Sichuan X Drilling Brigade should bear the compensation liability for the pollution consequences resulting from the pollution caused by Changping Well No. 3.

Secondly, the respective causative potency of the existing pollution consequences of the involved land caused by Changping Well No. 2 and

Changping Well No. 3.

Chongqing X Salt Co., Ltd. and Sichuan X Drilling Brigade did not have any subjective intent to commit infringement, and their respective infringing actions were insufficient to cause all the consequence of damage in this case. Based on the appraisal report and the fact that two pollution acts occurred at Changping Well No. 3, among the two pollution sources causing the existing damage to the involved land, the causative potency of Changping Well No. 3 is more significant, while that of Changping Well No. 2 is smaller. It is therefore determined that the causative potency of Changping Well No. 3 is 60%, and that of Changping Well No. 2 is 40%. Accordingly, the Sichuan X Drilling Brigade shall bear 60% of the compensation liability, while Chongqing X Salt Industry Co., Ltd. shall bear 40% of the compensation liability.

Thirdly, the respective causative potency of the two pollution acts at Changping Well No. 3 on the existing pollution consequences of the involved land.

Sichuan X Drilling Brigade caused two pollution acts during the construction process at Changping No. 3 Well. As for the first pollution act, compensation has already been made and actually paid by Sichuan X Drilling Brigade, thus it should be excluded from consideration in this case. Therefore, it is necessary to distinguish the respective causative potency of the two pollution acts by the Sichuan X Drilling Brigade in relation to the damage caused by the pollution at Changping Well No. 3. In determination of the respective causative potency of the two pollution acts in relation to the consequence of damage, particular emphasis should be placed on the chronological order in which the incidents occurred. Since the first pollution act occurred earlier and there is a significant time gap between time of the act and timeframe determined in the appraisal report, which means its impact should be relatively weaker. The second pollution act occurred later, with a shorter time gap between time of the act and timeframe determined in the appraisal report, so its impact on the damage should be relatively stronger. Therefore, it is determined that the causative potency of the first pollution act is 40%, while the causative potency of the second pollution act is 60%. Since the losses from the first pollution act at Changping Well No. 3 have already been compensated by the Sichuan X Drilling Brigade, the said Drilling Brigade shall now bear liability in this case only for the damages caused by the second pollution act at Changping Well No. 3. The proportion of its liability is calculated as 60% of the total damages multiply 60%, equivalently 36%. However, the agreement signed by both parties regarding the first pollution act only includes compensation for all losses incurred at the time and in the future. It does not specify that Chongqing X Agricultural Development Co., Ltd. shall be responsible for land remediation. According to the "polluter pays" principle, the Sichuan X Drilling Brigade shall still bear the liability for restoring the damage caused by the first pollution act.

Gist of Decision

In cases of environmental infringement involving independent concurrent torts, where there are multiple sources of pollution and multiple pollution acts, the causation between single pollution act and the damage consequence can be determined by considering both spatial and temporal dimensions, in conjunction with natural laws, geographic location, and other relevant factors. A compensation agreement reached between the parties regarding the consequence of damage of single environmental pollution act does not exempt the tortfeasors from its obligation to undertake remediation liability.

Model Significance

This case involves an environmental infringement by independent concurrent torts. In situations where multiple independent pollution acts resulted in the same damage, imposing full joint and several liability on all infringers without distinguishing their respective causative potency would indeed be excessively harsh. [1] Therefore, a key challenge in adjudicating such cases lies in analyzing

[1] Chen Lin, Application of Proportional Joint And Several Liability in independent concurrent tortfeasors, *Financial and Economic Law Journal*, 2023 (5).

the extent of causative potency between each pollution act and the consequence of damage. In this case, pollutants discharged from two pollution sources through three successive pollution acts permeated, migrated, and diffused within the contaminated soil, collectively causing an indivisible damage outcome. This indicates that single pollution act alone would have been insufficient to cause the entirety of the damage. Therefore, pursuant to Article 12 of the former Tort Liability Law, each infringer shall bear liability for compensation in proportion to their respective contributions. Moreover, this ruling aligns with the spirits and provisions of the Civil Code. The judgment in this case analyzed the causative potency of the pollution acts by considering factors such as the geographic location of the contaminated area, environmental damage assessment data, and scientific principles. This approach provides a valuable precedent for adjudicating similar environmental infringement cases. As environmental pollution not only causes property losses to the infringed but also directly harms the environment, this case mandates the tortfeasor to undertake ecological restoration responsibilities in addition to compensating for damages. This reflects the judicial principle of centering environmental infringement relief on ecological restoration and holds model significance for similar cases.

Associated Indexing

Article 1229 and Article 1230 of the Civil Code of the People's Republic of China (This case applied Article 12, Article 65, and Article 66 of the Tort Liability Law of the People's Republic of China, effective as of July 1, 2010)

Article 14 of the Interpretation of the Supreme People's Court on Several Issues Concerning the Application of Law in the Trial of Environmental Tort Liability Dispute Cases

Written by: Zhang Li, Li Lixin, Huang Qi, Lin Xusu

09 Liability Determination for the Feasor's Failure to Take Required Emergency Measures, Leading to the Aggravation of Losses When a Water Pollution Accident Has Occurred or May Occur Due to an Emergency Incident

—Zhou X v. Chongqing Expressway Co., Ltd. et al. (Dispute over Liability for Environmental Pollution)[1]

Keywords

Civil, Environmental Pollution Liability, Water Pollution, Emergency Plan, Emergency Response, Aggravation of Losses

Case Number

First Instance: Civil Judgment No. 00008 [2013] Trial, Civ. Env. Division, People's Court of Yubei District of Chongqing Municipality

Second Instance: Civil Judgment No. 03125 [2014] Final, Civ. Division,

---

[1] This case has been selected into the case base of the People's Courts (2023 - 11 - 2 - 377 - 006), United Nations EnvironmentProgramme Database: China Environmental Judicial Cases. First instance collegial panel: Ye Shengli, Chen Guo, Zhang Zhiliao. Second instance collegial panel: Fu Yongxiong, Shi Yuting, Chen Juan.

the No. 1 Intermediate People's Court of Chongqing Municipality

Essential Facts

Zhou alleged: A heavy-duty tractor semi-trailer owned by Jingmen City X Logistics Co., Ltd. (hereinafter referred to as "X Logistics Company") and Jingmen City X Logistics Co., Ltd. Chongqing Branch (hereinafter referred to as "X Chongqing Branch") experienced a single-vehicle accident while traveling on an expressway managed and operated by Chongqing X Expressway Co., Ltd. (hereinafter referred to as "X Expressway Company"). The accident resulted in the spillage of over 12 tons of transformer oil into the plaintiff's fish pond. Subsequently, relevant departments carried out emergency response measures, the costs of which were advanced by the plaintiff. Therefore, the plaintiff requests the court to order the defendants to jointly and severally compensate for the following: labor costs for salvaging dead fish amounting to 44, 400 yuan, the cost of straw used for oil spill cleanup amounting to 20, 780.70 yuan, labor costs for oil spill cleanup amounting to 73, 040 yuan, losses from dead fish amounting to 653, 420.64 yuan, notarization fees of 2000 yuan, and appraisal fees of 22, 000 yuan.

X Logistics Company and Chongqing Branch argued in their defense: 1. The design of the expressway was flawed, and the presence of security barriers on the road surface led to the accident. The site of the accident is one kilometer away from the plaintiff's fish pond, and the pollution of the fish pond was a result of secondary pollution expansion. The X Expressway Company failed to fulfill its management obligations and, as the direct infringer, should bear the liability for compensation. 2. The accident was a traffic incident caused by unforeseeable reasons and constitutes force majeure. Neither X Logistics Company nor X Chongqing Branch directly discharged pollutants into Zhou's fish pond, and therefore, they should not be held liable.

X Expressway Company argued in its defense: 1. The cause of the accident was the leakage of transformer oil transported by X Logistics Company and its Chongqing Branch due to a collision between oil tanks. They are the direct infringers and should bear the liability for the tort. 2. The company itself is also a victim of this accident. At the time of the incident, the road conditions were good, signage was complete, and isolation measures were in place. The company had fulfilled its management obligations within the scope of its responsibilities and was not at fault for the occurrence of the accident, and therefore should not be held liable.

Upon hearing the case, the court ascertained the following facts: While the driver of X Chongqing Branch was transporting No. 25 transformer oil on the outbound direction of the expressway, the jumper braking hose connecting the semi-trailer to the tractor was accidentally entangled by a canvas strap, causing it to break and the vehicle to brake abruptly. The oil tank slid forward and collided with the rear of the tractor's cab, resulting in a transformer oil leak. It was determined that the traffic accident was an unforeseen traffic incident caused by unpredictable reasons. The X Expressway Company arrived at the scene at 10: 13 PM to manage the road traffic and spread sand on the oil-contaminated section of the road at 2: 00 AM the next day to treat the oil spill. According to the environmental department's investigation, a section of the highway approximately 1 kilometer long and 10 meters wide was contaminated. The transformer oil flowed along the highway embankment into a storm drain below and then through a culvert 1 kilometer away into the plaintiff's fish pond, where an oil layer was seen floating on the water surface. That night, the emergency department hired villagers for emergency response, using straw to absorb and burn the oil to clean up the spill, with the costs advanced by Zhou. An appraisal determined that the accident caused a fishery loss of 357, 172. 80 yuan, and Zhou paid an appraisal fee of 22, 000 yuan.

The Primary People's Court of Yubei District of Chongqing Municipality rendered the Civil Judgement No. 00008 [2013] Trail. Civ. Env. Division on January 24, 2014 as follows: 1. The X Logistics Company shall compensate Zhou for the loss of 288, 029.04 yuan; 2. The X Expressway Company shall compensate Zhou for the loss of 127, 298. 16 yuan; 3. Other claims of Zhou are dismissed. The aforementioned amounts shall be paid in a lump sum within ten days after the judgment takes effect.

After sentencing, the X Logistics Company appealed on the grounds that the accident was an act of God, and the X Expressway Company appealed on the grounds that it had promptly carried out emergency response measures.

On May 21, 2014, Chongqing No. 1 Intermediate People's Court issued the Civil Judgement No. 03125 [2014] Final. Civ. Division: The appeals were dismissed, and the original judgment was upheld.

Reasons of Decision

The court's effective judgement identified two key points of contention in this case. These include: Firstly, the determination of liability when thefeasor's failure to take required emergency measures in the event of a sudden incident that caused or may cause a water pollution accident, leading to the aggravation of losses. Secondly, whether the identification of liability for a traffic accident exempts the environmental infringer from liability.

1. Determination of Liability for Aggravation of Losses Due to Failure to Take Required Emergency Measures in the Event of a Sudden Incident Causing or Potentially Causing a Water Pollution Accident

Individuals who engage in environmental pollution that causes harm to others shall bear tort liability. In this case, the vehicle involved in the accident caused a single-vehicle incident during transit, leading to the leakage of the transformer oil it was transporting, which subsequently flowed into Zhou's fish pond, resulting in fishery losses. The transformer oil leaked in this accident constitutes the source of pollution. Although the driver of the vehicle was in possession and control of the transformer oil and was driving the vehicle in the course of employment, the X Logistics Company should bear the tort liability.

Units or individuals other than the environmental polluter who are at fault for the aggravation of the damage consequences shall bear tort liability commensurate with their degree of fault. The determination of whether they are at fault and the degree of fault can be based on factors such as whether they had the obligation to prevent the occurrence or aggravation of the damage and the measures taken to prevent it. According to Article 78, Paragraph 1 of Law of the People's Republic of China on the Prevention and Control of Water Pollution and Article 56 of Emergency Response Law of the People's Republic of China, units involved in accidents or other sudden incidents that cause or may cause water pollution accidents should immediately activate their emergency plans, take emergency measures, control the source of pollution, and prevent secondary pollution and the aggravation of damage. As the manager of the accident section, the X Expressway Company should have a thorough understanding of the surrounding conditions of the road property under its control and management. In the event of an accident causing oil leakage and overflow on this section, the company only dealt with the emergency traffic order and spread sand on the oil-contaminated road surface four hours after the incident. It did not take all necessary means and methods to prevent the oil on the road surface from flowing to the slope and culvert or to clean up the oil that had already flowed to the slope and culvert, resulting in the oil flowing into Zhou's fish pond and causing environmental pollution and aggravated losses. Since the X Expressway Company is not the direct infringer of this environmental pollution, it should bear the corresponding fault liability within the scope of its responsibilities, i. e., secondary liability. Therefore, the court ruled that the X Logistics Company should bear 70% of the liability, and the X Expressway Company should bear 30% of the liability.

2. Whether the Determination of Liability for a Traffic Accident Exempts the Environmental Infringer from Liability

The criteria for determining liability in a traffic accident differ from those for determining civil tort liability. The determination of liability in a traffic accident is a technical assessment by the traffic management authorities to ascertain the role and degree of fault of the parties involved in the accident, applying the principle of fault liability, and ajudicating based on whether the parties violated traffic laws and regulations.[1] In contrast, the determination of fault in civil tort liability is based on the duty of care of a "reasonable person."

Apart from being caused by force majeure, traffic accidents can also occur where the driver has no subjective intent or negligence and has not objectively violated road traffic safety laws and regulations, but the accident is caused by the vehicle itself or other external factors. The determination of liability for a traffic accident merely indicates that the driver of the vehicle involved did not engage in improper driving behavior that violated road traffic safety laws and regulations and was not at fault for the occurrence of the accident. The principle of liability for environmental pollution is doctrine of no-fault liability, meaning that causing environmental pollution and harm to others entails tort liability regardless of whether the feasor was at fault. The accident in question was caused by the emergency braking of the vehicle due to the accidental entanglement and breaking of the brake hose connecting the tractor to the semi-trailer by a canvas strap. However, before driving the motor vehicle, the driver should have carefully checked the vehicle's condition and safety technical performance and taken preventive measures to ensure driving safety. The driver's failure to take such safety precautions led to the accident and environmental pollution. Therefore, the accident does not constitute an objective situation where the driver could not foresee the event subjectively, could not take preventive or avoidance measures objectively, and could not overcome the consequences. The claim by the X Logistics Company that the traffic accident was an act of God is not accepted.

---

[1] Refer to the provisions of Article 91 of the Implementing Regulations of the Road Traffic Safety Law of the People's Republic of China (2004).

Gist of Decision

1. The liability for environmental pollution tort shall be borne by the feasor. If a unit or individual other than the feasor is at fault for the aggravation of the environmental pollution damage, they shall bear tort liability commensurate with their degree of fault. The determination of whether there is fault and the degree of fault can be based on factors such as whether there was an obligation to prevent the occurrence or aggravation of the damage and the measures taken to prevent it.

2. The determination of liability in a traffic accident merely indicates that the driver did not engage in any improper driving behavior that violated road traffic safety laws and regulations during the incident. Whether this determination constitutes force majeure should be assessed based on whether the driver could have subjectively foreseen the accident, objectively taken preventive or avoidance measures, and ultimately overcome the consequences of the accident.

Model Significance

With the extension of expressways and the increase in vehicles, the ecological and environmental issues along expressways and their surroundings have become increasingly prominent. Strengthening ecological and environmental protection is not only the responsibility of the ecological and environmental authorities but also requires the joint participation of vehicle owners and users, as well as expressway construction and management units. This case determined that the expressway management unit, which failed to take emergency measures as required, and the party involved in the traffic accident constituted unintentional joint infringe and should bear liability according to their degree of fault. This is conducive to guiding expressway management units to enhance their awareness, improve mechanisms, and actively fulfill their obligations for ecological and environmental protection.

Associated Indexing

Article 1229, the Civil Code of the People's Republic of China (The case applied Article 65 of the Tort Liability Law of the People's Republic of China, effective as of July 1, 2010)

Article 78 (1), Law of the People's Republic of China on the Prevention and Control of Water Pollution (Revised in 2008)

Written by: Chen Guo

10 Comprehensive Determination of Burden of Proof and Losses in Ecological Environment Tort Cases

—Wang X et al. v. Yang X(B)'s Sand and Gravel Plant in Jiangjin District, Chongqing Municipality (Dispute over Environmental Pollution Liability)[1]

Keywords

Civil, Environmental Pollution Liability, Dust Pollution, Expert Consultation Advice, Causation, Compensatory Relief, Tort Liability

Case Number

First instance: Civil Judgement No. 4321 [2017] Trial, Civil. Division, the Primary People's Court of Jiangjin District of Chongqing Municipality

Second instance: Civil Judgement No. 867 [2018] Final, Civil. Division, No. 5 Intermediate People's Court of Chongqing Municipality

[1] This case has been selected into the case base of the People's Court (2024 - 11 - 2 - 377 - 011). First instance collegial panel: Luo Jing, Yang Jiguang, Liu Qiming. Second instance collegial panel: Zhao Ke, Chen Xia, Zhang Yinghong.

Essential Facts

Wang X and Yang X(A) registered their marriage in July 2010 and jointly resided in the Second Community of X Village adjacent to the former Baisha Brick Factory. Yang X(B)'s Sand and Gravel Plant conducted production and operation activities at the said brick factory, resulting in discernible dust pollution and noise disturbance. In April 2013 and July 2014, Yang X(B)'s Sand and Gravel Plant was fined for discharging pollutants without obtaining a pollutant discharge permit. Subsequent to rectification, Yang X(B)'s Sand and Gravel Plant obtained the *Pollutant Discharge Permit* with validity from August 24, 2015, to August 23, 2018. Yang X(B)'s Sand and Gravel Plant shall comply with the following pollutant discharge standards: (i) noise limits at factory (site) boundaries not exceeding 60 dB during daytime and 50 dB at night; (ii) dust (including other particulate matter) concentration limits at fugitive emission monitoring points not exceeding 1.0 mg/m^3. In April 2016, pursuant to the construction requirements of Jiangxi Expressway, Yang X(B)'s Sand and Gravel Plant installed an additional production line based on the original one, with an approximate distance of 100 meters between the two production lines. The nearest conveyor belt of the new production line was situated 20.05 meters from the perimeter wall of Yang X(B)'s Sand and Gravel Plant to the residence of Wang X and Yang X(A). The newly added production line was toppled by strong winds in July 2017 and had not been reactivated prior to the initiation of this lawsuit. Due to persistent noise disturbance and environmental pollution caused by Yang X(B)'s Sand and Gravel Plant, Wang X and Yang X(A) have filed a lawsuit with the People's Court.

During the court proceedings, Wang X and Yang X(A) underwent medical examinations at Chongqing Jiangjin Second People's Hospital. Wang X was diagnosed with pulmonary infection, while Yang X(A) was diagnosed with chronic bronchitis and emphysema. Environmental monitoring conducted at 1 meter outside the perimeter wall of Wang X and

Yang X (A) 's residence revealed fugitive emission levels of particulate matter measuring 1. 40 mg/m^3, 1. 78 mg/m^3, and 1. 32 mg/m^3. Noise monitoring indicated a daytime level of 58 dB. Regarding specialized technical issues in the case, the court sought expert consultation from Associate Professor Cheng of the School of Public Health and Management at Chongqing Medical University, and Director Xiang of the Public Health Safety and Monitoring Institute at Chongqing Municipal Center for Disease Control and Prevention. The experts opined that chronic bronchitis may be caused by recurrent pulmonary infections, and factors like smoking can also contribute to it. Clinically, patients with emphysema often exhibit comorbid chronic bronchitis. Pulmonary infections may be precipitated by diverse causative factors, wherein common colds and ambient air pollution constitute recognized environmental triggers. It is academically established that particulate matter definitively exerts deleterious impacts on the respiratory system. While the precise etiology of chronic bronchitis remains clinically undetermined, its etiologies involve multifactorial components potentially encompassing viral/bacterial pathogens, tobacco consumption, and atmospheric contaminants. Emphysema may correlate with advanced age, as diminished organ function and immune resistance commonly accompany the aging process. Particulate matter constitutes a health hazard and may exacerbate pre-existing pulmonary conditions.

The Primary People's Court of Jiangjin District of Chongqing Municipality hereby adjudicates in Civil Judgement No. 4321 [2017] Trial, Civil. Division (Dated: November 16, 2017) as follows:

1. Yang X(B) 's Sand and Gravel Plant shall reduce dust emissions below the nationally prescribed standard, specifically requiring that fugitive emissions of particulate matter shall not exceed 1. 0 mg/m^3.

2. Yang X(B) 's Sand and Gravel Plant shall compensate Wang X for medical expenses totaling 12, 000 yuan and mental distress compensation of 8000 yuan incurred during the period from 2008 to 2017.

3. Yang X(B)'s Sand and Gravel Plant shall compensate Yang X(A) for medical expenses totaling 22,000 yuan and mental distress compensation of 8000 yuan accrued between 2008 and 2017.

4. All other claims asserted by Wang X and Yang X(A) are hereby dismissed.

Following the pronouncement of the first-instance judgment, Yang X (B)'s Sand and Gravel Plant filed an appeal contesting the decision. No. 5 Intermediate People's Court of Chongqing Municipality rendered Civil Judgement No. 867 [2018] Final, Civil. Division (Dated: April 25, 2018), whereby the appeal is dismissed and the original judgment is affirmed.

Reasons of Decision

The court's effective judgment hereby holds that this case constitutes a dispute over environmental pollution liability, wherein the pivotal controversies lie in: First, whether causation has been conclusively established between the excessive dust emissions from Yang X(B)'s Sand and Gravel Plant and the pulmonary pathologies diagnosed in Wang X and Yang X(A); Second, methodology for quantifying compensable losses attributable to Yang X(B)'s Sand and Gravel Plant.

1. On the Existence of causation Between Excessive Dust Emissions from Yang X(B)'s Sand and Gravel Plant and the Pulmonary Pathologies Sustained by Wang X and Yang X(A).

Where environmental pollution causes damage, the polluter shall bear tort liability. In the instant case, Wang X and Yang X(A) have adduced sufficient evidence to substantiate: excessive dust emissions from Yang X(B)'s Sand and Gravel Plant and their diagnosed pulmonary pathologies, which are facts Yang X (B)'s Sand and Gravel Plant does not contest. The production line of Yang X(B)'s Sand and Gravel Plant is situated approximately 20 meters from the residences of Wang X and Yang X(A). It is empirically recognized that atmospheric pollutants may induce pulmonary disorders. Expert opinion consulted by this Court demonstrates a proportional correlation between excessive dust levels and pulmonary disease incidence, evidencing a quantitative-effect correspondence. Whereas excessive dust emissions do not per se necessitate the onset of pulmonary pathologies, they constitute material risk factors contributing to disease manifestation. Thus, this Court hereby confirms the existence of an associative relationship between the pulmonary conditions of Wang X and Yang X(A) and the excessive dust emissions from Yang X(B)'s Sand and Gravel Plant. Yang X(B)'s Sand and Gravel Plant having failed to adduce probative evidence to negate the causal nexus between Yang X(B)'s Sand and Gravel Plant's emissions and Wang X and Yang X(A)'s pulmonary pathologies, this Court conclusively establishes the causation between the said dust pollution and the pulmonary diseases of Wang X and Yang X(A).

2. Assessment of Losses Sustained by Wang X and Yang X(A).

The parties shall bear the burden of proving the facts upon which their claims are based. Where a party fails to furnish evidence or the evidence provided is insufficient to substantiate the alleged facts, the party bearing the burden of proof shall suffer adverse consequences. In the instant case, Wang X and Yang X (A) are required to adduce evidence demonstrating the damages resulting from environmental pollution. Wang X claimed compensation from Yang X(B)'s Sand and Gravel Plant in the amount of 50,000 yuan for medical expenses incurred between 2008 and 2017, while Yang X(A) sought 35,000 yuan for medical expenses from 2010 to 2017. However, neither Wang X nor Yang X(A) submitted evidentiary documentation specifying the composition of such expenses or the precise quantum of losses. Notwithstanding the established facts that: Wang X and Yang X(A) have been diagnosed with pulmonary pathologies; and a correlative relationship exists between said pathologies and excessive dust emissions from Yang X(B)'s Sand and Gravel Plant, thereby confirming the occurrence of damages. This Court must evaluate the quantum of compensation in accordance with the following factors: Operational modifications to the production line of Yang X(B)'s Sand and Gravel Plant; Distance between the production line and Wang X and Yang X(A)'s residences; Duration of Wang X and Yang X(A)'s residence in the affected area; Operational period of Yang X

(B)'s Sand and Gravel Plant; The magnitude of dust concentration exceeding statutory limits; Individual physiological constitutions of Wang X and Yang X (A); Specific clinical manifestations of the pathologies; And causative potency ratio of Yang X (B) 's Sand and Gravel Plant's operations to disease pathogenesis. After comprehensive assessment, this Court hereby determines that Yang X(B)'s Sand and Gravel Plant shall compensate Wang X 12,000 yuan for medical expenses covering the period 2008 - 2017, and Yang X(A) 22,000 yuan for medical expenses spanning 2011 - 2017. Regarding moral damages, it is consistent with the doctrine of empirical presumption that prolonged exposure to excessive dust emissions from Yang X(B)'s Sand and Gravel Plant's operations has caused both physical deterioration and psychological trauma to Wang X and Yang X(A). Taking the severity of injuries sustained and the locally average living standards into consideration, this Court orders Yang X(B)'s Sand and Gravel Plant to pay each claimant 8000 yuan as mental distress compensation. As to Wang X and Yang X(A)' demand for annual compensation of 5000 yuan for medical expenses and 5000 yuan for mental distress compensation from 2018 until the cessation of the nuisance (i.e., until dust and noise levels comply with national standards), such claims are hereby dismissed. The evidentiary record contains no conclusive proof establishing either: ongoing excessive emissions by Yang X (B) 's Sand and Gravel Plant post - 2018; or the existence of compensable injuries during said period.

Gist of Decision

1. In ecological and environmental tort cases, where a victim asserts rights based on damage to their health caused by environmental pollution or ecological destruction committed by the tortfeasor, and where empirical reasoning coupled with expert consultation opinions establishes that the polluting act may cause or enhance the probability of damage consequences, the People's Court may recognize the existence of causation between the polluting act and the damage consequences.

2. Where liability for ecological and environmental tort is established, but

the victim is unable to substantiate specific damage consequences such as medical expenses due to the protracted and latent nature of environmental torts, the People's Court shall determine the amount of compensatory damages by comprehensively considering the following factors: the severity of the tortious act, duration of infringement, causative potency ratio, and the extent of damage sustained.

Model Significance

This case constitutes a paradigmatic illustration of the effective implementation of expert participation mechanisms in judicial proceedings. Chongqing Municipality has established an expert panel base comprising professors specializing in environmental law and environmental science from academic institutions, alongside technical professionals from research entities, to assist judges in case adjudication. This case proactively applied the expert assessor system, wherein collegiate experts were formally consulted. Relying upon their professional conclusions—including definitive assertions that "particulate matter exerts adverse impacts on respiratory systems" and "particulate matter constitutes hazardous substances"—the Court determined that Yang X (B)'s Sand and Gravel Plant's dust pollution may bear a plausible correlation with the pulmonary pathologies sustained by Wang X and Yang X (A). The evidentiary complexities concerning causation determination has been resolved, thus duly safeguarded the legitimate environmental rights and interests of citizens as enshrined in law.

Associated Indexing

Article 1229 and Article 1230 of the Civil Code of the People's Republic of China (This case applied Article 65 and Article 66 of the Tort Liability Law of the People's Republic of China, effective as of July 1, 2010)

Article 61 of the Law of the People's Republic of China on Prevention and Control of Pollution From Environmental Noise (Amended in 2018) (Repealed)

Article 125 of the Law of the People's Republic of China on Atmospheric Pollution Prevention and Control (Amened in 2018)

Article 5 of the Several Provisions of the Supreme People's Court on Evidence in Civil Litigation Involving Ecological and Environmental Infringement (SPC JI [2023] No. 6) (This case applied Article 6 of the Interpretation of the Supreme People's Court on Several Issues Concerning the Application of Law in the Trial of Cases Involving Disputes over Environmental Tort Liability, effective as of January 1, 2021)

Written by: Ran Chonggao, Luo Jing,
You Zhongchuan, and Zhu Yongqi

11 Determination of Causation and Loss Amount in Water Pollution Liability Disputes

—Liang X Aquaculture Farm in Rongchang District, Chongqing v. Chongqing X quan Agriculture and Animal Husbandry Co., Ltd. (Dispute over Water Pollution Liability)[1]

Keywords

Civil, Water Pollution Liability Disputes, Environmental Tort, Causation, Loss Amount, Appraisal Opinion, Inadmissible, Market Valuation

Case Number

First Instance: No. 11194 [2019], Trial, Civ. Division, The People's Court of Jiangjin District of Chongqing Municipality

Second Instance: No. 7166 [2021] Final, Civ. Division, Chongqing No. 5 Intermediate People's Court

[1] This case has been selected into the case base of the People's Court (2023 - 11 - 2 - 377 - 004). First instance collegial panel: Jiang Ling, Zhu Rui, Jiang Huamin. Second instance collegial panel: Ran Chonggao, Shen Wei, Chen Xia.

Essential Facts

Liang X's aquaculture farm is located downstream of the Bai River in Rongchang District, Chongqing, and its operations require water intake from the Bai River. Since 2017, fingerlings at Liang X's farm had been perishing due to pollution in the Bai River. X quan Company's pig farm is located upstream of the Bai River. The Company has been subjected to administrative penalties three times by the environmental protection authorities of Rongchang District, Chongqing, for discharging production wastewater directly into the Bai River through rainwater ditches and failing to operate pollution prevention facilities properly. From April 2018 to May 2019, the Rongchang District Ecological Environment Monitoring Station, being commissioned by the Rongchang District Environmental Protection Bureau, performed supervisory monitoring of the water quality of the Bai River and issued three monitoring reports.

With regard to the losses incurred by Liang X's aquaculture farm from 2017 to 2019, the judicial appraisal opinion stated that the maximum potential loss for Liang X's farm during this period was 3, 366, 508 yuan. However, considering that partial losses had already occurred in 2016 and that production costs should be deducted, with production inputs likely exceeding those of fingerling breeding, it is recommended that the loss be calculated at 60% of the maximum potential loss, amounting to 2, 188, 230 yuan. During the court hearing, the appraiser stated that, due to the incomplete chain of evidence provided by Liang X's farm regarding the losses, the loss assessment conclusion was derived by referencing the annual output value of freshwater fingerling farms in the southwestern region of China, estimated at 80, 000 to 120, 000 yuan per mu annually and deducting production costs.

Regarding the causation between the water quality reflected in the aforementioned three monitoring reports and the death of fish at Liang X's aquaculture farm, the judicial appraisal opinion states the following: (1) X quan Company is one of the sources of pollution causing contamination in the public waters of the Bai River; (2) Liang X's farm directly draws water from the Bai River for fingerling cultivation. However, the long-term use of such river water without professional treatment would lead to the death of fingerlings; (3) there is an indirect causation between the water quality reflected in the three monitoring reports and the death of fingerlings at Liang X's farm.

Given the significant divergence between the parties regarding the appraisal opinion, the judges from the court of first instance conducted on-site inspections of three aquaculture farms of varying sizes and with extensive experience. Based on these inspections, it was determined that the annual output value per mu for farms engaged in fingerling breeding and cultivation is approximately 10, 000 to 30, 000 yuan.

In the first instance, people's assessors with expertise in environmental science participated in the adjudication of the case.

On June 30, 2021, the People's Court of Jiangjin District issued the Civil Judgment (No. 11194 [2019], Trial, Civ. Division), ruling as follows: 1. The defendant, X quan Company, is ordered to compensate the plaintiff, Liang X Farm, 270, 000 yuan for losses incurred from 2017 to 2019 within ten days after this judgment takes effect. 2. The plaintiff's remaining claims were rejected. Liang X Farm appealed on the grounds that the losses related to fingerling cultivation should be determined based on appraisal opinion. X quan Company also appealed, contending that the determination made by the court of first instance that it should bear 60% of the losses was excessively high. On October 28, 2021, The No. 5 Intermediate People's Court of Chongqing rendered the Civil Judgment (No. 7166 [2021], Final, Civ. Division), ruling that the appeal be dismissed and the original judgment be affirmed.

Reasons of Decision

The legally effective judgment of the court held that the key points of contention in this case were as follows: 1. Whether X quan Company was liable for environmental tort. 2. How to determine the loss amount incurred by Liang X Farm.

1. Whether X quan Company Should Bear Liability for Environmental Tort

In disputes over water pollution liability, whether the infringer should bear liability for environmental torts shall be comprehensively determined based on the following factors: whether the infringer has committed a clear act of discharging pollutants, whether the pathway of pollutant transmission is reasonable, and whether the pollutant factors extracted through monitoring are causally connected to the damage suffered by the injured party, as well as the allocation of the burden of proof and the expert opinions.

First, in examining whether the infringer has a definite act of discharging pollutants, based on the evidence presented by Liang X's aquaculture farm, and taking into account the penalties imposed on X quan Company by environmental authorities as well as the results of multiple water quality tests, it can be determined that X quan Company has engaged in environmental pollution by discharging pollutants into the Bai River.

Second, in examining whether the pathway of pollutant transport is reasonable, considering the direction of the river flow, the locations of the parties involved with common sense, it can be concluded that the pollutants discharged by X quan Company could plausibly have flowed through this pathway to reach the water used by Liang X's aquaculture farm.

Third, in examining whether the pollutant factors extracted through monitoring are causally connected to the damage suffered by the injured party, with reference to multiple monitoring data, the ammonia-nitrogen levels in the pollutants discharged by X quan Company into the Bai River exceeded the standard limits. Furthermore, the relevant appraisal opinion indicates that excessive ammonia-nitrogen concentration is a significant cause of the death or reduced production of fingerlings at Liang X's aquaculture farm. Based on this evidence, it can be determined that there is a certain causation between the two parties.

Fourth, regarding the allocation of the burden of proof in environmental tort cases, X quan Company was subject to three times environmental administrative penalties between 2017 and 2019. Moreover, random sampling and monitoring of the water quality of the Bai River were conducted on multiple occasions, yet X quan Company has not presented any evidence to prove either that it did not discharge pollutants or that its discharge conducts had no causation with the environmental damage in this case. Therefore, it should bear the adverse consequences of the reversed burden of proof in environmental torts. In light of common sense and the expert opinion, it can be determined that X quan Company's discharge acts has caused continuous damage to Liang X's aquaculture farm, and there exists causation between the two parties.

In summary, this case has established a complete evidence chain regarding X quan Company's discharge of pollutants into the Bai River from 2017 to 2019, which led to the death of fingerlings at Liang X's aquaculture farm. Therefore, X quan Company shall be held liable for environmental tort.

2. How to Determine the Loss Amount Incurred by Liang X Farm

First, the admissibility of the appraisal opinion regarding losses. In this case, due to the incomplete evidence submitted by Liang X's farm to the appraiser to prove its losses, the appraiser could only estimate the amount based on a theoretical model using their expertise. In addition, the appraisal opinion only calculated the losses suffered by Liang X's farm due to water pollution but did not determine the production costs, such as labor and material resources, that should have been incurred during the breeding period. The average annual output value in the appraisal opinion significantly differs from those of the multiple breeding farms surveyed during the first instance. It can be determined that the loss amount specified in the appraisal opinion does not match the actual losses suffered by Liang X's farm and the excessive part of the actual losses in the appraisal opinion should not be admitted.

Secondly, a market valuation of comparable aquaculture operations is required. Pursuant to Article 1184 of the Civil Code of the People's Republic of China, which provides that " Where a tort causes any harm to the property of another person, the amount of loss to the property shall be calculated as per the market price at the time of occurrence of the loss or by any other reasonable means," field investigations were conducted by the court of first instance at three aquaculture farms of varying scales in Jiangjin District, Chongqing. After investigating their operating income and other relevant information, it was determined that the annual output value per mu for fingerling breeding and cultivation farms is within the range of 10,000 to 30,000 yuan.

Thirdly, regarding the determination of the losses suffered by Liang X's farm. Liang X's farm did not suffer complete loss every year but generated some interest during the breeding process. However, Liang X's farm did not provide evidence of the specific amount of such income. Thus, this income shall be deducted when determining the losses. Furthermore, the loss assessment opinions provided in the first-instance trial by the people's assessors with expertise should be highly valued.

Based on the established facts, the actual losses sustained by Liang X's aquaculture farm cannot be accurately determined in this case. And, considering the inadmissibility of the appraisal opinion, as well as the assessors' opinions, the court determined the appropriate compensation by taking into account the surface area of the fish ponds, the average market value of production from similar aquaculture scale, with due regard to the deduction of operational costs and the residual income generated from the fish ponds. Accordingly, the annual loss is hereby determined as 150,000 yuan.

Gist of Decision

1. In determining whether the infringer should bear tort liability in water pollution liability disputes, the appraisal opinion or professional opinions, maybe relied upon. By comprehensively considering factors such as the infringer's definite discharge acts, the reasonableness of pollutants transport, whether the pollutant factors extracted in monitoring are causally linked to the damages suffered by the injured party, while determined through the allocation of the burden of proof between the parties.

2. When conducting a judicial review of the appraisal opinion regarding water pollution, the standards of logicality, reasonableness, scientific common sense, and empirical rules shall be followed, and combined with expert opinions and the specific circumstances. Where the appraisal opinion significantly differs from the market valuation, the excessive portion of the claimed losses in the appraisal opinion shall not be admitted.

3. In water pollution liability disputes, where the actual losses of the injured party are difficult to ascertain and the appraisal opinion cannot be relied upon, the loss amount may be determined by the expert opinion and the factors such as the operating area, the average output value of similarly scaled entities, deduction of operating cost and operating income.

Model Significance

This case exemplifies the comprehensive protection of environmental rights for civil litigants within the same ecological unit. Environmental rights are interests that can be freely enjoyed by various parties; however, pollution or environmental degradation within the same ecological unit may infringe upon the rights of others. In this case, the breeding farms of both parties are located upstream and downstream of the same river, and both possess the right to draw and utilize water from the river. The defendant's pig farm released contaminants into the river, resulting in the death of the plaintiff's fingerlings due to water pollution. A definite causation exists between the defendant's acts and the plaintiff's loss. In light of the established facts, the people's courts fully exercised their judicial authority to resolve the dispute, thus effectively safeguarding the environmental rights of the involved civil litigants.

Associated Indexing

Articles 1230 and 1184 of the Civil Code of the People's Republic of China

Article 42 (1), the Environmental Protection Law of the People's

Republic of China (Revised in 2024)

Article 96 of the Water Pollution Prevention and Control Law of the People's Republic of China (Amended in 2017)

Article 6 of the Interpretation of the Supreme People's Court on Several Issues Concerning the Application of Law in the Trial of Cases Involving Environmental Tort Liability Disputes (2015)

Written by: Chen Xia, Wang Xiaomin, Jiang Ling, and Zhu Yongqi

12 Where the Accurate Discharge Amount of Pollutants is Hard to Determine, It Can be Inferred from Product Output, Pollutant Output Per Unit, Single Discharge Amount, and Discharge Frequency

—The First Branch of the People's Procuratorate of Chongqing Municipality v. Chongqing X Company (Dispute over Environmental Civil Public Interest Litigation for Water Pollution Liability)[1]

Keywords

Civil, Ecological and Environmental Protection, Civil Public Interest Litigation, Public Interest Litigation by the Procuratorate, Water Pollution, Determination of Discharge Amount

[1] This case has been selected into the case base of the People's Court (2024 - 11 - 2 - 466 - 007). Collegial panel: Zhang Li, Li Lixin, Wu Changyu, Wang Chuanqing, Chen Gang, Yan Honglian, Yue Xuebai.

Case Number

First Instance: Civil Judgment No. 669 [2018] Trial, Civ. Division, No. 1 Intermediate People's court of Chongqing Municipality

Essential Facts

To reduce pollution control costs, Chongqing X Company constructed an accident pool outside its factory area and installed a concealed drainage pipe within the factory area connecting the p-Nitroacetophenone workshop to the accident pool, equipped with a valve. The accident pool was connected to an observation well, which was the equipment used by the company to discharge treated and compliant wastewater. The observation well was directly connected to the Yangtze River. From April to August 14, 2015, Chongqing X Company produced p-Nitroacetophenone without passing environmental impact assessment and discharged the waste liquid generated during the production process into the accident pool through the concealed drainage pipe for temporary storage. The company discharged the waste liquid multiple times from the accident pool directly into the Yangtze River until it was discovered. Monitoring results showed that the waste liquid contained toxic substances such as nitrobenzene, total cyanide, manganese, zinc, lead, and nickel. Among them, the nitrobenzene content was 3.38×10^3 mg/L, the total cyanide content was 15 mg/L, and the manganese content was 117 mg/L, exceeding the primary standard of "Integrated Wastewater Discharge Standard" by 1690 times, 30 times, and 58.5 times, respectively. The First Branch of the People's Procuratorate of Chongqing Municipality subsequently filed a lawsuit with the court, requesting that Chongqing X Company be ordered to compensate for the ecological environment damage fees, assessment fees and other related costs caused by the illegal discharge of industrial toxic wastewater.

Commissioned by the First Intermediate People's Procuratorate of

Chongqing Municipality, the Chongqing X Research Academy of Environmental Sciences issued the *Appraisal and Assessment Report* in June 2018. The report concluded: "The concentration of nitrobenzene in the p-Nitroacetophenone mother liquor discharged by Chongqing X Company exceeded the baseline level by 584 times, causing ecological environment damage to the water area of the Yangtze River near the discharge outlet of the concealed drainage pipe, with the quantified environmental damage amounting to 434, 275.45 yuan."

The First Branch of the People's Procuratorate of Chongqing Municipality made a civil judgment (No. 669 [2018] Trial, Civ. Division) on December 21, 2018, ruling as follows: First, Chongqing X Company shall pay 434, 275. 45 yuan as compensation for expenses for restoring the ecological environment, which must be paid into the court-designated account within ten days from the effective date of the judgment to restore the damaged ecological environment. Second, Chongqing X Company shall, within ten days from the effective date of the judgment, publicly issue an apology statement that was reviewed and approved by the court in provincial or higher-level media outlets. Third, Chongqing X Company shall, within ten days from the effective date of the judgment, pay 74, 000 yuan for the appraisal and assessment fees and 750 yuan for the announcement fees to the plaintiff of public interest litigation, the First Branch of the People's Procuratorate of Chongqing Municipality. Neither party appealed the judgment after sentencing, and the judgment had become legally effective.

Reasons of Decision

The court's effective judgment holds that: The First Branch of the People's Procuratorate of Chongqing Municipality, after fulfilling the corresponding pre-litigation procedures in accordance with the law for the ecological environment damage occurring within its jurisdiction, was the qualified entity to file the environmental civil public interest litigation in this case, as no qualified entity had initiated the lawsuit.

1. Regarding Whether Chongqing X Company Should Bear Tort Liability for Infringing on Public Interests Due to Environmental Pollution

Chongqing X Company violated legal provisions by directly discharging wastewater containing toxic substances into the Yangtze River through a concealed drainage pipe, seriously endangering human health and the survival of other organisms, increasing the burden on the Yangtze River basin, posing potential risks to the health of the surrounding unspecified public, and potentially leading to the death of aquatic lives. Its actions have harmed the public interests and, therefore, it should bear civil liability for infringing on social public interests in accordance with the law.

2. Regarding the Manner and Scope of Civil Liability to be Borne by Chongqing X Company

(1) Expenses for Restoring the Damaged Ecological Environment. Paragraph 2 of Article 20, the Interpretation of the Supreme People's Court on Several Issues concerning the Application of Law in the Conduct of Environmental Civil Public Interest Litigations stipulates: "The people's court may, when rendering a judgment that Chongqing X Company shall restore the ecological environment, determine the expenses for restoring the ecological environment that shall be borne by Chongqing X Company when it fails to perform the restoration obligation; or may directly render a judgment that Chongqing X Company shall assume the expenses for restoring the ecological environment." In this case, the main damaged ecological environment is the water body of the Yangtze River, which, due to its fluidity, qualifies for alternative restoration. Additionally, since Chongqing X Company does not have the professional capacity for ecological environment restoration, it is more appropriate to directly order Chongqing X Company to bear the restoration expenses.

The Appraisal and Assessment Report was commissioned through lawful procedures, and based on legitimate appraisal criteria. The appraisers and the institution possessed the required qualifications, and the damage assessment methods employed were objective and scientific. The discharge amount was determined based on the 1542. 5 tons recognized by the First Branch of the People's Procuratorate of Chongqing Municipality. Since the accurate discharge amount of pollutants is hard to determine due to the limitations of objective evidence, the determination of the discharge amount was based on two approaches according to the evidence on record: First, the evidence shows that producing 1 ton of p-Nitroacetophenone generates 10 – 15 tons of waste liquid. Chongqing X Company produced a total of 154. 25 tons of p-Nitroacetophenone, thus the discharged waste liquid amount was determined to be 1542. 5 tons to 2313. 75 tons; Second, the evidence shows that the accident pool for temporary storage of waste liquid had capacity of 317. 1 m^3, and when it reached 80% capacity, the waste liquid was discharged. This occurred seven or eight times, totaling approximately 1775. 76 m^3 to 2029. 44 m^3. Additionally, on the day of the investigation, an unspecified amount of waste liquid remained in the accident pool and had not yet been discharged. Regardless of which approach is used for calculation, the actual discharge amount by Chongqing X Company should be no less than 1542. 5 tons. The First Branch of the People's Procuratorate of Chongqing Municipality's determination that the discharge amount was 1542. 5 tons is supported by sufficient evidence and corresponding factual basis, and should be affirmed. Therefore, the appraisal opinion should be adopted.

The appraisal opinion applied the virtual governance cost method to calculate the expenses required to treat the pollutants discharged into the environment based on current treatment techniqued and standards. Therefore, the ecological environment damage fees confirmed in the *Appraisal and Assessment Report* essentially represent the expenses intended for environmental restoration.

Article 18 of the Interpretation of the Supreme People's Court and the Supreme People's Procuratorate on Several Issues (2018) concerning the Application of Law for Cases regarding Procuratorial Public Interest Litigation stipulates that where a people's court deems that the claims raised by a people's procuratorate are insufficient to safeguard the public interests, the people's court may explain to the people's procuratorate that it should change claims. The First Branch of the People's Procuratorate of Chongqing Municipality determined the discharge amount of pollutants based on the lower limit and assessed the damage consequences accordingly, filing the corresponding claims. The court also paid attention to whether such claims were sufficient to protect the public interest. The court held that although the production of 154. 25 tons of p-Nitroacetophenone could have generated waste liquid ranging from 1542. 5 tons to 2313. 75 tons, determining any quantity within this range other than the minimum value would involve probability and uncertainty. Additionally, environmental public interest litigation not only aims to compensate for current losses but also to focus on the future of the ecological environment. Chongqing X Company actively invested funds in upgrading and transforming its p-Nitroacetophenone production line, passed the environmental impact assessment and safety condition review. While continuing to serve socio-economic development, the company has eliminated the risk of environmental pollution and ecological damage caused by its production and operation activities. Therefore, the claims of the plaintiff of public interest litigation in this case are sufficient to protect the social public interests.

Chongqing X Company's argument that the pollutant has been self-purified by the water body, resulting in no damage and that the *Appraisal and Assessment Report* should not be admitted is untenable. Chongqing X Company further claimed that it had invested funds in upgrading and transforming environmental protection equipment after the pollution actions and is currently facing operational difficulties, therefore its liability for compensation should be reduced and the manner of liability fulfillment should be modified. The court held that Chongqing X Company's pollution actions had caused corresponding damage consequences, and the aforementioned facts are aimed at eliminating the risk of future ecological environment damage from its production and operation activities, rather than compensating for the damage consequences already caused. Therefore, such circumstances cannot reduce its civil liability; The compensation amount determined in this case is not excessive compared to Chongqing X Company's registered capital and production and operation scale, and there is no necessity to fulfill the compensation obligation in installments or by other methods.

(2) Appraisal and Assessment Fees and Announcement Fees. The First

Branch of the People's Procuratorate of Chongqing Municipality, in conducting the litigation for this case, actually incurred appraisal and assessment fees of 74,000 yuan and announcement fees of 750 yuan, which should be supported.

(3) Public Apology. Chongqing X Company's illegal discharge and environmental pollution not only infringed on public interests but also on the public's spiritual interest in enjoying a healthy ecological environment. Therefore, it is appropriate for the company to apologize to the public. Taking into comprehensive consideration the specific circumstances of Chongqing X Company's illegal discharge, the extent and scope of ecological environment damage, and the social impact, the court determined that Chongqing X Company should publicly apologize to the public through provincial or higher-level media outlets.

Gist of Decision

1. Where the accurate discharge amount of Pollutants is hard to determine, it can be inferred from product output, pollutant output per unit, single discharge amount, and discharge frequency.

2. In order to fully realize ex-post remedy and prior prevention in an environmental civil public interest litigation, the people's courts should comprehensively consider whether the infringed social public's interests can be redeemed and whether the risk of infringing social public interests can be eliminated, and determine whether the claim is capable to protect social public interests.

Model Significance

This case is a model case of the people's court's innovative approach to determining the discharge amount of pollutants. In this case, the precise actual discharge amount of pollutants could not be determined due to the lack of objective conditions, but this does not mean that no penalty should be imposed or that penalties should be imposed arbitrarily. This case established the rule that the discharge amount of pollutants may be estimated based on the product output of the discharging company, pollutant output per unit, or the single discharge amount, and discharge frequency. This judicial rule aligns with the legislative spirit of ecological environment protection and does not contradict the expectations of the general public. It possesses practical rationality and guiding significance and is of great importance for warning discharging enterprises to discharge pollutants in compliance with the law and strengthening the efforts of ecological environment protection.

Associated Indexing

Article 1234, Civil Code of the People's Republic of China (the applicable provision in this case is Article 65 of the Tort Law of the People's Republic of China, effective as of July 1, 2010)

Article 1235, Civil Code of the People's Republic of China (the applicable provision in this case is Article 179 of the General Principles of Civil Law of the People's Republic of China, effective as of October 1, 2017)

Article 42 (4), and Article 64, Environmental Protection Law of the People's Republic of China (Revised in 2014)

Article 18, Article 20, Article 22, and Article 24 of Interpretation of the Supreme People's Court on Several Issues concerning the Application of Law in the Conduct of Environmental Civil Public Interest Litigations (2015)

Written by: Zhang Li, Huang Qi, Zhou Hong

13 Determination of Liability Subjects for Environmental Tort Caused by Traffic Accidents

—Group 1, X Village, Changshou District, Chongqing Municipality v. Mengcheng County X Transport Company et al. (Dispute over Environmental Pollution Liability)[1]

Keywords

Civil, Traffic Accident, Tort of Environmental Pollution, Liability Subject

Case Number

First Instance: Civil Judgment No. 00690 [2011] Trial, Civ. Division, People's Court of Changshou District of Chongqing Municipality

Essential Facts

On July 6, 2010, Li X(A) drove the tow tractor owned by Yang X(A), having a rear-collision with the heavy tank truck owned by Puyang City X Transport Company (hereinafter Referred to as Puyang Company). The

[1] This case was selected as one of the nine model trial cases involving environmental resources published by the Supreme People's Court on July 3, 2014. Collegial panel: Yin Junyong, Luo Yaoxing, Cheng Suzhen.

accident caused the death of Yang X(A), property damaged, and environmental pollution due to the leakage of mono-methylamine solution carried by the tank truck. In this accident, Li X(A) assumed all the liabilities and the driver of Puyang Company assumed no liability. The aforesaid tow tractor was operated under the affiliation of Mengcheng County X Transport Company (hereinafter referred to as Mengcheng Company) and Xinyu City X Transport Company (hereinafter referred to as Xinyu Company). The accident resulted in the leakage of 5.34 tons of mono-methylamine solution, causing pollution to local fishponds and farmland. After the accident, the government authorities conducted an on-site investigation into the losses of the polluted fishponds and farmland and confirmed the related damages. Group 1, X Village, Changshou District, Chongqing Municipality (hereinafter referred to as Group 1 of X Village) filed a lawsuit and requested the court to order that Mengcheng Company, Xinyu Company, Li X(B) (Yang X(A)'s widow) et al., and Puyang Company should jointly compensate for the property loss of 7500 yuan caused by the environmental pollution.

The People's Court of Changshou District of Chongqing Municipality made a civil judgment (No. 00690 [2011] Trial, Civ. Division) on December 13, 2011: First, Puyang Company and Li X(B) were ordered to compensate Group 1 of X Village 7500 yuan for water well damage, Mengcheng Company and Xinyu Company were ordered to assume the liability for supplementary compensation; Second, Yang X(B) and other heirs were ordered to assume the liability for satisfaction of the aforesaid debt within the range of heritage inherited from Yang X(A); Third, the claim of Group 1 of X Village against the driver, Li X(A), was dismissed.

Neither party appealed the judgment after the first-instance ruling, and the judgment had become legally effective.

Reasons of Decision

The court's effective judgment holds that although this case was triggered by a traffic accident, the plaintiff's claim for compensation from the relevant liable parties based on liability for environmental pollution complies with legal provisions, and the environmental polluters should each bear their respective liabilities in accordance with the law.

First, according to Articles 65 and 68 of the Tort Liability Law of the People's Republic of China, environmental polluters bear no-fault liability for compensation. Even if the damage is caused by the fault of a third party, they cannot be exempted from liability. Puyang Company, as a non-fault party in the traffic accident, is still liable for compensation of the environmental pollution damages under the provisions of environmental tort law. After making compensation, it has the right to seek reimbursement from other liable parties at fault.

Second, Yang X(A) was fully liable for the traffic accident, and his wrongful conduct had a direct causal relationship with the environmental pollution damage suffered by Group 1 of X Village. Therefore, Yang X(A) should bear the liability for compensation. However, Yang X(A) has deceased and this debt occurred during the existence of his marital relationship with Li X(B). Thus, Li X(B) should bear joint and several liability for this debt. According to the provisions of the Succession Law of the People's Republic of China, Yang X(B) and other heirs of Yang X(A) should bear the liability for compensation within the scope of the estate they inherit from Yang X(A).

Third, the vehicles owned by Yang X(A) were respectively affiliated to the business names of Mengcheng Company and Xinyu Company for operation. Therefore, these two companies should bear the liability for supplementary compensation.[1] Li X(A) was the driver employed by Yang X(A). As he caused damages to others while performing his employment duties, the

[1] Article 1211 of the Civil Code of the People's Republic of China stipulates: "Where a motor vehicle engaged in road transport operations in the form of affiliation causes traffic accident damage, and the motor vehicle is at fault, the affiliated party and the host entity shall bear joint and several liability." This case involves environmental pollution tort, and the affiliated motor vehicle bears no fault, which differs from the circumstances specified in said provision.

employer shall bear tort liability for such external damages in accordance with the law.

Gist of Decision

1. In cases where traffic accidents lead to the tort of environmental pollution, the polluter shall bear the liability for environmental tort compensation.

2. If the polluter liable for environmental tort deceased, their heirs shall bear the liability for environmental tort compensation within the scope of the inherited estate.

Model Significance

This case is a typical example of how to determine the liability subjects for environmental pollution caused by traffic accidents. The case clarifies the manner of liability allocation among polluters, third parties, affiliated companies, and drivers in environmental pollution disputes arising from the leakage of hazardous chemicals caused by traffic accidents. The legal relationships involved are complex and representative, providing a valuable reference for judgments in similar cases. The judgment in this case reflects a strict determination of liability for environmental pollution, demonstrating the proactive role of the judiciary in protecting the ecological environment and safeguarding the legitimate rights and interests of the public. It is of great significance for promoting relevant subjects to strengthen safety management and prevent environmental pollution incidents.

Associated Indexing

Articles 1229 and 1233, Civil Code of the People's Republic of China (the case applied Articles 65 and 68 of the Tort Law of the People's Republic of China, effective as of July 1, 2010)

Article 1161, Civil Code of the People's Republic of China (the case applied Article 33 of the Succession Law of the People's Republic of China, effective as of October 1, 1985)

Written by: Wang Shuo, Wang Liang

14 Execution Supervision of Civil Environmental Public Interest Litigation Judgment

—China Environmental Protection Foundation v. X Chemical Co., Ltd. (Dispute over Environmental Pollution) (Civil Public Interest Litigation) [1]

Keywords

Civil, Environmental Pollution, Civil Environmental Public Interest Litigation, Ecological Remediation, Multi-Party Coordination, Execution Supervision

Case Number

First instance: Civil Mediation Agreement No. 1 [2017] Trial, Civ. Division, the No. 3 Intermediate People's Court of Chongqing Municipality

Essential Facts

X Chemical Company in China directly stockpiled phosphogypsum, a byproduct of its production process, along the banks of the Yangtze River

[1] This case was selected as a model case of judicial protection for the ecological environment in the Yangtze River basin, and one of the Ten Model Cases of Environmental Resource Trials in China (2021 – 2022). Collegial panel: He Fuqin, Chen Shengyou, Yang Yang, Tang Shiyong, Zhao Chunsheng, Hu Jian, and Xiong Zhonglun.

for over 18 years. The waste covered an area of over 700 mu, with the deepest point reaching 125 meters, causing severe damage to the local ecological environment and posing a significant threat to the ecological safety of the Yangtze River. The company was penalized multiple times for these actions. After media exposure, the company promptly formulated an environmental rectification plan and submitted it for approval by the environmental regulatory authorities in Chongqing. In January 2017, China Environmental Protection Foundation filed an environmental civil public interest lawsuit against X Chemical Company, alleging that its illegal activities, including excessive discharge of pollutants, had caused significant damage to the local environment. The lawsuit demanded that the court order the company to immediately cease its environmental violations, compensate for corresponding ecological remediation costs, as well as the loss of ecological service function, or adopt alternative remediation measures. The Third Branch of Procuratorate of Chongqing Municipality legally upheld the filing of the lawsuit.

During the trial, the court facilitated a mediation agreement between China Environmental Protection Foundation and X Chemical Company, which included the following items: 1. X Chemical Company pledged to strictly implement the environmental rectification plan approved by the Chongqing and its local environmental protection authorities, and to complete the site closure, soil covering, and re-greening by December 31, 2019; 2. X Chemical Company paid a total of 803, 700. 80 yuan, which would be used for atmospheric and aquatic environmental remediation, alternative remediation or other public welfare purposes related to this case or this region. The court publicized the mediation agreement for a 30 – day notice period starting from November 28, 2017, and notified Chongqing Fuling District Ecological Environment Bureau, which was responsible for the supervision and management of environmental protection. No objections or suggestions were received upon the expiration of the notice period.

On December 28, 2017, the No. 3 Intermediate People's Court of Chongqing Municipality issued Civil Mediation Agreement No. 1 (2017) Trial, Civ, Division, confirming the validity of the aforementioned mediation agreement. During the execution process, X Chemical Company fulfilled all its obligations stipulated in the mediation agreement under the supervision of the court.

Reasons of Decision

The court's effective judgment held that environmental protection is a fundamental national policy of China. All entities and individuals have the obligation to protect the environment and the right to report and prosecute entities or individuals who pollute or damage the environment. The establishment of public interest litigation system in China aims to remediate the environmental damage, provide remedies for impaired environmental public interests, and fulfill the punitive, educational, and guiding functions of law in ecological protection. Based on the ascertained facts, the defendant, X Chemical Company, violated the provisions of the Water Pollution Prevention and Control Law of the People's Republic of China(Rev. 2017) and the Law of the People's Republic of China on the Prevention and Control of Atmospheric Pollution (Rev. 2018), and illegally discharged excessive sewage water and waste gas into the external environment for multiple times, causing pollution to the local atmospheric and aquatic environment (or increasing the risk of pollution). Moreover, despite being subject to multiple administrative penalties, X Chemical Company failed to implement rectifications promptly, so the company should be held liable under the Polluter Pays Principle. The content of the mediation agreement reached between China Environmental Protection Foundation and X Chemical Company complies with legal provisions, conforms to the public interests, and benefits the protection of environmental public interests, thus being lawfully affirmed.

Gist of Decision

The execution of environmental public interest litigation judgments involves multiple parties. The people's courts should take the lead in the execution of cases by issuing judicial recommendations to relevant units, coordinating with administrative authorities to jointly formulate ecological environmental remediation assessment criteria, conducting joint inspections of the remediation work, and forming an execution supervision mechanism to ensure effective execution of public interest litigation judgments.

Model Significance

This case is a model case exemplifying how people's courts coordinated with other departments to promote the remediation and management of phosphogypsum tailings ponds along the Yangtze River through multi-party governance, providing a model and reference for executing ecological remediation judgments in judicial practice. Total phosphorus is the primary pollutant exceeding criteria in the Yangtze River, posing a significant threat to its ecological safety. In practice, it is intractable to solve environmental governance challenges by relying on a single entity or a single mechanism.[1] Collaborative governance in ecological and environmental protection is of great significance for solving the prominent environmental problems, strengthening ecological protection, improving the environmental supervision system, and promoting green development.[2] To ensure the effective execution of the judgment, the people's court in this case promptly issued a judicial recommendation to relevant entities, invited the procuratorial authorities and environmental protection

---

[1] Zhan guobin & Chen Jianpeng, *Moving towards a Multi - party Co - governance Model of Environmental Governance: Real Challenges and Path Choices,* CASS Journal of Political Science, 2020(2).

[2] Yu Wenxuan, *The Theoretical Origin and Institutional Response of Ecological Environmental Collaborative Governance—Taking the Legal System of Natural Protected Areas as An Example,* Journal of China University of Geosciences (Social Sciences Edition), 2020(2).

administrative authorities to jointly formulate ecological environmental remediation evaluation criteria. The court also invited representatives from the National People's Congress and members of the Chinese People's Political Consultative Conference (CPPCC) to supervise the execution of the case, established a coordinated and linked mechanism for ecological remediation, and tracked the remediation process throughout the whole process to ensure that the obligations determined in the mediation agreement were fully fulfilled. This fully demonstrated the proactive role of people's courts in serving and safeguarding the ecological civilization construction of the Yangtze River basin.

Associated Indexing

Articles 1234 and 1235, the Civil Code of the People's Republic of China (Applicable provisions for this case are Articles 15 and 65 of the Tort Liability Law of the People's Republic of China, effective as of July 1, 2010)

Articles 11, 20, 21, 22, and 25, the Interpretation of the Supreme People's Court on Certain Issues Concerning the Application of Law in the Trial of Environmental Civil Public Interest Lawsuits (2015)

Written by: You Zhongchuan, Shen Wei

15 Review and Determination of Application of Pre-litigation Injunction as Preservation Measures

—The Second Branch of Chongqing Municipal People's Procuratorate v. Chongqing Kui X Company et al. (Dispute over Pre-litigation Behavior Preservation for Solid Waste Dumping)[1]

Keywords

Civil Case, Ecological and Environmental Protection, Civil Public Interest Litigation, Yangtze River, Ecological and Environmental Pollution, Major Risk, Injunction

Case Number

First instance: No. 1 [2024] Trial, Admin. Division, the No. 5 Intermediate People's Court of Chongqing Manicipality

Essential Facts

Chongqing Kui X Company signed multiple contracts with the X power plant, including desulfurization gypsum sales contracts, disposal

[1] Collegial panel: Ye Huan, Shen Wei, Wu Guangzhe.

contracts, and an *Emergency Disposal Technical Agreement*. These agreements stipulate that Chongqing Kui X Company would underwrite the desulfurization gypsum produced by the X power plant while meeting the X power plant's environmental management requirements. The X power plant reserves the right to supervise Chongqing Kui X Company's transportation, storage, and consumption of the desulfurization gypsum, as well as to review relevant documentation. Due to the sluggish market conditions, Chongqing Kui X Company was unable to sell all the desulfurization gypsum as scheduled. They gradually accumulated and stored approximately 45,000 tons of desulfurization gypsum at a site leased from Ju X Company. The storage site was situated only 20 meters in vertical height from the Meixi River shoreline. The Fengjie County Ecological Environment Bureau organized multiple coordination meetings with Chongqing Kui X Company, the X power plant, and Ju X Company, requesting the relocation of the desulfurization gypsum. Although Chongqing Kui X Company had paid site rental fees to Ju X Company, Ju X Company still refused to cooperate with the relocation efforts, citing various reasons. The Fengjie County Ecological Environment Bureau commissioned experts to assess the risks associated with the stored desulfurization gypsum and the storage site, and to provide their professional opinions. The assessment found that the gypsum contained heavy metals such as mercury, arsenic, and nickel. The storage site lacked an anti-seepage system, leachate collection system, and the rainwater and sewage diversion system. The measures to prevent material loss were inadequate and did not meet the requirements of the Standard for Pollution Control on the Non-hazardous Industrial Solid Waste Storage and Landfill (GB18599 –2020). There was a potential environmental risk that heavy metals in the gypsum could be washed by rainwater into the Meixi River, affecting the water quality. After conducting an on-site investigation, the Second Branch of Chongqing Municipal People's Procuratorate determined that the temporary storage site for desulfurization gypsum experienced frequent heavy rainfalls from June to October. The improper disposal of desulfurization gypsum by Chongqing Kui X Company, the X power plant, and Ju X Company posed a real, urgent, and significant risk to the ecological environment. Consequently, on May 6, 2024, the Procuratorate applied to Chongqing No. 5 Intermediate People's Court for an injunction, demanding that Chongqing Kui X Company, the X power plant, and Ju X Company immediately cease the illegal storage of desulfurization gypsum and eliminate the potential environmental pollution risks.

Chongqing No. 5 Intermediate People's Court made a civil judgment [No. 1 (2024) Trial, Civ. Division] on May 8, 2024 that the respondents, Chongqing Kui X Company, the X power plant, and Ju X Company, shall immediately cease storing desulfurization gypsum along the Meixi River shoreline in Henglu Community, Kangle Town, Fengjie County, Chongqing, from the effective date of this ruling.

Reasons of Decision

The court's effective ruling holds that Chongqing Kui X Company, the X power plant, and Ju X Company should immediately cease storing desulfurization gypsum along the Meixi River shoreline in Henglu Community, Kangle Town, Fengjie County, Chongqing. First, the X power plant outsourced the disposal of desulfurization gypsum containing heavy metals such as mercury, arsenic, and nickel generated during its production process to Chongqing Kui X Company. Chongqing Kui X Company then stored this desulfurization gypsum long-termly along the Meixi River shoreline without implementing the "three prevention" measures, thus creating an environmental pollution hazard. Second, both the X power plant and Chongqing Kui X Company have the obligation to relocate the desulfurization gypsum promptly and eliminate the hazards. Third, Ju X Company repeatedly refused and obstructed the relocation of the desulfurization gypsum, allowing the environmental pollution hazard to persist. If not stopped promptly, heavy metals such as mercury, arsenic, and nickel in the desulfurization gypsum could be washed by rainwater into the Meixi River, causing irreparable damage to the river's ecological environment. The application for an injunction by the Second Branch of Chongqing Municipal People's Procuratorate to the court complies with legal provisions and should be granted.

Gist of Decision

1. The respondents' continuous behavior constituted an environmental pollution hazard. This posed a real, urgent, and significant risk. If not stopped timely, it will cause irreparable major damage to the ecological environment. In such cases, the people's court may issue a pre-litigation injunction upon the application, prohibiting the respondents from continuing to engage in actions that may cause environmental pollution and ecological damage.

2. To ensure the effective elimination of environmental pollution hazards, the people's court should actively coordinate with local ecological and environmental protection departments, the procuratorate authorities, et al., to jointly supervise the implementation of the injunction and eliminate major environmental pollution risks.

Model Significance

This case is a model case of the people's court effectively eliminating a major pollution risk to the Yangtze River through the application of a pre-litigation injunction. Environmental pollution and ecological damage have characteristics such as suddenness, instantaneousness and irreversibility.[1] Environmental protection injunctions have the effect of promptly preventing environmental damage from occurring or expanding,[2] which determines their

---

[1] See Liu Zhumei & Jia Qinglin & Liu Huihui, *Understanding and Application for "Several Provisions on the Application of Injunction Preservation Measures in Ecological Environment Tort Cases,* Journal of Law Application, 2022(3).

[2] See Wang Jing, *Review on the Application of the Environmental Protection Injunctions*, Journal of Gansu University of Political Science and Law Institute, 2019(2).

extremely important role in ecological and environmental protection. In this case, desulfurization gypsum containing large amounts of heavy metals was stored on the banks of the Meixi River, a tributary of the Yangtze River. Once the rainy season arrived, the heavy metals in the desulfurization gypsum would be washed by rainwater into the Meixi River and eventually into the Yangtze River, causing immeasurable damage to the Yangtze River's ecological environment. The people's court fully applied the Principle of Prioritizing Prevention in ecological and environmental protection. Within 48 hours upon receiving the injunction application, the court issued the injunction and simultaneously coordinated with the local government, the procuratorate, the ecological environment bureau, and other departments to supervise the relocation on-site. Ultimately, it took nearly two months to complete the thorough relocation and cleanup of the "gypsum mountain" before the flood season arrived. This timely action isolated and eliminated the major safety hazard to the Yangtze River's ecological environment, building an invisible ecological judicial protective barrier for the Yangtze River's ecological protection.

Associated Indexing

Article 103, Civil Procedure Law of the People's Republic of China (Amended in 2023)

Article 3(2), Article 8 and Article 9(1), Several Provisions of the Supreme People's Court on the Application of Injunctions as Preservation Measures in Environmental Tort Cases

Written by: Zhao Ling, Ye Huan,
You Zhongchuan, Wang Xiaomin

Part Ⅱ

Ecological Protection

16 Applicability of the Scientific Stock Enhancement and Releasing as a Remediation Method

—The People v. Yang X and Chen X (Illegal Fishing of Aquatic Products) (Criminal Incidental Civil Public Interest Litigation)[1]

Keywords

Criminal, Illegal Fishing of Aquatic Products, Criminal Incidental Civil Public Interest Litigation, Scientific Stock Enhancement and Releasing

Case Number

First Instance: Criminal Judgment No. 727 [2022] Trial, Crim. Division, People's Court of Jiangjin District of Chongqing Municipality

Essential Facts

At around 2 a. m. on March 16, 2022, the defendants Chen X and Yang X used electric fishing tools to illegally harvest aquatic products in the section of the Yangtze River from Hengshan Village (in Baisha Town of Jiangjin District) to the Jingang River (in Youxi Town of Jiangjin District).

[1] This case was selected into the case base of the People's Court (2023 – 11 – 1 – 343 – 012). Collegial panel: Jiang Ling, Zhu Rui, Chen Jian, Huang Yunli, Luo Yongfang, Ma Enping, Kang Xiaoqin.

Yang X operated the electric fishing tools while Chen X was in charge of picking up the fish. The police caught them on the spot at around 3:30 a.m. on the same day. The police officers found 1 set of batteries, 1 set of boosters, 2 electric fishing rods, and other fishing tools, as well as 18 carp and 1 crucian carp, with a total weight of 32.82 kilograms. Upon investigation, the aforesaid fishing location is located within the experimental area of the Yangtze River Upper Reaches Rare and Endemic Fish Species National Nature Reserve. A comprehensive ban on fishing had been implemented from 0:00 on January 1, 2020. After being brought to justice, Yang X and Chen X truthfully confessed to the aforesaid criminal facts. Yang X and Chen X voluntarily signed the Statement of Confession and Acceptance of Punishment.

Commissioned by Chongqing Jiangjin District People's Procuratorate, the Yangtze River Fisheries Research Institute of the Chinese Academy of Fishery Sciences issued the Expertise Report on the Ecological Loss Caused by Electric Fishing Conducted by Yang X and Chen X in the Section of Hengshan Village, Baisha Town of Jiangjin District to Jingang River, Youxi Town of Jiangjin District of Chongqing, on April 2, 2022, stating that: Electric fishing is non-selective towards fish harvesting, and the diffuse current generated by the electrodes can cause the death or damage of various aquatic animals in contract, causing widespread harm regardless of species and individual size, exerting extremely severe damage to fish resources. Fish that escape electric shocks may suffer physiological damage to their gonads to varying degrees in addition to physical damage during growth that prevents normal life, which can easily lead to their inability to form normal reproductive cells and engage in reproductive activities, directly affecting their population reproduction. Especially during the fish breeding season from March to June and the concentrated feeding period for larvae and juveniles from April to August, strong electric currents can directly interfere with fish reproduction and feeding behaviors, directly damage fish eggs, larvae, and juveniles, disrupt the development process of fish eggs, thus cause malformations in larvae and juveniles. Meanwhile, electric fishing also poses hazards to the environment. The bodies of some organisms killed by electric shocks remain in the river and fail to float to the surface. With gradual decomposition, the water body has been contaminated. Electric fishing also causes fatal injuries to plankton, invertebrates, mollusks, and other organisms growing in the water body, leading to disruptions in the aquatic ecosystem's food chain, hindering material and energy flows within the system, and jeopardizing aquatic ecological security. The reduction in the number of indigenous fish caused by electric fishing results in ecological niche vacancies, providing exploitable habitats for alien species invasions and increasing the risk of biological invasions caused by alien species outbreaks. The destruction of aquatic organisms by electric fishing is significant, and it is recommended to compel the parties to conduct ecological remediation of the damaged aquatic biological resources. Considering the actual circumstances of this case, as well as the practical effects and operability of ecological remediation, it is suggested to adopt the method of directly releasing adult fish and fish larvae to repair the damaged water bodies. It is recommended that 131.28 kilograms of adult fish and 46, 760 fish larvae be released in the case-involved waters. The specific proportions of fish to be released are as follows: 124. 716 kilograms of adult carp (specification > 500g) and 6. 564 kilograms of adult crucian carp (specification > 100g), as well as 44, 422 larvae of carp (3 –5cm in size) and 2338 larvae of crucian carp (3 –5cm in size).

On July 29, 2022, Yang X and Chen X jointly paid 7826 yuan for fish fingerlings to Chongqing Jiangkui Aquaculture Company, but they did not release the fish. On September 23, 2022, Yang X and Chen X volunteered to participate in the Yangtze River ecological protection and rule of law volunteer service. They sent out fishing ban leaflets to residents and restaurants on Tanpan Street in Baisha Town, Jiangjin District, and visited more than 40 households and businesses.

It was also found that on January 13, 2022, the Ministry of Agriculture and Rural Affairs issued the Guiding Opinions on Working Well in Aquatic Species Stock Enhancement and Releasing during the 14th Five-Year Plan Period, requiring strict compliance with relevant management regulations on stock enhancement and releasing, scientifically listing the species for such activity. We should focus on the ecological benefits of enhancement and releasing, highlighting its role in water purification, ecological restoration of watersheds, and biodiversity conservation, and gradually increase the proportion of precious and endangered species and endemic species in releasing. The relevant provinces (autonomous regions and municipalities) within the Yangtze River Basin should strictly control the release scale of economic species such as the four domesticated fishes according to the actual situation, and increase the release quantity of precious and endangered aquatic wild animals such as Chinese sturgeon, Yangtze sturgeon, and Chinese sucker in the Yangtze River. Reasonable plans for the enhancement and releasing should be made. In order to activate its public interest function, we should focus on the stock enhancement and releasing in watershed rivers and lakes, boundary rivers and waters with serious resource depletion. It is strictly prohibited to release aquatic organisms that do not meet ecological requirements. The aquatic organisms used for enhancement and releasing must be native species, and it is strictly prohibited to release alien species, hybrids, selected breeds, and other aquatic organisms that do not meet ecological requirements. On August 1, 2022, the Chongqing Municipal Agricultural and Rural Affairs Commission issued the Notice on Issuing the Implementation Plan for the stock enhancement and releasing of Aquatic Organisms in Natural Waters in Chongqing in 2022, which stipulated the stock enhancement and releasing objects and quantities of rare and endemic fish in the Yangtze River mainstream and upstream of the Yangtze River in the Chongqing section of the Yangtze River National Nature Reserve in Jiangjin District, Chongqing. Considering the overall and unified principle of the stock enhancement and releasing work in the whole region, the specific release types should be comprehensively coordinated and scientifically released according to the requirements of local agricultural and rural authorities.

On October 19, 2022, the Chongqing Jiangjin District Commission of Agriculture and Rural Affairs issued a reply to the Chongqing Jiangjin District People's Procuratorate, agreeing to implement the restoration of the ecological environment through the enhancement and releasing of fish by Yang X and Chen X before the end of 2022. According to the assessment amount of 7826 yuan by the Yangtze River Fisheries Research Institute of the Chinese Academy of Fishery Sciences, and the latest published reference price of aquatic seedlings on the Chongqing Fisheries Information Network, which is 3 yuan per fish, it is suggested that this case should be implemented by releasing 1000 rock carp (10 –12cm in size) and 1610 Chinese sucker (10 –12cm in size).

The People's Court of Jiangjin District issued a criminal incidental civil judgment No. 727 [2022] Trial, Crim. Division on December 28, 2022: 1. Chen X and Yang X were convicted of illegal fishing of aquatic products and separately sentenced to five months imprisonment; 2. The electric fishing tools seized shall be confiscated according to law; 3. Yang X and Chen X were ordered to release 1000 rock carp (10 –12cm in size) and 1610 Chinese sucker (10 –12cm in size) in the case-involved waters. After the verdict, there was no appeal or protest, and the judgment has taken legal effect.

Reasons of Decision

The court's effective judgment holds that Yang X and Chen X violated the regulations on the protection of aquatic resources by using the prohibited method of electric fishing to harvest aquatic products in the closed fishing seasons and areas. The circumstances were serious, and their actions constituted the crime of illegal fishing of aquatic products. Yang X and Chen X confessed their crimes truthfully after being arrested, and can be given a lenient punishment according to law; Voluntary confession and acceptance of punishment can be given lenient punishment according to law; Those who actively promote the rule of law, take the initiative to purchase fish fingerlings for future ecological restoration, and demonstrate repentance can be given a lighter punishment. The illegal fishing of aquatic products by Yang X and Chen X has damaged the fishery ecological environment and infringed on the public interest. They should bear civil liability for compensation according to law. It is ordered that Yang X and Chen X release 1000 rock carp (10 – 12cm in size) and 1610 Chinese sucker (10 – 12cm in size) in the case-involved waters.

Gist of Decision

For cases of illegal fishing of aquatic products, where the method of enhancement and releasing is used to remediate the damaged ecosystem, the species and quantity of such activity should be determined comprehensively and in accordance with relevant regulations on enhancement and releasing, and regarding the opinions of administrative departments, to achieve scientific releasing.

Model Significance

The Guiding Opinions on Working Well in Aquatic Species stock enhancement and releasing during the 14th Five-Year Plan Period issued by the Ministry of Agriculture and Rural Affairs requires that the species for stock enhancement and releasing should be scientifically determined, and of which the ecological benefits should be emphasized, with increasing proportion of precious and endangered species as well as endemic species. This case actively explores a more scientific and reasonable way of enhancement and releasing, and converting the original harvested ones to rare and endangered ones for releasing, which is beneficial to remediate the ecological environment of the waters, ensuring the ecological biodiversity of the Yangtze River, and achieving the long-term goal of addressing both the symptoms and root causes of the ecological environment. It provides strong judicial services and guarantees for winning the battle of fishing ban and fishing withdrawal in the Yangtze River Basin.

Associated Indexing

Article 25, Article 64, Paragraph 3 of Article 67, Article 42, and Article 44, Article 340 of the Criminal Law of the People's Republic of China (Amended in 2020)

Article 15, Article 101 (2), the Criminal Procedure Law of the People's Republic of China (Amended in 2018)

Article 4 and Article 20 of the Interpretation of the Supreme People's Court and the Supreme People's Procuratorate on Several Issues Concerning the Application of Law in Procuratorial Public Interest Litigation Cases (Amended in 2020)

Article 1229 of the Civil Code of the People's Republic of China

Article 64 of the Environmental Protection Law of the People's Republic of China (Revised in 2014)

Article 58 (2), the Civil Procedure Law of the People's Republic of China (Amended in 2021)

Written by: Peng Li, Zhu Yongqi

17 Reasonable Determination of Compensation for the Ecological Environment Service Function Losses May Refer to the Factors Considered in Ecological Environment Remediation Expense

—X Environmental Research Institute v. X Development Company et al. (Dispute over Ecological Damage)[1] (Civil Public Interest Litigation)

Keywords

Civil, Ecological Damage, Civil Public Interest Litigation, Social Organization, Service Function Losses, Inability to appraise, Remediation Expenses, Compensation Amount

Case Number

First Instance: Civil Judgment No. 523 [2018] Trial, Civ. Division, the No. 4 Intermediate People's Court of Chongqing Municipality

[1] This case was selected into the case base of the People's Court (2023 - 11 - 2 - 466 - 027) and was selected as a typical case of judicial protection for biodiversity released by the Supreme People's Court of P. R. C. in December 2022. Collegial panel: He Hongbo, Wan Yongfu, Wang Hong, Shi Yingxin, Xu Guangxuan, Wang Xianjiang, Cheng Zumei.

Essential Facts

On April 7, 2009, Shizhu County People's Government approved the establishment of Shuimoxi Wetland Nature Reserve. The website of the Ministry of Ecology and Environment of China released the "List of Nature Reserves in Chongqing" (until the end of 2011) on August 24, 2012, listing Shuimoxi Wetland as a county-level nature reserve for inland wetlands.

In September 2009, upon the approval of relevant government agencies, the planned area and boundary limits of Shizhu Three Gorges Reservoir Area Immigrant Ecological Industrial Park were determined. In May 2011, the Development and Reform Commission of Shizhu County issued the Reply on Approving the Project Establishment of the Infrastructure Construction Project in the Immigrant Ecological Industrial Park, designating X Development Company as the project owner. In June 2011, the construction of the industrial park was launched, mostly carried out within the protected area. In March 2013, X Development Company was merged into X Development Corporation, which took over all its claims and debts, but X Development Company has not been deregistered yet. By May 2014, the infrastructure construction of the industrial park was basically completed.

In November 2016, the Central Environmental Inspection and the "Green Shield 2017" special operation demanded rectification of environmental issues. Since May 2018, the Shizhu County People's Government has initiated the environmental rectification activities of Shuimoxi Wetland Nature Reserve and entrusted a relevant specialized institution to formulate the Ecological Remediation Plan for the Shuimoxi County-level Inland Wetland Nature Reserve in Shizhu County of Chongqing. It states that "Project No. 11, Chongqing X Technology Co., Ltd., whose function areas are the experimental and buffer zones (with partial fencing)... The rectification measures include the removal of buffer zone fencing while converting the retained main building into a educational facility for the nature reserve". Besides the Projects No. 21 –25 involving highways within the nature reserve, Project No. 22 involving a development issue, the rest Projects belong to people's livelihood issues, for which the rectification measures are retaining. Upon the consent of the Chongqing Municipal People's Government, the Shizhu County People's Government implemented the rectification in accordance with the plan. During the rectification process, the Chongqing Municipal People's Procuratorate issued a "Procuratorial Recommendation" to the Shizhu County People's Government, and proposed to promote the implementation of the ecological remediation plan and enhance post-remediation supervision. Subsequently, the procuratorate issued a "Case Closure Decision", stating that the county people's government has comprehensively promoted ecological remediation work and has fulfilled its legal responsibilities for wetland ecological environmental protection, thus decided to close the case.

During the litigation process, X Environmental Research Institute submitted relevant materials proving its right to initiate a civil public interest litigation, and applied to the court for a judicial appraisal of the losses caused by the construction of an industrial park to the ecological environment of the Reserve, as well as the amount of service function losses incurred during the remediation process. However, due to the failure in paying the required appraisal fee, a total of 971, 000 yuan, the appraisal institution terminated the judicial appraisal work. During the trial, the court entrusted a relevant appraisal institution to appraise the specific locations of the highways and factories involved in this case. The survey and mapping report issued by the appraisal institution showed that the highways to be demolished by the request of the institute was located within the core area and buffer zones of the nature reserve, while the other part was located within the experimental zone. All the factories requested to be demolished were entirely within the experimental zone of the nature reserve, incurring an appraisal fee of 25, 000 yuan. X Environmental

Research Institute incurred a total of 300, 000 yuan in attorney's fees and travel expenses of 13, 686. 11 yuan for the litigation.

On August 26, 2020, the No. 4 Intermediate People's Court of Chongqing Municipality rendered the civil judgment No. 523 [2018] Trial, Civ. Division: (1) X Development Company and X Development Corporation shall compensate a total of 3 million yuan for the service function losses of the damaged ecological environment until its remediation to the original state. The payment shall be made to the unit account, which was designated by the court and owns managerial function on the Shuimoxi County-level Wetland Nature Reserve in Shizhu County of Chongqing, within ten days from the effective date of the judgment. (2) X Development Company and X Development Corporation shall make payment to X Environmental Research Institute for reasonable attorney fee of 90, 000 yuan and travel expenses of 13, 686. 11 yuan, within ten days from the effective date of the judgment. (3) The other claims of X Environmental Research Institute were dismissed. After the verdict, none of the parties appealed. The judgment has became legally effective.

Reasons of Decision

The effective judgment of the court holds that: 1. This public interest litigation was initiated by an environmental protection organization seeking to hold the defendant civilly liable for environmental infringement. Under the law, the plaintiff, X Environmental Research Institute, has the standing to bring up this litigation. 2. The ecological remediation plan formulated by the relevant professional institutions entrusted by the Shizhu County Party Committee and County-Level People's Government has clearly stated that the highways within the Reserve will be retained due to issues concerning people's livelihood. Such expert opinion was made by a professional institution after comprehensively considering various aspects and passing the expert review meeting. The remediation plan has been approved by the Chongqing Municipal People's Government. Based on this, the court approved the expert opinion on retaining the highways. Moreover, the highways in question predated the establishment of the nature reserve and was not built by the three defendants, who have no right to dispose of or demolish it. 3. According to the law, activities including scientific experiments, teaching internships, inspection visits, etc., can be carried out in the experimental area of a nature reserve. The four factory buildings that the plaintiff requests to be demolished are all located within the experimental area of the Reserve. The ecological remediation plan calls for retaining the main buildings and converting them into educational facilities for the Reserve. These four factories now have been converted into an educational center of ecological civilization and is conformed to the law. 4. The plaintiff's failure to pay the required appraisal fee disable the determination of the amount of service function losses during the remediation period through judicial appraisal. However, it is an objective fact that the infringer built an industrial park within the case-involved nature reserve, causing damage to the ecological environment of the Reserve, and the service function losses as well. The plaintiff's request for compensation by relevant infringers should be supported. Regarding the determination of the infringers, X Development Company, as the project owner of the case-involved industrial park, carried out the infrastructure construction project of the industrial park mainly within the nature reserve, damaging the ecological environment of the protected area, hence directly infringed on the nature reserve's ecological environment. X Development Corporation, which took over all the claims and debts of X Development Company after its overall merger, is also a direct infringer and successor to the development company's claims and debts, and should bear corresponding compensation liability. It was not until May 2014 that the infrastructure of the industrial park was basically completed. Since X Development Company has not been deregistered to date, it cannot be exempted from bearing tort liability. The park management committee did not carry out any actions damaging the ecological environment of the protected area and should not bear compensation liability. Given the objective existence of service function losses, the court reasonably determined the service function losses in this case by referring to the factors considered in ecological environment remediation expense in the judicial interpretation. Be it hereby adjudged that X Development Company and X Development Corporation should be held liable for such losses during the remediation period, and be penalized 3 million yuan for restoring the damaged ecological environment.[1] 5. The survey and mapping report prepared by the entrusted appraisal institution in this case generated an appraisal fee of 25, 000 yuan, which shall be paid by the defendants, X Development Company and X Development Corporation, to the appraisal institution. The plaintiff requested the defendants to pay reasonable attorney fees of 300, 000 yuan and travel expenses of 13, 686. 11 yuan incurred for the lawsuit. Based on the plaintiff's request, the court reasonably determined the amount according to the proportion of the service function losses that the defendants, X Development Company and X Development Corporation, should compensate. The travel expenses incurred by the plaintiff for the lawsuit are closely related to the trial process of this case and are reasonable expenses. The defendant, X Development Company and X Development Corporation should pay these expenses.

Gist of Decision

When the plaintiff, a social organization cannot afford the appraisal fees in an environmental public interest litigation, resulting in the inability to determinate service function losses of the remediation period by appraisal, the people's court may, to effectively protect the damaged ecological environment, reasonably determine the amount of compensation for such losses by referring to the factors

[1] Article 23 of the Interpretation of the Supreme People's Court on Several Issues Concerning the Application of Law in the Trial of Environmental Civil Public Interest Lawsuits (effective as of 2015): When it is difficult to determine the ecological environment remediation costs or the appraisal fees required to determine the specific amount are significantly too high, the people's court may comprehensively consider factors such as the scope and degree of environmental pollution and ecological damage, the scarcity of the ecological environment, the difficulty of ecological environment remediation, the operating costs of pollution prevention and control equipment, the benefits obtained by the defendant from the infringing act, and the degree of fault, and may also refer to the opinions of departments with supervision and management responsibilities for environmental resources protection and expert opinions, etc., and make a reasonable determination.

considered in determining the ecological environment remediation expense in the relevant judicial interpretations.

Model Significance

This case, initiated by a social organization, involves a civil public interest litigation over environmental damage. Such litigation aiming to safeguard the public interest, is crucial for the public participation in environmental protection as stipulated by the Environmental Protection Law of the People's Republic of China. In this case, due to the high judicial appraisal cost that is unaffordable by the social organization, the court made the decision based on the objective existence of the ecological service function losses caused by the infringer within the nature reserve, by combining factors such as the scope and degree of ecological damage with reference to the provisions of the judicial interpretation of environmental civil public interest litigation, by considering the rarity of the objects protected by the nature reserve, the difficulty of ecological environment restoration, the status of ecological environment restoration, and the degree of fault of the defendant. Such approach overcame a practical judicial challenge and set a precedent for the trial of similar cases. In this case, the defendant occupied the nature reserve to build an industrial park, causing ecological environment damage and harming the public interests. Consequently, the court legally decided that the defendant should compensate 3 million yuan for the service function losses incurred during that period and should use it for the remediation of the damaged ecological environment. Such decision encourages and supports social organizations within the legal framework, and is not only conducive to stimulating the enthusiasm of social organizations to participate in ecological environment protection, promoting the construction of a modern environmental governance system featuring "party committee leadership, government guidance, enterprise as the main body, and the joint participation of social organizations and the public". But also comprehensively and reasonably protects the damaged ecological environment, promoting the withdrawal of the industrial park from the nature reserve and the remediation of the wetland ecological function, and has become a model practice to implement the Principle of Joint Prioritizing Extensive Protection and Refraining from Excessive Development.

Associated Indexing

Articles 18 (4), 29, and 32 (1), the Regulations of the People's Republic of China on Nature Reserves (Revised in 2017)

Articles 21, 22, 23, and 24 (1), the Interpretation of the Supreme People's Court on Several Issues Concerning the Application of Law in the Trial of Environmental Civil Public Interest Litigation Cases (2015)

Written by: Zhai Weiling

18 When Significant Changes Occur in the Objective Circumstances on Which an Administrative License is Based, by Law the Administrative Agency May Revoke the Administrative License for Public Interest

—Ou X v. Chongqing Tongliang District People's Government (Dispute over Administrative License)[1]

Keywords

Administration, Administrative License, Public Interest, Change of Circumstances, Administrative Revocation

Case Number

First Instance: Administrative Judgment No. 536 [2016] Trial. Admin. Division, the No. 1 Intermediate People's Court of Chongqing Municipality

Second Instance: Administrative Judgment No. 53 [2017] Final. Admin.

[1] This case is selected as a reference case in the case base of the People's Court (2023-11-3-004-002) and has been selected as a model case for judicial protection of the ecological environment in the Yangtze River Basin. First instance collegiate panel: Zhang Li, Li Lixin, and Wu Changyu; Second instance collegiate panel: Yin Jie, Le Min, and Tan Qiuqin.

Division, The Higher People's Court of Chongqing

Essential Facts

The defendant, Chongqing Tongliang District People's Government (hereinafter referred to as the District Government), submitted a request to Chongqing Municipal People's Government for the approval of a division plan for newly added centralized drinking water source protection areas in the urban district. In the reply, Chongqing Municipal People's Government granted consent in principle with the District Government's plan. On October 20, 2015, the District Government issued the contested Announcement, which stated that, in accordance with relevant laws and regulations and after deliberation by the District Government, the District Government decided to carry out comprehensive environmental improvement of the Fujiang drinking water source protection area. The water areas upstream and downstream of the Fujiang water intake point of the Tongliang Anju Water Lifting Project were respectively designated as primary and secondary drinking water source protection zones. Activities such as berthing, sand mining, raising poultry, and cage aquaculture were prohibited within the secondary drinking water source protection zone. Within the primary drinking water source protection zone, in addition to complying with the management regulations of the secondary protection zone, activities such as aquaculture were also prohibited. Units or individuals violating the Announcement would be punished according to law. The plaintiff, Ou X, a resident of a town in the district, had obtained an aquaculture certificate of mudflat in 2011, which was extended until December 31, 2015. He had long been engaged in fishery aquaculture in the Fujiang River basin of the town. Ou X claimed that the Announcement issued by the defendant designated his aquaculture area as a water source protection zone and prohibited him from continuing his fishery aquaculture activities, thereby infringing upon his legal rights. He filed a lawsuit requesting the revocation of the Announcement.

The No. 1 Intermediate People's Court of Chongqing Municipality rendered Administrative Judgment No. 536 [2016] Trial, Admin. Division on November 17, dismissing the claims of the plaintiff, Ou X. Dissatisfied with the judgment, Ou X appealed. The Higher People's Court of Chongqing delivered Administrative Judgment No. 53 [2017] Final, Admin. Division on April 6, 2017, dismissing the appeal and upholding the original judgment.

Reasons of Decision

The court's effective judgment held that the District Government possesses the statutory authority to delineate drinking water source protection areas within its jurisdiction and to adopt corresponding measures for the protection of these water sources. The contested Announcement was aimed at preventing and controlling pollution of drinking water sources and ensuring the safety of water use by public for production and daily life, thus its purpose was legitimate and the administrative procedure was lawful. Although Ou X had legally obtained an aquaculture certificate of mudflat, thereby receiving administrative permission to engage in fishery aquaculture, however, according to Article 8 of the Administrative Licensing Law of the People's Republic of China, if there are significant changes in the objective circumstances on which the administrative license was based, the administrative agency may, in the interest of public welfare, alter or revoke the administrative license that has already taken effect in accordance with the law.

Gist of Decision

In general, administrative agencies must not arbitrarily alter administrative licenses that have already taken effect. However, if there are significant changes in the objective circumstances that were the basis for the issuance of the administrative license, and it is necessary for the public interest, the administrative agency may, in accordance with the law, alter or revoke the administrative license that has already taken effect. If such modification or revocation causes property loss to citizens, legal persons, or other organizations, the administrative agency shall provide compensation in accordance with the law.

Model Significance

This case is a typical example of protecting drinking water source areas. In this case, although the administrative affected party had previously obtained administrative permission for aquaculture, the government, for the sake of protecting drinking water source areas and ensuring the safety of water use by the public for production and daily life, followed legal procedures to revoke the original administrative permission through the contested announcement. This administrative action is legal and valid and does not constitute a violation by arbitrary administrative authority. The People's Court lawfully supported the administrative agency's rectification measures, which effectively implemented the provisions of the Yangtze River Protection Law on strengthening the protection of drinking water sources. It is a practical manifestation of serving and ensuring the high-quality development of the Yangtze River Economic Belt.

Associated Indexing

Article 4, the Law of the People's Republic of China on the Prevention and Control of Water Pollution (Revised in 2008)

Article 8, the Administrative Licensing Law of the People's Republic of China (2003)

Written by: Huang Qi, Hu Junzheng

19 The Determination of "Severe Consequences" or "Aggravating Circumstance" under the Crime of Nature Reserves Destruction

—Shi X and Two Other Individuals (Destruction of Nature Reserves)[1]

Keywords

Criminal, Crime of Nature Reserves Destruction, State-Level Nature Reserves, Severe Consequence, Aggravating Circumstance

Case Number

First Instance: Criminal Judgment No. 543 [2023] Trial, Crim. Division, People's Court of Fuling District of Chongqing Municipality

Essential Facts

In July 2022, defendants Shi X, Li X, together with Zhang X consipired to construct a road using excavators, from Luoshuikong (a local place name) in the forest area of Longshan Village to Shimenkang (a local place name). Subsequently, Shi X and Li X hired excavators to construct a road in village group 1 of Longshan village. After Shi X and Li

[1] Collegial panel: Li Xinmei, Wang Yanguo, Yang Liyan.

X had built the road to the bamboo forest near Yuanjusi Temple (a local place name), Zhang X hired excavators to further extend the road to the vicinity of the bamboo forest at Shimenkan in Village Group 2 of Longshan Village. The width of the road surface of the section involved in the case is approximately 4 to 5 meters. Upon verification by the Chongqing Jinfo Mountain National Nature Reserve Management Center, the roads constructed in Groups 1 and 2 of Longshan Village in question are situated within the core zone of the Chongqing Jinfo Mountain National Nature Reserve. According to the the judicial expertise conducted by Chongqing Forestry Judicial Appraisal Center, the road construction in Group 1 of Longshan Village, Jinshan Town damaged 0.3696 hectares (5.54 mu) of forest land, destroyed 75 trees with a total stock of timber of 9.728 cubic meters. The damage is classified as "severe destruction". The forest category is Grade I National Public Welfare Forest (Forest for special uses). The road construction in Group 2 of Longshan Village, Jinshan Town damaged 0.9978 hectares (14.97 mu) of forestland, destroyed 177 trees with a total stock of timber of 36.055 cubic meters. The extent of the damage is classified as severe, and the forest category is Grade I National Public Welfare Forest (Forest for special uses). The three defendants made appearance after receiving police phone notification and truthfully confessed the criminal facts upon arrival. On November 16, 2023, they voluntarily paid 6000 yuan as an ecological restoration security deposit(held in escrow). On January 22, 2024, they signed a "Letter of Commitment", voluntarily assuming the obligations for the management and protection of the forest land damaged during road construction throughout its ecological recovery period.

On January 31, 2024, The Primary People's Court of Fuling District of Chongqing Municipality rendered Criminal Judgment No. 543 [2023] Trial, Crim. Division, convicting Shi X et al. the crime of nature reserves destruction and sentenced to fixed-term imprisonment ranging from 8 months to 1 year, with fines between 5000 – 6000 yuan respectively. The court lawfully imposed probation to all three defendants. After sentencing, none of the parties filed an appeal or protest, and the first-instance judgment has taken legal effect.

Reasons of Decision

The court's effective judgement held that defendants Shi X and two co-defendants violated regulations governing nature reserves by unauthorized excavation of forest land and construction of roads within the core zone of a national nature reserve. This resulted in severe damage to 1. 367 hectares (20. 51 mu) of forest land within the nature reserve, destroying 252 trees with a total stock of timber of 45. 783 cubic meters, causing severe consequences. Their actions constitute the crime of nature reserves destruction. As original residents of Jinfo Mountain National Nature Reserve, three defendants engaged in deforestation and road construction activities to expand their bamboo-shoot harvesting operations. The constructed road sections, measuring 4 to 5 meters in width, severely altered the ecological status of the affected forest land. This clearly exceeded the reasonable scope of cultivation, development, and construction which is set for original residents' necessity in production and daily life within the nature reserve. As a result, the ecological security of the forest land in the nature reserve was significantly damaged, the defendants should be held liable in accordance with the law. Considering that Shi X and the others voluntarily surrendered, confessed and pleaded guilty, proactively paid part of the ecological restoration deposit, and committed to voluntarily undertaking the management and forest protection obligations in the affected recovery areas, which satisfied the statutory and discretionary mitigating circumstances. Therefore, the court rendered the judgment as stated above.

Gist of Decision

1. Original residents within national nature reserves who violate regulations governing the nature reserves by engaging in cultivation, development, or

construction activities that significantly exceed the necessity in production and daily life, thereby causing severe consequences or involving other aggravating circumstances, shall be held criminally liable in accordance with law.

2. In cases of illegal land reclamation within national parks or national nature reserves that simultaneously meet the constitutive elements of both the crime of nature reserves destruction and the crime of illegally occupying agricultural land, in accordance with the provisions of Paragraph 2, Article 342 – 1 of the Criminal Law, the conviction and punishment should be based on the provisions with heavier penalties. When the statutory sentencing ranges for the both crimes are the same, conviction and punishment should be based on the crime of nature reserves destruction. This decision is under the background of China's major strategic decision to comprehensively advance the establishment of natural reserves system pioneering with national parks, further, in order to follow the principle that special law prevails over general law.

Model Significance

This is the first criminal case adjudicated by Chongqing courts for the crime of nature reserves destruction. The handling of this case provides general standards for determining "severe consequences" or "aggravated circumstances" in the crime of nature reserves destruction, offering reference and guidance for the normative application of this crime and the adjudication of similar cases. The People's Court lawful adjudicated of the three defendants' criminal liability, thus effectively safeguarded the ecological security and biodiversity of national parks and national nature reserves, fully demonstrating the determination and effectiveness of people's courts in protecting the eco-environment through the strictest systems, most rigorous rule of law, and firmly establishing a judicial barrier for ecological security in national nature reserves.

Associated Indexing

Article 342(1), the Criminal Law of the People's Republic of China (Revised in 2020)

Written by: Liu Xiang

20 Conviction and Sentencing for Illegal Manufacturing of Firearms and Illegal Hunting and Killing of Wild Animals

—The People v. Huang X (Illegal Manufacturing and Possession of Firearms, Illegal Hunting and Killing of Precious and Endangered Wild Animals) [1]

Keywords

Criminal, Illegal Manufacture of Firearms, Illegal Hunting and Killing of Precious and Endangered Wild Animals, Illegal Possession of Firearms, Wild Animals Conservation

Case Number

First Instance: Criminal Judgment No. 34 [2020] Trial, Crim, Division, People's Court of Dianjiang County, Chongqing Municipality

[1] The case was selected as one of the model cases of punishing crimes obstructing epidemic prevention and control by the People's Courts (First Batch). Conllegial Panel: Ye Zhiqiang, Dong Yanhong, Zeng Yang.

Essential Facts

From 2016 to 2017, the defendant Huang X obtained a self-made pre-charged pneumatic air rifle and a self-made airgun from other individuals. In 2018, Huang X purchased a nail gun along with components such as steel pipes and a scope, and subsequently modified the nail gun. Between May and November 2019, Huang X used the modified nail gun to hunt four wild animals suspected to be masked palm civets in Dongyin Mountain. One of the animals was cooked and eaten by his wife, while the remaining three were stored in the refrigerator at his home. On November 13, Huang X was apprehended by police. During a search of his residence, police discovered one "Kuai Pai" airgun, one "Tu Ying" airgun, one nail gun modified into a suspected firearm, one scope, 94 steel pellets, and 86 nail gun cartridges. Additionally, three suspected masked palm civets that Huang X had hunted were seized from his relatives. Upon expert appraisal, all three suspected firearms were confirmed to possess injurious capability and were classified as firearms. Among them, the modified nail gun was identified as a non-standard fire-arm powered by gunpowder, capable of firing non-standard ammunition. Of the three suspected masked palm civets, one was identified as a small Indian civet, a wild animal under second-class national protection, while the other two were identified as Paguma larvata, which are terrestrial wild animals protected by the state for their ecological, economic, or scientific research value.

On March 4, 2020, the People's Court of Dianjiang County, Chongqing Municipality rendered Criminal Judgement No. 34 [2020] Trial, Crim, Division, ruling that Defendant Huang X was convicted of the crime of illegal manufacturing of firearms and sentenced to three years of imprisonment; for the crime of illegal hunting and killing of precious and endangered wild animals, he was sentenced to one year and six months of imprisonment and fined 10,000 yuan; and for the crime of illegal possession of firearms, he was sentenced to six months of detention. The court applied the provisions of combined punishment for multiple crimes and decided to impose a combined sentence of four years of imprisonment, along with a fine of 10, 000 yuan.

After sentencing, none of parties filed appeals or protests, and the first-instance judgment has taken legal effect.

Reasons of Decision

The effective courtruling holds that Huang X privately manufactured a non-standard firearm powered by gunpowder, which was determined to possess injurious capability upon examination, thereby meeting the constitutive elements of the crime of illegal manufacture of firearms under Article 125 (1) of the Criminal Law of the People's Republic of China. Huang X violated Wild Animal Conservation Regulations by hunting and killing a small Indian civet, a wild animal under second-class national protection, an act that meets the constitutive elements of the crime of illegal hunting and killing of precious and endangered wild animals under Article 341(1) of the Criminal Law of the People's Republic of China. Additionally, Huang X illegally possessed two firearms, an act that meets the constitutive elements of the crime of illegal possession of firearms under Article 128(1), of the Criminal Law of the People's Republic of China. As Huang X has committed multiple crimes, he should be subjected to combined punishment for multiple offenses. Given that Huang X voluntarily surrendered and confessed to his crimes, he is eligible for a mitigated or reduced punishment in accordance with the law. Huang X's actions not only damaged wild animals resources but also posed a potential threat to public safety, necessitating severe punishment. However, considering his voluntary surrender and attitude of remorse, the Principle of Balancing Leniency and Severity in criminal policy should be applied.

Gist of Decision

The act of illegally manufacturing firearms and hunting nationally key protected wild animals constitutes separate offenses, namely, the crime of illegal manufacturing of firearms, the crime of illegal hunting and killing of precious and endangered wild animals, and the crime of illegal possession of firearms, which should be punished under the provisions of combined punishment for multiple offenses.

Model Significance

This case is a model case of the People's Court imposing combined punishment for multiple offenses in accordance with the law, specifically punishing the crime of illegal hunting and killing of precious and endangered wild animals. Protecting wild animals, maintaining biodiversity, and preserving ecological balance are not only the responsibilities and obligations of every citizen but also crucial components of advancing ecological civilization. Moreover, these principles represent legal boundaries that must not be crossed. Defendant Huang X, by illegally manufacturing firearms and hunting nationally protected animals, not only damaged wild animals resources but also posed a potential threat to public safety. This case clarifies the criteria for conviction and the principle for sentencing in cases involving the illegal manufacture of firearms and the hunting of nationally protected animals, providing a judicial reference for the adjudication of similar cases. The judgement in this case demonstrates the People's Court's stringent stance against actions that harm the ecological environment. It holds significant importance for raising public awareness of ecological protection and safeguarding biodiversity.

Associated Index

Article 125 (1), Article 128 (1), Article 341(1), Article 67 (1), Article 69; Article 72 (1), Article 73 (2)&(3), Article 52, Article 53 and Article 64, the Criminal Law of the People's Republic of China (Amended in 2020)

Article 15 and Article 201, the Criminal Procedure Law of the People's Republic of China (Amended in 2018)

Written by: Wang Liang, Yu Lingyun

21 Application of Labor Compensation in the Restoration of Wildlife Resources

—The People v. Li X and Luo X (Illegal Hunting and Harming Precious and Endangered Wildlife) (Criminal Incidental Civil Public Interest Litigation)[1]

Keywords

Criminal, Harming Precious and Endangered Wildlife, Crime of Illegal Hunting, Criminal Incidental Civil Public Interest Litigation, Wildlife Resource Restoration, Labor Compensation

Case Number

First Instance: Criminal Judgment No. 65 [2024], Trial, Crim. Division, The People's Court of Wanzhou District of Chongqing Municipality

Essential Facts

From December 2022 to January 2023, Li X, on four separate occasions, hunted with hounds near a village in Baiguo Town, Wanyuan City, Sichuan Province. Li X captured one Chinese serow, two deer

[1] This case was selected as a model case of judicial protection of ecological environment in Qinling mountains. Collegial panel: Xu Shiyu, Mei Nianzhang, Deng Zhou, Deng Hui, Liu Xingling, Ma Yuejian, Kang Jian.

(Elaphodus cephalophus), both of which are second-class nationally protected wildlife species, and one Chinese muntjac (a terrestrial wildlife species with significant ecological, scientific, and social value). Subsequently, on January 11, 2023, Luo X invited Li X to remove pre-set wire snares, during which they discovered that one Chinese goral (Naemorhedus griseus) had been dead in the trap, so they dismembered the goral and returned home. On the same day, Li X brought five blocks of the game meat to Chengkou County for trading, and was apprehended by the police of Chengkou County. On January 13, 2023, Luo X voluntarily surrendered himself to the police. According to the appraisal, Li X and Luo X caused damages to wildlife resources amounting to 83,000 yuan and 50,000 yuan, respectively. It was further ascertained that the entire area of Wanyuan City is designated as a no-hunting zone for the entire year, and the use of hounds and snares as hunting tools is prohibited. The location involved in the case is within the experimental zone of the Sichuan Hua'e Mountain National Nature Reserve.

On March 20, 2024, the Wanzhou District People's Court of Chongqing Municipality issued the Criminal Judgment (No. 65 [2024], Trial, Crim. Division), ruling as follows: The defendant, Li X, was convicted of the crime of harming precious and endangered wildlife and illegal hunting, and was sentenced to one year and three months of imprisonment, with a two-year probation, and fined. The defendant, Luo X, was convicted of the crime of harming precious and endangered wildlife, and was sentenced to seven months of imprisonment, with a one-year probation, and fined. Li X was ordered to compensate for ecological damages of 83,000 yuan (of which 49,800 yuan was offset by labor compensation, to be carried out pursuant to the "Labor Compensation Proposal"). Luo X was ordered to compensate for ecological damages of 50,000 yuan. Both defendants were required to issue a public apology. After the sentencing, no appeals or protests were filed, and the judgment has taken legal effect.

Reasons of Decision

The court's effective judgment holds that the defendants, Li X and Luo X, illegally hunted and killed nationally protected wildlife, thereby committing the crime of harming precious and endangered wildlife. Additionally, the defendant Li X violated hunting regulations by employing prohibited methods to conduct hunting in a no-hunting zone during a closed period, causing severe harm to wildlife resources, thus constituted the crime of illegal hunting. The illegal hunting activities of the two defendants caused damages to wildlife resources, destructed biodiversity, and impaired the public interest, so they shall bear civil liability for tort. Prior to the judgment, the defendant Li X committed multiple crimes, and should be subject to combined punishment for multiple offenses. Taking into account his guilty plea, truthful confession, and active compensation for ecological damages as expressions of remorse, he shall be given a lenient penalty according to law. The defense counsel's argument for imposing a heavier penalty for the most serious crime was not accepted, as each of Li X's four independent wildlife hunting met the constitutive elements of a crime. As the defendant Luo X has pleaded guilty and voluntarily surrendered himself, as well as actively compensated for ecological damages, he shall be given a lenient penalty in accordance with the law.

Gist of Decision

The People's Courts shall implement the concept of restorative justice when adjudicating environmental and resource cases. Where a party requests to use labor as a substitute for restoring ecosystems, the court shall consider the party's financial capacity, labor ability, and compensation amount, and specify the location, duration, timelimit, and supervisory duties of local authorities.

Model Significance

This case is a typical example of punishing crimes of harming precious and endangered wildlife, and it serves as a model case in strengthening ecological protection for the Qinling region. In this case, the illegal hunting, transportation, and sale of wildlife, that damaged the ecological environment, spanned across Sichuan and Chongqing. The People's Court transcended administrative regional restrictions and conducted a circuit trial across procinces to the location of the criminal activities. It demonstrated the judicial determination of severely punishing crimes that damage the ecological environment, achieving source governance of environmental resource cases, further it inspired greater public awareness of the ecological environment as well as practice the concepts of respecting nature and protecting biodiversity, contributing to enhancing cross-regional ecological co-construction and environmental co-protection, and providing judicial support for accelerating the development of a Beautiful China pilot zone.

Associated Indexing

Paragraphs 1 and 2 of Article 341, the Criminal Law of the People's Republic of China

Articles 6 and 7 of the Interpretation by the Supreme People's Court and the Supreme People's Procuratorate of Several Issues Concerning the Application of Law in Handling Criminal Cases of Destroying Wild Animal Resources

Written by: Xu Shiyu, Fang Yuan

22

Determination of Conviction and Sentencing for Capturing Precious and Endangered Wildlife During Illegal Fishing

—The People v. Xiong X et al. (Illegal Hunting and Poaching of Precious Wildlife)[1]

Keywords

Criminal, Crime of Harming Precious and Endangered Wildlife, Crime of Illegally Hunting Protected Wildlife, Imaginative Concurrence, Application of the Heavier Penalty

Case Number

First Instance: Criminal Judgment No. 286 [2017], Trial, Crim. Division, The People's Court of Fuling District of Chongqing Municipality

Second Instance: Criminal Judgment No. 146 [2017], Final, Crim. Division, The No. 3 Intermediate People's Court of Chongqing Municipality

Essential Facts

On March 25, 2017, the defendants Xiong X, Du X, and Jiang X,

[1] This case was selected as a model case of Judicial Protection of Water Ecology in the Yangtze River Basin, one of the Ten Model Cases of Environmental Resource Trials in Chongqing Courts (2016 – 2017). First instance collegial panel: Li Xinmei, Ran Hongfang, Qing Dao. Second instance collegial panel: He Fuqin, Chen Shengyou, Yang Yang.

equipped with fishing nets, fishing rods, and other tools, went to Longdong Bay waters in the Fengdu section of the mainstream of the Yangtze River, where they captured two silver carp and one juvenile Chinese sailfin sucker, resulting in the death of the latter. During the fishing process, the three individuals were apprehended on the spot by police officers from the local police station of Fengdu County, Chongqing. The mesh size of the gill nets they used was 6 centimeters, violating regulations in Chongqing that stipulate a minimum mesh size of 8 centimeters for fishing nets used in the mainstream of the Yangtze River, as well as in the Jialing River and Wujiang River waters. According to an appraisal by the Judicial Appraisal Institute of Southwest University, the Chinese sailfin sucker is a species of national second-class protected wildlife. The People's Procuratorate of Fuling District, Chongqing, prosecuted Xiong X and the two others for the crimes of illegally hunting and poaching precious wildlife and illegally fishing aquatic products.

On June 27, 2017, the Fuling District People's Court of Chongqing Municipality issued the Criminal Judgment (No. 286 [2017], Trial, Crim. Division), ruling as follows: 1. Defendant Xiong X is convicted of the crime of illegally hunting and poaching precious wildlife and sentenced to six months of imprisonment with a fine of 2000 yuan; 2. Defendant Du X is convicted of the crime of illegally hunting and poaching precious wildlife and sentenced to six months of imprisonment with a fine of 2000 yuan; 3. Defendant Jiang X is convicted of the crime of illegally hunting and poaching precious wildlife and sentenced to six months of imprisonment with a fine of 2000 yuan; 4. The criminal tools seized by the public security authority were ordered to be confiscated. After the sentencing, Xiong X and the two others dissatisfied with the ruling, filed an appeal. On August 11, 2017, the No. 3 Intermediate People's Court of Chongqing Municipality issued the Criminal Ruling (No. 146 [2017], Final, Crim. Division), rejecting the appeal and upholding the original judgment.

Reasons of Decision

The effective court judgment holds that the three defendants, including Xiong X, violated national regulations on the protection of aquatic resources by fishing in a prohibited area during a closed period using prohibited methods, with capture of one Chinese sailfin sucker,[1] a species of national second-class protected wildlife. The single act of fishing by Xiong X and the two others simultaneously constituted two crimes: illegally hunting and poaching precious wildlife and illegally fishing aquatic products. Therefore, the court determined that the heavier crime, namely illegally hunting and poaching precious wildlife, should be applied for conviction and sentencing, while the other acts were considered as sentencing circumstances. After being brought to justice, Xiong X and the two others truthfully confessed their criminal acts, constituting a confession, and thus may be given a lighter punishment. Xiong X and the two others cooperated in casting the fishing net and fished in the Yangtze River for personal consumption, demonstrating a reckless attitude toward the capture of the Chinese sailfin sucker, which constituted indirect intent. The court did not accept the defense argument raised by defendant Xiong X that their conducts did not constitute the crime of illegally hunting and poaching precious wildlife for the capture of the Chinese sailfin sucker was accidental during the net retrieval process.

Gist of Decision

Where a feasor, with the same subjective intent, carries out illegal fishing activities that simultaneously involve both ordinary aquatic animals and precious or endangered aquatic animals, and when the illegal fishing conducts meet the constitutive elements of both the crime of harming precious and endangered

---

[1] The Interpretation of the Supreme People's Court and the Supreme People's Procuratorate on Several Issues Concerning the Application of Law in Handling Criminal Cases of Destroying Wildlife Resources adjusts the conviction and sentencing criteria for the crime of endangering precious and endangered wildlife, shifting from the original quantity-based standard to a value-based standard.

wildlife and the crime of illegally fishing aquatic products, it constitutes an imaginative concurrence, in terms of identification, the heavier penalty shall be applied.

Model Significance

This case clarifies the adjudication rules applicable when the crime of illegally fishing aquatic products during a closed period overlaps with the crime of harming precious and endangered wildlife, establishes the judicial standard of "applying the heavier penalty", and provides guidance for the adjudication of similar cases. The Chinese sailfin sucker, a unique freshwater precious and endangered species in China, possesses significant economic, cultural, social, and ecological value. The People's Court, in accordance with the law, applied the heavier penalty, convicting and sentencing the defendants for the crime of illegally hunting and poaching precious wildlife. This decision reinforces the judicial condemnation of destructive fishing tools such as "extermination nets" and, by severely punishing illegal fishing activities, contributes to protecting the ecological balance and biodiversity of the Yangtze River waters.

Associated Indexing

Paragraph 1 of Article 341, the Criminal Law of the People's Republic of China

Written by: Li Xinmei, Liu Xiang

23 The Defendants' Illegal Stock Enhancement and Releasing cannot be Deemed as Discretionary Mitigating Circumstances for Sentencing

—The People v. Li X(A) et al. (Illegal Fishing of Aquatic Products)[1]

Keywords

Criminal, Illegal Fishing of Aquatic Products, Violation of Regulations on Stock Enhancement and Releasing, Ecological Risk, Discretionary Mitigating Circumstances for Sentencing

Case Number

First Instance: Criminal Judgment No. 719 [2021] Trial, Crim. Division, People's Court of Wanzhou District of Chongqing Municipality

Essential Facts

In May 2020, defendant Li X(A) invited defendants Zhang X, Li X(B), and Li X(C) (in a separate case) to conduct electric fishing together for food. Li X(C) drove the three defendants to the Zhuan Guaizi River section

[1] This case was selected as a model case of environmental resource tirals by the People's Court in 2021. Collegial panel: Xu Shiyu, Zhang Juan, He Juan.

of Dangyang Village, Liaozi Township, Chengkou County, Chongqing City, and they cooperated with each other in fishing. Based on reports from the public, Li X(C) was arrested on the spot. The three defendants dumped the fish catches into the river and hid with electric fishing tools. Subsequently, the three defendants surrendered to the police one after another. During the period of releasing on bail, the three defendants purchased several fingerlings of naked-spotted carp and yellow catfish from a freshwater fish farm in Tongnan District, Chongqing, and released them in the case-involved river section.

During the trial, the court sent a letter of inquiry to the relevant fishery administrative departments. The reply from the Chengkou County Commission of Agriculture and Rural Affairs confirmed that the defendant had not reported to the fishery administrative department before and after the fish releasing. Further, the naked-spotted carp was an alien species in the Qianhe River waters of Chengkou County, so the releasing was inappropriate in this river section due to the high likelihood of negative influence on local species in Chengkou County. The reply from the Tongnan District Commission of Agriculture and Rural Affairs confirmed that a freshwater fish farm in Tongnan District has legal qualifications and licenses to sell aquatic products but does not have the qualification for the enhancement and releasing of aquatic species. The naked-spotted carp does not belong to the local species.

On December 24, 2021, Chongqing Wanzhou District People's Court issued a criminal judgment with the case number No. 719 [2021] Trial, Crim. Division: 1. The defendant Li X(A) was convicted of illegal fishing of aquatic products and sentenced to four months imprisonment. 2. The defendant Li X(B) was convicted of illegal fishing of aquatic products and sentenced to three months imprisonment, with probation for six months. 3. The defendant Zhang X was convicted of illegal fishing of aquatic products and sentenced to three months imprisonment and six months of probation. After the sentencing, the three defendants did not appeal, and the public prosecution authority did not protest, so the judgment became legally effective.

Reasons of Decision

The court's effective judgment holds that the three defendants violated the regulations on the protection of aquatic resources by using prohibited methods to harvest aquatic products in the closed fishing season and areas, which constituted a severe crime of illegal fishing of aquatic products. The three defendants conducted electric fishing from late night to early morning during the main breeding period of aquatic organisms, divided tasks into lookout and fishing, and agreed on secret codes to convey information. They used inflatable rubber boats to expand the fishing area, with a clear division of labor and joint implementation. There should be no distinction between principal and accessory offenders. The three defendants had surrendered and pleaded guilty to the charges and can be granted a lenient penalty. The defendants Li X(B) and Zhang X voluntarily paid ecological remediation fees to repair the ecological environment, showing good repentance and were given discretionary consideration in sentencing.

The state has clear and specific regulations on stock enhancement and the releasing of fish. During the releasing, relevant laws, regulations, and work procedures must be followed to achieve scientific releasing, thus achieving the goal of restoring water ecology and maintaining ecological balance. Otherwise, not only will the original intention of stock enhancement and releasing fail, but it may even endanger biodiversity and water ecological security. The three defendants had the intention to actively repair the aquatic ecology and compensate for the damages to aquatic biological resources and ecological environment, but they omitted the reporting procedures beforehand, resulting in the fishery administrative department's failure to timely supervise and manage the activities of the three defendants. The act of self-releasing alien species in the area may not restore the aquatic ecological environment but do harm to the ecological balance of the releasing waters, which should be regulated. The illegal stock enhancement and releasing of the three defendants cannot be deemed as discretionary mitigating circumstances for sentencing.

Gist of Decision

Stock enhancement and releasing is a highly technical and standardized activity. If the defendants carry out the activity on their own without following the national regulations and norms on stock enhancement and releasing; and such activity incurs a negative impact on the ecological safety of the releasing waters, their subjective intents to repair are counteracted, and the People's Court will not consider it as mitigating circumstances for sentencing.

Model Significance

This case is a criminal case caused by illegal fishing of aquatic products. Stock enhancement and releasing is an important measure to restore fishery resources and maintain ecological balance, which must be carried out in accordance with scientific laws. Non-standardized stock enhancement and releasing may cause the invasion of alien species, which will counteract the effects of stock enhancement and releasing and even cause damage to biodiversity. In this case, the People's Court reviewed and confirmed that the stock enhancement and releasing activities carried out by the defendants did not comply with relevant regulations on the management of aquatic organism stock enhancement and releasing. These activities failed to protect the aquatic biodiversity and the eco-environment. The releasing of alien species may cause the mixing of species and population degradation in the rivers involved, affecting the genetic diversity of organisms. As a result, the court rendered a negative assessment of the defendant's actions. At the same time, the court issued a judicial suggestion to the relevant fishery authorities, which calls for strengthening the supervision of the enhancement and releasing activities and providing guidance for promoting a scientific and rational development of the enhancement and releasing activities.

Associated Indexing

Article 340 of the Criminal Law of the People's Republic of China (Amended in 2020)

Written by: Xu Shiyu, Wu Jiangshan

24 Characterization of Illegal Transplantation of National Key Protected Plants

—The People v. Hu X (Illegal Logging National Key-Protected Plants)[1]

Keywords

Criminal, Illegal Logging, Illegal Transplantation, National Key-Protected Plants, Elements of Crime

Case Number

First Instance: Criminal Judgment No. 360 [2018] Trail, Crim. Division, the People's Court of Yubei District of Chongqing

Second Instance: Criminal Adjudication No. 262 [2018] Final, Crim. Division, the No. 1 Intermediate People's Court of Chongqing Municipality

Essential Facts

In March 2016, the defendant, Hu X, contacted Guo X to purchase wild camphor trees and detect their sources. Subsequently, without obtaining permission from competent forestry department, Hu X, with the assistance of Guo X and others, organized workers to fell 21 wild camphor

[1] This case was selected as model case of the Gazette of the Supreme People's Court of the People's Republic of China, Issue 4, 2023 (Total Issue 320). First instance judge: Zhao Wenfen. Second instance collegial panel: Jia Ke, Zhang Li, Wu Changyu.

trees from the Jinguo Orchard, 29 wild camphor trees from the No. 5 state-owned forest area at the Daihu Protection Station of the Jinyun Mountain National Nature Reserve in Chongqing, and 72 wild camphor trees from the No. 4 state-owned forest area at the Chengjiang Protection Station of the Jinyun Mountain National Nature Reserve in Chongqing. After appraisal, the 122 wild camphor trees were identified as nationally second-class protected wild plants.

It was further ascertained that the defendant felled the aforementioned wild camphor trees for transplantation. At the time of the incident, only crown truncation and root pruning had been performed, and the transplantation process had not yet been completed.

People's Procuratorate of Yubei District of Chongqing Municipality prosecuted the defendant, Hu X, for the crime of illegal logging national key protected plants.

The defendant, Hu X, and his defender argued that Hu X had no criminal intent and that his actions constituted transplantation rather than logging.

On March 28, 2018, People's Court of Yubei District of Chongqing Municipality issued Criminal Judgment No. 360 [2018] Trial, Crim. Division, ruling that the defendant, Hu X, was convicted of the crime of illegal logging national key protected plants. He was sentenced to two years of imprisonment and fined 30,000 yuan. After the sentencing, the defendant, Hu X, filed an appeal. On July 26, 2018, the No. 1 Intermediate People's Court of Chongqing Municipality issued Criminal Adjudication No. 262 [2018] Final, Crim. Division, rejecting the appeal and upholding the original judgment.

Reasons of Decision

The court's effective judgment holds that the defendant, Hu X, knowingly that he had no license of forest harvest, still organized the transplantation of wild camphor trees with the assistance of others, thereby constituting the crime of illegal logging national key protected plants. The reasons are as follows:

Firstly, from the perspective of national regulations, according to the *Notice of the State Forestry* Administration on Strengthening and Strictly Regulating the Management of Tree Digging and Transplantation[1], which stipulates that "the management of digging, transporting, and trading trees shall be governed by the provisions of the Forestry Law and the Regulations for the Implementation of the Forestry Law regarding tree felling, transportation, and trading" and that "digging trees requires the license of forest harvest," it is evident that the national administrative authorities consider "logging" to include "digging and transplantation," and that digging and transplantation require the license of forest harvest. The administrative authorities' definition of "logging" is professional and scientific and should be referenced.

Secondly, from the perspective of legislative purpose, the object of the crime in this case is the national forestry protection and management system. Although illegal transplantation does not seek to profit by destroying plant life and subjectively intends to maintain survival of the transplanted plants, such actions disrupt the plants' original living environment. Since the transplantation occurs beyond state supervision, there is no guarantee that the transplanters possess the necessary technical conditions or follow standardized procedures. This behavior increases the likelihood of plant mortality, thereby harming national forest resources and the ecological environment. Prosecuting such actions aligns with the legislative purpose of Article 344 of the Criminal Law.

Thirdly, from the perspective of the elements of the crime, subjectively, there are obvious visual differences between wild and cultivated camphor trees. The defendant, with two years of experience in the landscaping industry, should have been able to determine whether the trees being felled were wild camphor trees. He also admitted that he knew the trees were wild camphor trees, which are protected by the state, and that he was aware the logging was conducted without obtaining license of forest harvest. Additionally, he was aware of the presence of

[1] This notice came into effect on January 1, 2014, and was valid until December 31, 2018.

biological control lamps on wild trees in the Jinyun Mountain Nature Reserve and the boundary markers between the Jinguo Orchard and the Jinyun Mountain National Nature Reserve. Objectively, the defendant was in charge of tree-sources detection and organized workers to conduct illegally felling of wild camphor trees, those making him the actual principal. He possessed both the subjective intent and objective conduct required to constitute the crime of illegal logging national key protected plants.

Gist of Decision

1. The act of illegally transplanting national key protected plants without obtaining the license of forest harvest falls under the scope of "illegal logging national key protected plants" as stipulated in Article 344 of the Criminal Law.

2. To determine whether the defendant possessed the subjective intent to illegally fell national key protected plants, factors may be considered such as whether the wild plants have universally recognizable visual characteristics, whether the defendant has work experience in the forestry industry, and whether special plant protection facilities are installed in the nature reserve.

Model Significance

This case involves a criminal matter of illegal logging national key protected plants. The Criminal Law does not explicitly define the scope of "logging", leading to differing interpretations of the term.[1] However, for protected plants with high ornamental value, "transplantation" has gradually become a primary method. Given that transplantation differs from felling in terms of the degree of social harm, when determining whether the illegal transplantation of precious trees or other national key protected plants constitutes a crime and its sentencing,

[1] Some scholars argue that transplantation does not constitute logging and therefore does not amount to this crime. See Zhang Mingkai, *Criminal Law (5th Edition)*, Law Press China, 2016, p. 1137; Cui Zhiwei, *Academic Controversies, Empirical Analysis, and Dogmatic Deconstruction of the "Proviso" as a Basis for Decriminalization*, Criminal Science, 2018 (2).

factors should be considered such as the rarity of the plants, the purpose of transplantation, the methods used, the quantity transplanted, and the extent of damage to the ecological environment. A comprehensive assessment of the social harm should be conducted to ensure that the punishment fits the crime. This case's inclusion of illegal "transplantation" as an objective manifestation of the crime has a strong deterrent and educational effect, and it is of significant importance for unifying the legal standards applicable to such cases.

Associated Indexing

Article 344 of the Criminal Law of the People's Republic of China (Amended in 2017)

Written by: Jia Ke, He Tong

25 The Characterization of the Criminal Act of Illegally Transplanting National Key Protected Plants

—The People v. Zhang X (Illegal Logging of National Key Protected Plants)[1]

Keywords

Criminal, Crime of Endangering National Key Protected Plants, Illegal Transplanting of National Key Protected Plants, Characterization of Criminal Act

Case Number

First Instance: Criminal Judgment No. 799 [2017] Trial, Crim. Division, People's Court of Wanzhou District of Chongqing Municipality

Second Instance: Criminal Judgment No. 75 [2019] Final, Crim. Divion, the No. 2 Intermediate People's Court of Chongqing Municipality

Essential Facts

In early March 2017, Zhang X purchased a Taxus wallichiana

Var (Southern yew tree) at the price of 400 yuan, from a villager Jiang X, in Mingda Town, Liangping District. He subsequently dug up

[1] This case was selected as one of the typical environmental resource case heard by Chinese Court in 2019. First instance collegial panel: Chen Wei, Liu Jinqiong, Deng Guohui. Second instance collegial panel: Zhang Zhenyong, Yang Chao, Feng Bo.

and transplanted the tree to his private garden. Furthermore, Zhang X learned of another Southern yew tree located in the "Dahepian" area, Group 11 of a village in Zhushan Town, Liangping District. Zhang X then proceeded to the mountain to dig up the tree and enlisted the assistance of Xie X and Zhang X to help transport it. Zhang X was apprehended by the police at the scene. After appraisal, the trees involved were identified as Southern yew trees, which are classified as national first-class key protected wild plants. The Southern yew tree that was logged from the "Dahepian" was found dead.

People's Court of Wanzhou District of Chongqing Municipality, hereby adjudicated Criminal Judgment No. 799 [2017] Trial, Crim. Division (Dated: December 28, 2018) as follows: the defendant, Zhang X, was found guilty of illegally logging national key protected plants and was sentenced to a fixed-term imprisonment of three years and three months, accompanied by a fine. Zhang X was dissatisfied with the first-instance verdict and filed an appeal. The No. 2 Intermediate People's Court of Chongqing Municipality, hereby adjudicated Criminal Judgment No. 75 [2019] Trial, Crim. Division (Dated: August 16, 2019) as follows: Revoke the first item of the original judgment ruled by the Wanzhou District People's Court. The defendant Zhang X was convicted of illegally logging national key protected plants and was sentenced to three years of imprisonment, with a three-year probation period, and a fine.

Reasons of Decision

The court's binding judgment holds that the issues in this case are the characterization of Zhang X's criminal act and his sentencing.

1. On the characterization of transplantating wild Southern yew trees, it should be classified as logging, constituting the crime of illegally logging national key protected plants. The reasons are as follows:

Firstly, from a linguistic and textual interpretation perspective, the Chinese character "cai" is defined as picking, gathering, or digging, while "fa" refers to chopping or felling. The term "cai fa" can be interpreted as the combined concept of "harvesting" and "felling". In the absence of a conflict between these meanings, the inherent meaning of "cai" should not be restricted or excluded. Therefore, "cai fa" should not be interpreted solely as felling but should also encompass the meaning of "harvesting", which includes activities such as relocation, modification, and transplantation.

Secondly, from the perspective of the nature of the act and its harmful consequences, the transplantation does not directly deprive the protected plant of life, but the survival of the plant is closely related to factors such as the season, method, and technique of transplantation, the plant's vitality, and the geographical environment of its original habitat. Even professional transplantation cannot guarantee the survival of the plant. In other words, transplantation carries a high probability of depriving the protected plant of life. From a subjective standpoint, felling constitutes an act of direct intent to deprive the plant of life, whereas transplantation at the very least demonstrates a reckless disregard for its survival. Even if the transplanted plant survives, the transformation from a "wild" to a "domesticated" one, which inevitably disrupts its original ecological value as a protected species. Therefore, while transplantation and felling differ in execution, they are substantively similar in terms of their legal nature and harmful consequences. Treating transplantation and felling as equivalent is consistent with the principle of analogical interpretation in legal reasoning.

Thirdly, from the perspective of the protection of legal interests, a crime constitutes an infringement on legal interests, and the purpose of criminal law is to safeguard these interests. In this regard, although one cannot classify unlisted actions as criminal acts merely for the legal interests protection, nor can one engage in analogical interpretation beyond the explicit meaning of criminal law provisions. The protection of legal interests should be limited within the scope of legal norms and carefully evade loopholes in penalization. As the concept of ecological legal interests gradually develops, interpreting logging solely as felling would exclude transplantation, an act with severe social harm, from the realm of criminal liability. Interpreting logging within the limits of the Principle of Legality as transplantation, collection, and felling serves to strengthen the criminal justice framework, better protect ecological legal interests, and promote the advancement of ecological civilization.

2. Minimal Subjective Malice Demonstrated by Zhang X. Zhang X transplanted the wild Southern yew tree to his own garden for ornamental purposes, demonstrating a relatively low degree of subjective malice. He used a hoe to dig up the tree with its roots, and only pruned the branches during transportation, without causing any damage to the trunk. As a result, the ecological function of the involved wild Southern yew tree was affected to a minimal extent. Additionally, during the appellate proceedings, Zhang X reached an Ecological Remediation Agreement with relevant authorities, actively fulfilling his obligations for remediation, nurturing, replanting and re-greening, as well as paying a fine. His attitude of admitting guilt and showing remorse was commendable. Taking into account all these factors, a more lenient sentence may be imposed.

Gist of Decision

1. The act of illegally transplanting national key protected wild plants constitutes "illegal logging" as stipulated in Article 344 of the Criminal Law of the People's Republic of China.

2. Given that the social harm caused by transplantation differs from that of felling, when determining criminal liability and sentencing, factors such as the rarity of the plant, the purpose and method of transplantation, the quantity of plants involved, and the extent of ecological damage should be considered. A comprehensive assessment of the social harm caused by the illegal transplantation should be made to ensure that the punishment fit the crime.

Model Significance

This case involves a criminal offense of illegally logging national key protected plants. The Southern yew isa national first-class key protected plant, which holds significant scientific, economic, and ornamental value. Article 3 of the Reply of the Supreme People's Court and the Supreme People's Procuratorate on Issues Concerning the Application of Article 344 of the Criminal Law of the People's Republic of China (judicial interpretation [2020] No. 2) explicitly incorporates illegal transplantation into the regulatory scope of Article 344 of the Criminal Law. In this case, the People's Court, prior to the implementation of the reply, determined that the act of transplantation constitutes illegal logging. This interpretation is of significant guiding importance for the correct understanding of the aforementioned reply and for standardizing the characterization of acts involving the excavation and transplantation of valuable wild plants. Meanwhile, it serves as a valuable educational example for raising public awareness of the law and promoting the protection of biodiversity.

Associated Indexing

Article 344 of the Criminal Law of the People's Republic of China (Amended in 2017)

Written by: Wang Xiang, Wu Jiangshan

26 The Compensation Agreement of Ecological Environmental Damage Can Be Given Mandatory Enforcement Through Applying Judicial Confirmation

—Youyang Tujia and Miao Autonomous County Commission of Agriculture and Rural Affairs v. Yao X (Case of Judicial Confirmation on the Compensation Agreement of Ecological Environmental Damage)[1]

Keywords

Civil, Ecological Environmental Damage; Compensation Agreement; Ecological Protection and Remediation; Judicial Confirmation

Case Number

First Instance: Civil Ruling No. 38 [2020] Trial. Civ. Spec. Division, the People's Court of Qianjiang District of Chongqing Municipality

[1] This case was selected as a model case of judicial protection of water ecology in the Yangtze River Basin. Collegial panel: Chen Jiang, Bai Haiyan, Li Ying.

Essential Facts

At around 23:30 on June 6, 2019, the compensation obligor Yao X, jointly with others, illegally harvested wild fish, using the prohibited fishing tool, an electric fish machine in the natural river named "Wangjiaba River" in Xikou Village, Youchou Town, Youyang Tujia and Miao Autonomous County (hereinafter referred to as "Youyang County"), Chongqing, during the closed fishing season stipulated by the law. Yao X was apprehended by the police on site, whose electric fish tool and catch were seized in accordance with the law. After counting and weighing, Yao X illegally harvested a total of 330 wild fishes, with a total net weight of 5.1 kilograms. The compensation obligor violated the provisions of Article 340, Paragraph 3 of Article 67, and Article 64 of the Criminal Law of the People's Republic of China.

Three experts from Southwest University, Yao Weizhi, Su Shengqi and Wu Zhengli, were entrusted by the Youyang Autonomous County Commission of Agriculture and Rural Affairs to assess the loss of fishery resources caused by Yao X's illegal fishing behavior and issued the Expert Assessment Opinions on the Loss of Fishery Resources Caused by Yao X's Illegal Fishing of Aquatic Products (hereinafter referred to as *Expert Opinion*). According to the *Expert Opinion*, Yao X used a battery as a power source and connected it to a booster, which increased the voltage and then delivered it into the water through a hand-held net connected by wires. He then used a hand-held net to scoop up the electrocuted fish. From the size of the captured fish, the output voltage of the electric fish device used in this case is not less than 600 V. The range of electric shock at this voltage is not less than a radius of 6 meters, meaning that fish within a 6-meter range of the electrodes will be injured. In the case of Yao X's illegal fishing of aquatic products, the indirect losses cannot be quantitatively estimated, and the direct loss of fishery resources is about 4242 yuan. According to the Provisions of the Implementation Plan for the Reform of the Ecological Environmental Damage Compensation System in

Chongqing, the expert appraisal fee of 3000 yuan in this case should be included in the scope of ecological environmental damage compensation. The total amount of compensation for ecological environmental damage in this case is 7242 yuan.

On December 20, 2019, the department designated by the compensation obligee, the Youyang County Commission of Agriculture and Rural Affairs, and the compensation obligor Yao X reached the following negotiation agreement: The Compensation Agreement of Ecological Environment Damage is divided into four parts. The first part is the recognition of the ecological environment damage facts and related evidence in the Compensation Agreement of Ecological Environment Damage by both parties; The second part is the elaboration of the basis and reasons for compensation in the Compensation Agreement of Ecological Environment Damage approved by both parties; The third part is the negotiation opinions of both parties in the Compensation Agreement of Ecological Environment Damage that are recognized by both parties; The fourth part is that both parties' mutual consent on the compensation liability and performance methods stipulated in the Compensation Agreement of Ecological Environment Damage. Both parties agreed that Party B shall fulfill the liability for ecological environmental damage compensation by self-restoration. The specific requirements for Party B's performance should be: According to the Expert Opinion plus the actual expert appraisal fees that should be included, the total quantitative amount of ecological environment damage in this case is 7242 yuan. Among them, the expert appraisal fee of 3000 yuan shall be paid to the relevant experts on the date of signing the Agreement. The direct loss of fishery resources worth 4242 yuan caused by the obligor's criminal conduct shall be remediated by the obligor through the implementation of enhancement and release in accordance with *the Expert Opinion*, and the self-restoration work shall be completed within 2 months from the date of signing the Agreement. The Youyang County Commission of Agriculture and Rural

Affairs and Yao X jointly applied to the court for judicial confirmation of the Compensation Agreement of Ecological Environment Damage.

Chongqing Qianjiang District People's Court issued a civil ruling No. 38 [2020] Special, Civ. Division (dated April 23 of 2020), confirming that the compensation agreement of ecological environmental damage reached by the Youyang County Commission of Agriculture and Rural Affairs and Yao X on December 20, 2019, was valid.

Reasons of Decision

The court's effective judgment holds that Yao X illegally fished aquatic products in the Yangtze River Basin, which caused a total of 7242 yuan of ecological environmental damage as assessed by experts, and should make the compensation. The compensation agreement reached between the department designated by the compensation obligee, the Youyang County Commission of Agriculture and Rural Affairs, and the compensation obligor Yao X, through negotiation, does not violate any mandatory provisions of the law and does not harm public interests. The restoration plan in the *Agreement* is scientific and feasible, thus should be confirmed.

Gist of Decision

1. If the infringer conducts illegal fishing of aquatic products and causes ecological damage, the tortfeasor can adopt the Enhancement and Release method assessed by experts to remediate the damaged ecological environment scientifically. The performance of ecological remediation can be used as discretionary mitigating circumstances for sentencing in the criminal case of the tortfeasor's illegal fishing of aquatic products.

2. In the case of judicial confirmation of the compensation agreement of ecological environmental damage, People's Court should adhere to the concept of prioritizing remediation, focusing on reviewing whether the ecological remediation plan is scientific and feasible, and whether it is sufficient to

safeguard the public interest of the ecological environment, to ensure that the damaged ecological environment is comprehensively protected and restored.

Model Significance

This case is a model case of People's Court's comprehensive implementation of the judicial concept of prioritizing ecology and focusing on environmental remediation. The tortfeasor, in this case, conducted illegal fishing of aquatic products in natural rivers in the Yangtze River Basin, causing ecological damage. The organization authorized by the provincial people's government negotiated with him and reached an agreement on compensation for ecological damage, which was confirmed by the People's Court in accordance with the law. The compensation obligor, based on the expert assessment opinion, has restored the damaged ecological environment through the implementation of enhancement and release activity, and the performance of this task is considered as discretionary mitigating circumstances for sentencing in subsequent criminal cases. This not only remediates the damaged ecological environment, but also expands the judicial path for the tortfeasors of illegal fishing aquatic products to bear the liability for ecological damage compensation, which is of great significance for promoting the ecological protection and remediation of the Yangtze River, as well as enhancing an important ecological barrier in the upper reaches of the Yangtze River.

Associated Indexing

Article 1234, 1235, the Civil Code of the People's Republic of China

Article 206, the Civil Procedure Law of the People's Republic of China

Article 20, the Several Provisions of the Supreme People's Court on the Trial of Ecological and Environmental Damage Compensation Cases (2019) (For Trial Implementation)

Written by: Chen Jiang, You Zhongchuan

27 Administrative Actions Must Take into Account Public Interests Such As Wetland Conservation

—Luo X v. Fengdu Water Authority (Dispute over Administrative Approval)[1]

Keywords

Administration, Administrative Litigation, Administrative Approval, Sand Quarrying in River Courses, Wetland Conservation

Case Number

First Instance: Administrative Judgement No. 167 [2016] Trial, Admin. Division, People's Court of Fuling District of Chongqing Municipality

Essential Facts

From 2009 to 2013, upon the application of You X, the Fengdu Water Authority annually issued a one-year sandstone mining license for the sandstone mining site operated by You X. In 2010, Luo X entered into a partnership with You X, and the sandstone mining site was renamed "Fengdu County Yang X Sandstone Mining Site" (hereinafter referred to as Yang X Sandstone Mining Site). In May 2014, the Chongqing Water

[1] This case was selected as one of the top ten typical cases concerning environmental resources in the Yangtze River Basin. Collegial Panel: Liu Yun, Liu Zeqin, Li Hongming.

Resources Bureau determined that the Yang X Sandstone Mining Site was an illegally constructed building and sandstone processing plant within the scope of Longhe Basin Wetland Nature Reserve of the Three Gorges in Chongqing. In accordance with the provisions of the Regulations on Management of River Course of Chongqing, the owner of the site was required to submit a construction scheme and a flood impact assessment report within a specified period and reapply for and complete the approval procedures. Subsequently, Luo X submitted the relevant documents to the Fengdu Water Authority. On September 3, 2014, the Fengdu Water Authority issued the Approval for the River-related Construction Scheme of the Yang X Sandstone Processing Plant in Fengdu County (Fengdu Water Authority Issuance [2014] No. 94) (hereinafter referred to as the Approval), which gave approval in principle for the construction project of the Yang X Sandstone Processing Plant and recommended that the approval procedures be completed with the relevant departments in accordance with the basic construction procedures. In February 2016, Luo X once again applied to the Fengdu Water Authority for a sandstone mining license. However, the Fengdu Water Authority responded that the Yang X Sandstone Mining Site had been designated as part of the wetland nature reserve in 2008, where sandstone mining was prohibited, thus the license would not be issued. Dissatisfied with this decision, Luo X filed a lawsuit with the court, requesting a declaration that the Approval issued by the Fengdu Water Authority was unlawful.

People's Court of Fuling District of Chongqing Municipality made an administrative judgment (No. 167 [2016] Trial, Admin. Division) On November 21, 2016, that the Approval was hereby revoked. Neither party appealed the judgment after the first-instance ruling, and the judgment had become legally effective.

Reasons of Decision

The court's effective judgment holds as follows: Firstly, regarding the justiciability of the Approval. On the one hand, in accordance with the gist of the decision of the Supreme People's Court Guiding Case No. 22, approvals issued by local people's governments in response to requests from their administrative agencies are generally considered internal administrative actions and are not subject to litigation. However, if the administrative agency directly implements the approval and it has a practical impact on the rights and obligations of the affected party, the affected party may file a lawsuit against the unsatisfied approval, and the people's court shall accept the case in accordance with the law. In this case, the Approval was not an internal document of the administrative agency, but rather an approval issued by the Fengdu Water Authority in response to the construction scheme submitted by Luo X, which had a practical impact on the rights and obligations of Luo X. Therefore, the people's court shall accept and hear the case. On the other hand, the Approval only served to prove the objective existence of the administrative action in question, namely the Fengdu Water Authority's consent to Luo X's construction scheme, while it did not prove that the Fengdu Water Authority approved sandstone mining or that the sandstone mining activities at Yang X Sandstone Mining Site were lawful, as sandstone mining requires a sandstone mining license. Secondly, regarding the legality of the Approval. In accordance with Article 8 of the Regulations on Management of River Course of Chongqing, the Fengdu Water Authority, as the competent authority of the river course at a county level, has the authority to review the construction schemes within the river course management area under its jurisdiction. Concerning the River-Related Construction Scheme and Flood Impact Assessment Report of Yangligou Sandstone Processing Plant in Fengdu County submitted by Luo X, the Fengdu Water Authority should have reviewed the scheme by flood control requirements and issued an approval, while also taking into account the fact that the site was located within the wetland nature reserve. The Fengdu Water Authority argued that it was unaware of the Approval for the Establishment of the Longhe Basin Wetland Nature Reserve in the Three Gorges in Chongqing (Fengdu Government Issuance [2008] No. 194) and the scope of the wetland nature reserve was obviously unreasonable. In accordance with

Article 34 of the Administrative Litigation Law of the People's Republic of China (2014 Amendment), since the Fengdu Water Authority failed to provide factual and legal grounds to prove the legality of the Approval, the administrative Approval it issued should be considered lacking evidence. Therefore, the Approval (Fengdu Water Authority Issuance [2014] No. 94) issued by the Fengdu Water Authority shall be reversed in accordance with the law.

Gist of Decision

1. The basis for administrative actions taken by administrative agencies includes not only factual and legal grounds within their scope of authority, but also factual and legal grounds related to public interests, such as environmental resources protection.

2. Administrative approvals are mostly issued by higher-level administrative agencies in response to applications from lower-level administrative agencies and are considered as internal administrative actions, which are not subject to litigation. However, if the Approval impacts the actual rights and obligations of citizens, legal persons, or other organizations, the people's court shall accept the case.

Model Significance

This case clarifies the justiciability of administrative approvals and the scope of factual and legal grounds for administrative actions. It affirms that an approval issued to the parties, which has a direct impact on their rights and obligations, is justiciable. Additionally, the administrative actions are based on factual and legal grounds, including those related to public interests such as environmental resources protection. Wetland ecosystems are rich in natural resources but are ecologically fragile and difficult to restore, therefore, their protection is not the sole responsibility of the competent department of ecology and environment but requires the participation of the entire society. This case reflects the people's court's emphasis on the conservation of wetland ecosystems and plays an active role in promoting the joint participation of various administrative agencies in wetland ecosystem conservation.

Associated Indexing

Article 34, Administrative Litigation Law of the People's Republic of China (Amended in 2014)

Written by: Liu Yun, Zhao Guosuo

28 Determination of the Duty to Protect Ancient and Famous Trees

—Chongqing Jiulongpo District People's Procuratorate v. Chongqing Jiulongpo District X Bureau (Dispute over Bureau's Failing to Fulfill Legal Duty to Protect Ancient Trees)[1]

Keywords

Administrative, Environmental Protection Duty, Ancient and Famous Trees, Management and Protection Duty

Case Number

First Instance: Administrative Judgment No. 137 [2021] Trial, Admin. Division, People's Court of Jiangjin District of Chongqing Municipality

Essential Facts

The Chongqing Jiulongpo District People's Procuratorate discovered that four ancient trees on Yangjiaping Pedestrian Street had night lighting decorations installed directly onto the tree trunks by nailing, which damaged the health of the trees and affected their growth, thus infringing

[1] This case was selected as one model case of environmental resource trials by the People's Court in 2021. Collegial panel: Chen Hongzhuan, Jiang Ling, Zhu Rui, Ma Enping, Chen Hanzhong, Zhou Jiahong, Luo Yongfang.

national interests and public interests. The Procuratorate issued a judicial suggestion to Jiulongpo District X Bureau, which responded in writing with its corrective actions. However, upon further investigation on-site, it was found that four ancient trees were directly affixed with long nails and staples to install night lighting decorations. The Chongqing Zhongzheng Judicial Appraisal Center issued an assessment, stating that the aforementioned actions violated relevant regulations in the Regulations on the Protection and Management of Urban Ancient and Famous Trees. The installation of identification plaques for the ancient trees should be carried out, along with enhanced management and maintenance. The Jiulongpo District People's Procuratorate filed a lawsuit, requesting confirmation that the Jiulongpo District X Bureau failed to fulfill its duties in the protection and management of ancient trees in accordance with the law, and demanding that the Bureau fully and adequately perform its duties by implementing effective protective and management measures for the four ancient trees. After receiving a copy of the lawsuit, the Jiulongpo District X Bureau fulfilled its supervisory and management duties accordingly. The public interest litigation plaintiff amended the lawsuit to request confirmation that the defendant had incompletely fulfilled its supervisory duties was in violation of the law.

People's Court of Jiangjin District of Chongqing Municipality, hereby adjudicated Administrative Judgment No. 137 [2021] Trial, Admin. Division (Dated: July 26, 2021) as follows: Confirming that the defendant, the Chongqing Jiulongpo District X Bureau, unlawfully and inadequately fulfilled its supervisory duties in the protection and management of four urban ancient trees located at Yangjiaping Pedestrian Street in Jiulongpo District, Chongqing, with identification numbers 1921 (Ficus microcarpa L. f), 1923 (Heteropanax fragrans (Roxb.) Seem.), 1928 (Ficus religiosa L.), and 1931 (Ficus microcarpa L. f). Following the first-instance judgment, neither party appealed, and the judgment has become legally effective.

Reasons of Decision

The court's effective judgment holds that the major issue in this case is whether the District X Bureau failed to fulfill its duties in the protection and management of ancient trees.

1. The People's Procuratorate of Jiulongpo District is a proper subject to initiate the lawsuit as the plaintiff in the public interest litigation.

Article 25, Paragraph 4, of the Administrative Procedure Law of the People's Republic of China, reflects the attention of the procuratorial authority in administrative litigation to public interests related to the environment, food and drug safety, and other areas [1]: "Where the people's procuratorate, in the course of performing their duties, detects illegal exercise of authority or inaction by administrative agencies in areas as the ecological environment and resources protection, food and drug safety, state-owned assets protection and transfter of use rights for state-owned land, resulting in harm to national or public interests, it may issue a procuratorial recommendation to the administrative agency to urge such performance in accordance with the law. If such administrative agency fails to perform its duty in accordance with the law, the people's procuratorate shall institute a lawsuit to the people's court." After fulfilling the pre-litigation procedures, the public interest litigant filed this administrative public interest lawsuit in accordance with the law.

2. The Defendant indeed failed to fulfill its duties in the protection and management of ancient trees.

In accordance with the Environmental Protection Law of the People's Republic of China, the Measures for the Protection and Management of Urban Ancient and Famous Trees, and the Chongqing Urban Landscaping Regulations, the defendant, Chongqing Jiulongpo District X Bureau, holds the responsibility for supervising and managing the health conditions of ancient trees within its jurisdiction. It also has duties to remove, within a set period, any damage-

---

[1] See Wang Zuohua, Yu Huaifeng, Liu Xia, *Environmental Administrative Public Interest Litigation as Objective Litigation*, Nanjing Technology University (Social Science Edition), 2023(5).

causing activities involving the act of nailing. Following the issuance of the prosecutorial recommendation, although the defendant took partial rectification measures for the identified issues and submitted a written response, the ancient tree involved in the case remained not thoroughly restored due to inadequate remediation. Only after the public interest plaintiff filed the administrative public interest lawsuit, did the defendant commence the performance of its duties by entrusting a management and protection unit to carry out the maintenance in accordance with the relevant technical standards. Therefore, prior to the filing of the public interest lawsuit, the defendant indeed failed to fulfill its duties in the protection and management of the ancient trees.

3. The Circumstances Under Which the Public Interest Plaintiff's Change of Claims Complies with Legal Provisions

On June 4, 2021, the Chongqing Landscaping Service Center issued a report confirming that the health risks associated with the four ancient trees involved in the case had been eliminated, which disable the decision that the defendant should keep performing its statutory duties. The issuance of the Interpretation on Several Issues Concerning the Application of Law in Prosecutorial Public Interest Litigation Cases by the Supreme People's Court and the Supreme People's Procuratorate(2018) further improved the system of prosecutorial public interest litigation[1]. Article 24 of the interpretation stipulates: "In the course of an administrative public interest proceeding, if the defendant corrects the illegal conduct or performs its duties in accordance with the law, thereby fully realizing the claims of the People's Procuratorate, and the People's Procuratorate withdraws the lawsuit, the people's court shall rule to grant the withdrawal; If the People's Procuratorate modifies its claims and requests confirmation that the original administrative act was unlawful, the People's Court shall render a judgment confirming its illegality." Therefore, the amendment of the claims by the public interest plaintiff complies with legal provisions and should be

[1] See Xia Yunjiao, Shang Jiang, *Review and Improvement of Judgment Methods in Environmental Administrative Public Interest Litigation*, Nanjing Technology University (Social Science Edition), 2021(3).

supported.

Gist of Decision

The urban landscaping administrative agency is responsible for the maintenance and protection of urban ancient trees within its jurisdiction and has the duty to order the removal of any damage caused to such trees, including harm inflicted by nailing or other means, within a specified period. The People's Court may conduct a comprehensive assessment of the condition of ancient trees by considering their actual status and expert opinions, thereby determining whether the administrative agency has fully fulfilled its duty of maintenance and protection of the ancient trees.

Model Significance

This case pertains to an administrative public interest litigation initiated due to the failure of the administrative agency in protecting ancient trees. The installation of night lighting decorations on ancient trees is common in daily life, but it shall not be implemented in a manner detrimental to the healthy growth of such protected ancient trees. The case revealed that the night lighting decorations caused harm to the trees, and the court lawfully confirmed that the administrative agency's failure to take timely and effective protective measures for urban ancient trees constituted a violation of the law. The People's Court has fully exercised its judicial functions according to the law, using judicial means to urge the administrative agency to perform its duties and protect national and public interests. This also contributes to raising public awareness of the protection of ancient and famous trees, promoting the scientific and reasonable implementation of decorative activities, and fostering a harmonious coexistence between humans and nature.

Associated Indexing

Article 25(4), Article 74(2), the Administrative Procedure Law of the People's Republic of China (Amended in 2017)

Article 29 (2), the Environmental Protection Law of the People's Republic of China (Revised in 2014)

Article 24 of the Interpretation of the Supreme People's Court and the Supreme People's Procuratorate on Several Issues Concerning the Application of Law in Public Interest Litigation Cases Brought by Procuratorial Authority (2018)

Article 5(2), the Regulations on Urban Landscaping of Chongqing

Written by: Jiang Ling, Zhu Yongqi

29 Determination of Administrative Agency's Failure to Fulfill Statutory Duties Impairing Public Interests

—Wuxi County People's Procuratorate v. Wuxi County X Bureau (Nonfeasance of Administrative Supervision and Management Duties)[1]

Keywords

Administrative, Administrative Public Interest Litigation, Preservation of Martyrs' Memorial Infrastructure, Honorific Protections, Public Interest

Case Number

First Instance: Administrative Judgment No. 60 [2022] Trial, Adm. Division, the People's Court of Wanzhou District of Chongqing Municipality

Essential Facts

The Panguanshan Cemetery Complex is located in the Bai'e Community of Ninghe Street, Wuxi County, falling under the jurisdiction of urban planning area. Herein established is a martyrs' memorial park, which houses 113 fallen soldiers and features commemorative walls

[1] This case was selected as a model case of environmental resource trials by the People's Court in 2022. Collegial panel: Wang Xiang, Huang Hua, Cheng Hongbing, Cui Kunyong, Zeng Huaxiang, Zhang Yonglin, Zhang Xingsheng.

dedicated to those who sacrificed their lives in the War of Liberation, The War to Resist US Aggression and Aid Korea, the Self-Defense Counterattack War Against Vietnam, and the period of National Economic Construction. X Bureau in Wuxi County shall bear the statutory duty of waste supervision and management within the cemetery complex and the martyrs' memorial park's perimeter. However, due to the land expropriation work carried out by the Wuxi County People's Government near the Panguanshan Cemetery Complex, 1292 square meters of construction debris and domestic waste was accumulated in that vicinity. On November 8, 2021, the Wuxi County People's Procuratorate and X Bureau in Wuxi County discussed the issue of open-air garbage pile near the Panguanshan Cemetery Complex and the martyrs' memorial park that affected the environmental sanitation and reached a pre-litigation consultation consensus, wherein the parties reached consensus requiring the X Bureau to promptly clean up the said waste accumulations. On December 27, 2021, X Bureau partially removed the waste pile in the open near the cemetery complex and the martyrs' memorial park. However, when the Wuxi County People's Procuratorate conducted a follow-up inspection on January 10, 2022, residual waste remained uncleared, and new waste was accumulated, severely impacting the environmental sanitation of that area. On January 18, 2022, the Wuxi County People's Procuratorate issued a procuratorial suggestion to X Bureau, urging immediate waste removal. The X Bureau having failed to provide written responses or discharge its regulatory obligations, the Wuxi County People's Procuratorate instituted an administrative public interest litigation accordingly.

On September 30, 2022, the Primary People's Court of Wanzhou District of Chongqing Municipality rendered the administrative judgment No. 60 [2022] Trial, Adm. Division, the Wanzhou District People's Court, odering that X Bureau of Wuxi County to immediately fulfill its statutory supervisory obligations addressing the open dumping of construction and domestic waste near the Panguanshan Cemetery Complex, the martyrs' memorial park, and the graves of martyrs in Wuxi County. The judgment has become legally effective after neither party appealed.

Reasons of Decision

The effective judgement holds that the Panguanshan Cemetery Complex and the martyrs' memorial park fall within the urban planning jurisdiction of Wuxi County. As the regulatory department responsible for overseeing construction and domestic waste, X Bureau in Wuxi County shall bear the statutory supervisory obligation to address the open-air garbage accumulation involved in this case. Despite the Wuxi County People's Procuratorate discussed the garbage clearance matters with X Bureau and issued a procuratorial recommendation, X Bureau still failed to fully perform its duties. Consequently, the piled-up waste remained uncleared, resulting in further deterioration of the environment and damage to the environmental sanitation of both the cemetery complex and the martyrs' memorial park. Such dereliction of duty has damaged the ceremonial environment, amounting to a violation of the legal system protecting heroes and martyrs' memorial facilities, thereby compromising the dignified, solemn, and clean environment and atmosphere of the memorial facilities, infringing upon the public's special feelings to honor heroes and martyrs, mourn the deceased, and recall ancestors, and impairing the public interest.

Gist of the Judgment

1. When laws, regulations, and rules do not explicitly define the administrative supervision duties for specific fields or matters, a government agency's "Three Determinations Plan" (Plan for Defining Functions, Establishing Institutions and Setting Staffing Quotas) or valid normative documents issued by competent authorities for functional delineation may serve as the basis for determining whether the agency has corresponding statutory duties.

2. Be it hereby adjudged that the determination of social and public interests shall take historical traditions, national spirit, the public's general emotional and

cognitive perception, socialist core values, public order and good morals, and legal provisions into consideration. When an administrative agency fails to perform its statutory duties and thereby harms the public's spiritual and emotional need to commemorate and honor heroes and martyrs, such conduct shall be deemed to have caused impairment to the public interests.

Model Significance

Be it hereby adjudged that this environmental administrative public interest litigation case arises from an administrative agency's failure to fulfill its regulatory duties over the environmental conditions of memorial facilities and cemeteries for heroes and martyrs. Heroes and martyrs constitute the backbone of the nation, the vanguards of their times, and the brightest symbols of a nation's spirit. A solemn, dignified, and clean sacrificial environment is the essential basis for people to express reverence and remembrance for heroes and martyrs. In this case, the administrative agency neglected its duty to supervise and manage environmental protection in the cemetery complex and martyrs' memorial parks, resulting in large amounts of waste being dumped near these sites. This severely degraded the environmental hygiene of the cemetery complex and the martyr's memorial park, disrupted the solemn atmosphere of commemoration, compromised the public's special emotion in recalling heroes and martyrs and expressing their griefs, and damaged social public interests. Through judicial decision, the Wanzhou District People's Court urged the administrative agency to actively and fully perform its duties, fostering a societal ethos of respecting and protecting heroes and martyrs. This case holds significant importance for upholding the spirit of heroes and martyrs, fostering patriotism, and cultivating core socialist values.

Associated Indexing

Article 4 (2), the Law of the People's Republic of China on the Protection of Heroes and Martyrs

Article 72, the Administrative Procedure Law of the People's Republic of China (Amended in 2017)

Written by: Wang Xiang, Fang Yuan

Part Ⅲ

Development and Utilization of Resources

30 Administrative Agency Shall Bear Compensation Liability for Illegal Forced Land Acquisition

—Chen X v. the People's Government of X Town, Qijiang District, Chongqing Municipality[1] (Dispute over Administrative Compensation)

Keywords

Administration, Administrative Compensation, Land Contracting, Illegal Forced Land Acquisition, Compensation and Resettlement

Case Number

First Instance: Administrative Judgment No. 10 [2019] Trial, Admin. Division, of Dadukou District of Chongqing Municipality

Second Instance: Administrative Judgment No. 26 [2019] Final, Admin. Division, the No. 5 Intermediate People's Court of Chongqing Municipality

Essential Facts

On August 4, 2015, some villagers from Group 8 of X Village in Qijiang District, Chongqing Municipality, submitted an application to the

[1] This case was selected into the case base of the People's Courts (2024 - 11 - 3 - 020 - 001). First instance collegial panel: Ma Zhiyong, Yang Zhifang, Deng Jinfeng. Second instance collegial panel: Zhang Xiaoming, Zhou qi, Ying Xi.

People's Government of X Town in Qijiang District, Chongqing Municipality (hereinafter referred to as "the Town Government"). They requested that all land and houses in Group 8 of X Village be acquired and compensated in accordance with the compensation and resettlement standards stipulated in Qijiang District's current land acquisition and demolition policies. On December 23, 2015, the Town Government (Party A) and Group 8 of X Village (Party B) entered into a Land Acquisition Agreement, which stipulated that Party A would acquire a total of 250.24 mu (approximately 16.68 hectares) of land from Party B, including 192.64 mu (approximately 12.85 hectares) of arable land, 33 mu (approximately 2.2 hectares) of residential land, and 24.6 mu (approximately 1.64 hectares) of other land. On December 30, 2015, Party B and Party A entered into a Land Transfer Agreement, stipulating that Party A would transfer 283.05 mu (approximately 18.87 hectares) of land in Group 8 of X Village to Party B. On November 30, 2016, Party A and Party B entered into a Land Handover Agreement, stipulating that Party A would hand over 122 mu (approximately 8.13 hectares) of unused land to the collective economic organization of Party B for unified management. Chen X contracted 4.25 mu (approximately 0.28 hectares) of rural collective land in Group 8 of X Village, of which 1.18 mu of land (approximately 0.08 hectares) was not within the acquisition scope. Chen X's contracted land was used to grow two crops annually: rice in the spring and summer, and vegetables (such as radishes) in autumn and winter. Before 2014, Group 8 of X Village was a hybrid rice seed production base in X Town of Qijiang District. After 2014, Group 8 of X Village ceased hybrid rice seed production.

On January 11, 2016, the Town government flattened the land legally contracted and managed by the plaintiff Chen X, located in Group 8 of X Village along with the crops planted thereon. On June 19, 2018, the forced land acquisition was ruled illegal by the People's Court. On August 1, 2018, Chen X submitted an application for administrative compensation to the Town government. On September 6, 2018, the Town government issued a decision refusing to compensate. Dissatisfied with this decision, Chen X then filed an administrative compensation lawsuit with the People's Court.

The Primary People's Court of Dadukou District, Chongqing Municipality rendered Administrative Judgment No. 10 Trial, Admin. Division, which revoked the town government's refusal decision and ordered the Town government to compensate Chen X in the amount of 15, 637.69 yuan. After the judgment, Chen X, dissatisfied with the decision, filed an appeal. Chongqing No. 5 Intermediate People's Court rendered Administrative Judgment No. 26 [2019] Final, Admin. Division, which dismissed the appeal and upheld the original judgment.

Reasons of Decisions

The court's effective judgment held that the key issues in this case were the determination of the time period for calculating the property damage caused to Chen X by the Town government, as well as the determination of the compensation standards and scope set by the Town government.

First, the time period for calculating the property damage suffered by Chen X. In this case, Chen X had a total of 4. 25 mu (approximately 0. 28 hectares) of contracted land, of which 2. 713 mu(approximately 0. 18 hectares) fell within the land acquisition scope approved by Chongqing Municipal Government Land Documents [2017] No. 725 and Chongqing Municipal Government Land Documents [2018] No. 232, while 1. 18 mu(approximately 0. 07 hectares) lay outside the aforementioned acquisition scope. The time period for calculating the property damage caused to the plaintiff within the acquisition scope by the defendant's forced land acquisition should be determined from January 2016 to March 2018. As for the land outside the acquisition scope, since it had been handed over to the collective economic organization of Group 8, X Village, in November 2016, the time period for calculating the property damage caused to the plaintiff outside the acquisition scope should be determined from January 2016 to November 2016.

Second, the issue of the scope and standard for compensating Chen X's property damage. After Chen X's contracted land and crops thereon were forcibly acquired, he was unable to cultivate rice and vegetables (such as radishes) during the aforementioned periods. According to the local statistical yearbook, the yields were 940 jin/mu (470 kilograms/mu) for rice and 3055 jin/mu (1527.5 kilograms/mu) for vegetables (radishes) in 2016, and 941 jin/mu (470.5 kilograms/mu) for rice and 3110 jin/mu (1555 kilograms/mu) for vegetables (radishes) in 2017. As neither the plaintiff nor the defendant submitted evidence regarding the unit price of rice during the trial, the court referred to the "Notice of the National Development and Reform Commission, the Ministry of Finance, the Ministry of Agriculture and Rural Affairs, the National Food and Strategic Reserves Administration, and the Agricultural Development Bank of China on the Announcement of the Minimum Purchase Price for Rice in 2016" (NDRC Price [2016] No. 223, has been repealed) and the "Notice of the National Development and Reform Commission, the Ministry of Finance, the Ministry of Agriculture and Rural Affairs, the National Food and Strategic Reserves Administration, and the Agricultural Development Bank of China on the Announcement of the Minimum Purchase Price for Rice in 2017" (NDRC Price [2017] No. 307, has been repealed), calculating the price at 1.38 yuan/jin for 2016 and 1.36 yuan/jin for 2017. As for the unit price of radishes, since the plaintiff did not submit evidence during the trial, the court adopted the highest standard of 0.35 yuan/jin based on the statement provided by the defendant from the Qijiang District Agriculture and Rural Affairs Committee.

Third, the specific calculation of property damage caused by the defendant to the plaintiff is as follows: (I) Within the acquisition scope: 1. Rice in 2016: 940 × 1.38 × 2.713 = 3519.3 yuan; Radishes in 2016: 3055 × 0.35 × 2.713 = 2900.88 yuan; 2. Rice in 2017: 941 × 1.36 × 2.713 = 3471.99 yuan; Radishes in 2017: 3110 × 0.35 × 2.713 = 2953.1 yuan; (II) Outside the acquisition scope: Rice in 2016: 940 × 1.38 × 1.18 = 1530.7 yuan; Radishes in 2016: 3055 × 0.35 × 1.18 = 1261.72 yuan; The total property damage amounts to 15,637.69 yuan.

In conclusion, there is a causal relationship between the illegal act of the town government forcibly acquiring Chen X's contracted land and the economic losses suffered by Chen X, due to being unable to cultivate crops on the contracted land as a result of this administrative violation. Therefore, the town government shall bear the liability for compensation. Accordingly, the court has rendered the aforementioned judgment in accordance with the law.

Gist of Decision

Administrative authorities that illegally acquire land shall be liable for compensation. The compensation for losses shall include not only the existing property and vested interests at the time of the forced land acquisition, but also future obtainable property and future obtainable interests. However, unverified or uncertain interests cannot be recognized as direct losses. The compensation standards may be determined based on the yield established by the local statistical yearbook, the national purchase prices, and the supporting documents issued by the local administrative departments.

Model Significance

This case is a model case of people's court lawfully supporting a land contractor's claim for compensation for losses caused by the forced land acquisition by an administrative agency. In this case, regarding the compensation period, the people's court, on the premise that the Fuhuan Town government had approved less land than it actually occupied and had returned the excess land to the collective economic organization, awarded compensation for the losses incurred from the time of the forced land acquisition until its return to the collective economic organization, thereby establishing the maximum applicable period for such compensation. Regarding the scope of compensation, the court did not mechanically exclude losses on the grounds that most farmers had not cultivated rice after 2014. Instead, it included the types of crops that could not be planted throughout the year and fully considered the future obtainable interests that the land contractor was unable to realize due to the forced land acquisition. This approach fully realized the purpose of damage compensation and aligned with the judicial policy of reducing the difficulty of proving compensation for obtainable interests[1]. Regarding the compensation standards, the court referred to the yield established in the local statistical yearbook, the national purchase price, and the supporting documents issued by the local administrative authorities. This case reflects the consistent commitment of the people's court to maximize the protection of arable land and the lawful interests of land contractors, as well as its belief and determination to serve and safeguard the top priority of the the country's food security.

Associated Indexing

Article 89, the Administrative Procedure Law of the People's Republic of China (Amended in 2017)

Article 2, Article 4, Article 36 of State Indemnity Law of the People's Republic of China (Amended in 2012)

Written by: Ma Zhiyong, Chen Lu

[1] Yan Li, *The Standard of Proof in Lost Profits Compensation: From the Certainty Rule to the Preponderance of Evidence Rule*, Peking University Law Journal, 2024(3).

31 Determination of Water-intaking without A Permit

—X Power Station v. Water Affairs Bureau of Pengshui Miao & Tujia Autonomous County (Dispute over Administrative Penalty)[1]

Keywords

Administration, Administrative Penalty, Buffer Area of a Nature Reserve, Water-intaking Without a Permit, Statutory Limitation of Liability

Case Number

First Instance: Administrative Judgment No. 138 [2019] Trial, Admin. Division, Pengshui County People's Court of Chongqing Municipality

Second-instance: Administrative Judgment No. 70 [2020] Final, Admin. Division, the No. 4 Intermediate People's Court of Chongqing Municipality

Essential Facts

The plant of X Power Station in Fengdu County was located in the jurisdiction of Fengdu County. X Power Station mainly intakes water from the reaches of the Litou River, a tributary of the Wujiang River and the

[1] This case has been selected into the case base of the People's Court (2024 - 11 - 3 - 001 - 004). First instance collegial panel: Zhu Wei, Ai Honghai, Cheng Guoyun. Second instance collegial panel: Tan Zhongyi, Wang Hong, Wan Yongfu.

intake is within the buffer area of the X Nature Reserve in Pengshui Miao & Tujia Autonomous County (hereinafter referred to as "Pengshui County"). Since its operation, X Power Station has not obtained a water-intaking permit and it has been taking water without approval. After filing for investigation, organizing a hearing, and notifying X Power Station of the deadline for intake changing. On April 25, 2019, accompanied by a fine of 50, 000 yuan, Water Affairs Bureau of Pengshui Miao & Tujia Autonomous County of Chongqing Municipality (herinafter referred to as "Water Affairs Bureau of Pengshui County") issued a Written Decision of Administrative Penalty that X Power Station should immediately cease illegal water activities and dismantle water-intaking facilities. X Power Station refused to accept the aforesaid decision, filed an administrative lawsuit, and claimed to revoke such decision.

Subsequently, People's Court of Pengshui County made an administrative judgment (No. 138 [2019] Trial, Ad. Division) on December 16, 2019: the claims of plaintiff, X Power Station were dismissed. X Power Station was unsatisfied the decision, and filed an appeal. Nonetheless, the No. 4 Intermediate People's Court of Chongqing Municipality made an administrative judgment (No. 70 [2020], Final, Ad. Division) on April 23, 2020 that the appeal of X Power Station was dismissed and the original judgement was affirmed.

Reasons of Decision

The court's effective ruling holds that without approval, X Power Station has been taking water in the buffer area of a nature reserve for a long time. Despite being served with The Written Notice of Order of Correction and The Written Notice on Ordering to Cease Illegal Water Activities by the Water Affairs Bureau of Pengshui County, X power station persisted in in-taking water. As a result, accompanied by a fine, the Water Affairs Bureau of Pengshui County issued a written decision on an administrative penalty that X Power Station should immediately cease illegal water activities and dismantle water-intaking facilities, which was justified and lawful. The decision and procedures thereof made by Water Affairs Bureau of Pengshui County were in compliance with law.

Gist of Decision

Where power station intakes water for power generation without obtaining a water-intaking permit for a long term, and an administrative agency subsequently makes a lawful decision with administrative penalty, the People's Court shall affirm such decision.

Model Significance

The buffer area of a nature reserve can effectively protect the core area of the reserve from external interference, thus ensuring the stability of the ecosystem and biodiversity in the core area. In accordance with the Regulations of the People's Republic of China on Nature Reserves, no production facility may be constructed in the buffer area of a nature reserve. The People's Court affirmed the administrative penalty issued by the administrative agency that X Power Station illegally constructed its intake in the buffer area of a nature reserve. It demonstrates the judicial efforts of the People's Court to regulate the destructive conducts concerning eco environment within the buffer area of a nature reserve, and to protect the eco-environment of a nature reserve. It also highlights the significant importance of establishing buffer areas of nature reserves.

Associated Indexing

Article 69, the Water Law of the People's Republic of China (Amended in 2016)

Written by: Zhai Weiling

32 A Full Review Shall Be Conducted in the Second-instance Procedure of Environmental Civil Public Interest Litigation

—Dadukou District Planning and Natural Resources Bureau of Chongqing Municipality v. Cai X, et al. (Dispute over Ecological and Environmental Damage Compensation Litigation)[1]

Keywords

Civil, Ecological and Environmental Damage Compensation Litigation, Public Interest Litigation, Second-Instance Procedure, Full Review

Case Number

First Instance: Civil Judgment No. 3913 [2019] Trial, Civ. Division, the No. 5 Intermediate People's Court of Chongqing Municipality

Second Instance: Civil Judgment No. 389 [2020] Final, Civ. Division, the Higher People's Court of Chongqing Municipality

[1] This case has been selected as one of the 20th Group of Guiding Cases issued by Chongqing People's Court. First instance collegial panel: Ran Chonggao, Chen Xia, Zhang Li, Xu Peiying, Yao Tianling; Second instance collegial panel: Huang Cheng, Yang Huiping, Tan Zhenya.

Essential Facts

In 2013, Cai X and four other defendants applied to the Dadukou District Environmental Sanitation Management Division of Chongqing Municipality for the establishment of a construction garbage landfill site. They subsequently applied three times for renewal of the permit, with the accumulated permit period lasting about 12 months. Cai X and the other four defendants dumped waste soil in Groups 5 and 6, X village, X town, Dadukou District for a total period of about 38 months. During this period, Cai X and the other four defendants never obtained the approval for construction land use. In May 2018, the relevant authorities confirmed that Cai X and the other four defendants occupied a total area of 7. 6925 hectares of agricultural land for dumping construction debris in Groups 5 and 6, X village, Tiaodeng Town, Dadukou District. According to the appraisal, the total damage to the cultivated land was classified as "serious destruction." The cost of the involved land reclamation was assessed at 1, 477, 700 yuan.

On October 21, 2019, the Dadukou District Planning and Natural Resources Bureau of Chongqing Municipality filed a lawsuit, requesting that Cai X and the other four defendants be jointly and severally liable to compensate for the land reclamation cost of 1, 477, 700 yuan due to the ecological and environmental damage caused by their illegal occupation of agricultural land for dumping construction debris, and to bear the land surveying and demarcation fee and other related fees in this case, totaling 1, 603, 090. 18 yuan. Dadukou District People's Procuratorate of Chongqing Municipality endorsed the initiation of litigation.

The No. 5 Intermediate People's Court of Chongqing Municipality rendered the first-instance judgment as follows: 1. The five defendants, including Cai X, shall compensate for the ecological and environmental damages, including the land reclamation cost of 1, 011, 057. 90 yuan, the land surveying and demarcation fee of 14, 692. 68 yuan, the judicial authentication fee of 15, 697. 5 yuan, the charge for a land reclamation plan of 45, 000 yuan, and attorney's fee of 50, 000 yuan, totaling 1, 136, 448.08 yuan, which shall be paid into the account designated by the court. 2. The five defendants, including Cai X, shall, within ten days from the effective date of the judgment, pay 25% of the land reclamation cost specified in the first paragraph of the adjudication, as well as the land surveying and demarcation fee, judicial authentication fee, charge for a land reclamation plan, and attorney's fee (totally 378, 154.66 yuan); and shall pay 25% of the land reclamation cost (totally 252, 764.48 yuan) by June 30, 2020, December 30, 2020, and June 30, 2021, respectively. 3. The five defendants, including Cai X, shall bear joint and several liability for the compensation obligations stipulated in the aforementioned paragraphs 1 and 2. 4. The other claims of the Dadukou District Planning and Natural Resources Bureau of Chongqing Municipality are rejected.

After the judgment, the five defendants, including Cai X, refused to accept the decision and then filed an appeal. The Supreme People's Court of Chongqing Municipality rendered the second-instance judgment as follows: 1. The first-instance judgment is revoked. 2. The five defendants, including Cai X, shall be jointly and severally liable to compensate for the land reclamation cost of 1, 477, 700 yuan, the land surveying and demarcation fee of 14, 692. 68 yuan, the judicial authentication fee of 15, 697.5 yuan, charge for a land reclamation plan of 45, 000 yuan, and attorney's fee of 50, 000 yuan.

Reasons of Decision

The court's effective ruling holds that the establishment of a construction waste landfill site on land collectively owned by farmers constitutes non-agricultural construction, which involves a change in the use of agricultural land and requires approval from the land administration authorities. In this case, although Cai X and the other four defendants obtained a construction garbage landfill permit issued by the environmental sanitation administration, they failed to secure any land use approval throughout the process. The administrative permit for construction waste disposal issued by the environmental sanitation division within its scope of authority cannot substitute for the land use approval required by the land administration authorities. The first-instance court's determination that the dumping activities conducted by Cai X and the other four defendants during the period when they were in possession of the construction waste disposal permit issued by the environmental sanitation administration were lawful actions, was improper and is hereby corrected in accordance with the law.

After the first-instance judgment, Cai X and the other four defendants appealed, whereas the Dadukou District Planning and Natural Resources Bureau of Chongqing Municipality did not file an appeal. Under such circumstances, whether it is permissible to directly amend the judgment to impose a land reclamation fee of 1,477,700 yuan on Cai X and the other four defendants, thereby placing them in a more unfavorable position than that of the first-instance. Ecological and environmental damage compensation litigation falls within the realm of civil public interest litigation, the core of civil public interest litigation is the "protection of public interests", which dictates that civil public interest litigation follows a procedural mechanism of "restriction on disposition".

First, the restriction on disposition is justified. After the occurrence of ecological and environmental damage, the purpose of administrative agencies initiating ecological and environmental damage compensation litigation is to safeguard national interests and social public interests, not to protect their own interests. Consequently, their right of disposition should be subject to limitation. Although the procedural right to appeal was not exercised after the first-instance judgment, the administrative agencies cannot be deemed to have waived their substantive rights.

Second, the restriction on disposition is necessary. In the second-instance proceeding, the People's Court is not only obligated to adjudicate based on the appellant's claims but must also exercise its supervisory function over the lower court's judgment by conducting an active and comprehensive review, thereby ensuring the full protection of national interests and social public interests. If the first-instance judgment is affirmed, it would directly result in the partial exemption of the relevant responsible parties from liability, leading to harm to national interests and social public interests.

Third, the restriction on disposition does not violate the fundamental legal principle of "no trial without complaint". The revised judgment holding Cai X and the other four defendants fully liable does not exceed the scope of the claims presented in the first-instance litigation, nor does it contravene the fundamental principle of "no trial without complaint".

Gist of Decision

When the People's Court hears a second-instance case involving civil public interest litigation for ecological and environmental protection, it should adhere to the Polluter Pays Principle. The court is required to conduct a comprehensive review of the facts findings and legal application in the first-instance judgment. If the first-instance judgment is insufficient to protect national interests and social public interests, the second-instance people's court should correct it in accordance with the law. However, such correction must not exceed the scope of the claims presented in the first-instance lawsuit.

Model Significance

This case is the first public interest litigation in China that abandoned the principle of prohibition of reformatio in peius.[1] The "prohibition of reformatio in peius" is the component of the "principle of disposal" in civil procedural theory.[2] Unlike civil private interest litigation, which focuses on "the

---

[1] The principle of prohibition of *Reformatio in Peius* means that when only one party files an appeal, the appellate court shall not make a judgement which is more unfavorable to the appellant than the first-instance judgement. See Liao Zhonghong, *Issues Concerning the Principle of "Prohibition of Reformatio in Peius"*, Modern Law Science, 2009(1).

[2] The principle of disposal refers to the parties in civil litigation shall be entitled to dispose of their respective civil rights and procedural rights within the extent as permitted by law. See Li Hao, *New Steps in Jurisprudence: Civil Procedure Law*, Law Press China, 2014: 33.

protection of private interests", the core of civil public interest litigation lies in "protecting public interests", so that priority must be given to public interests when balancing interests, which, in turn, dictates that civil public interest litigation adheres to a procedural mechanism of "restriction on disposition". In this case, the People's Court, based on considerations of "fully protection of public interests" and "liability for damages", chose not to apply the "prohibition of reformatio in peius", emphasizing the institutional logic and independent value of public interest litigation. On the other hand, the court must not violate fundamental procedural legal principles in safeguarding social public interests, which contributes to the construction of an environmental-friendly inquisitorial system for ecological and environmental litigation that meets the requirements of modern rule of law and facilitates the realization of substantive justice, procedural justice, and environmental justice.[1]

Associated Indexing

Article 321(2), the Interpretation of the Supreme People's Court on the Application of the Civil Procedure Law of the People's Republic of China (Amended in 2022) (This case applies Article 323 (2) of the Interpretation of the Supreme People's Court on the Application of the Civil Procedure Law of the People's Republic of China, effective as of January 1, 2021)

Written by: Huang Cheng, Yang Huiping

[1] Lü Zhongmei, *Construction of an Environmental-friendly Inquisitorial System for Ecological and Environmental Litigation: Perspectives from Codifying China's Ecological Environment Code*, Journal of Law Application, 2025(1).

33 Determination of Illegal Performance of Duties by Administrative Agencies

—The First Branch of Chongqing Municipal People's Procuratorate v. the Bureau of Water Resources of Changshou District and Changshou District Commission of Agriculture and Rural Affairs (Dispute over Environmental Administrative Public Interest Litigation)[1]

Keywords

Administrative, Public Interest Litigation, Tributaries of the Yangtze River, Ecological Protection, Illegal Fish Farming in Cofferdams, Confirmation of Illegality

Case Number

First Instance: Administrative Judgment No. 4 and No. 5 [2023] Trial, Admin Division, the No. 1 Intermediate People's Court of Chongqing Municipality

---

[1] This case has been selected as one model case of prosecutorial public interest litigation in ecological and environmental protection (2023). Administrative Judgments No. 4 [2023] Trial, Adm. Division. Collegial Panel: Bao Ying, Fu Hongjin, Wang Bei, Huang Weifeng, Jiang Xianyu, Zhao Zexin, Jiang Maoqun. Administrative Judgments No. 5 [2023] Trial, Adm. Division. Collegial Panel: Fu Hongjin, Wu Changyu, Luo Hong, Huang Weifeng, Jiang Xianyu, Zhao Zexin, Jiang Maoqun.

Essential Facts

The Longxi River is a first-level tributary of the Yangtze River. In the watercourse of the river section of Dandu Town, Changshou District, Chongqing, multiple cofferdams were built in the 1980s for fish farming, and relevant certificates and permits were obtained. However, after the aquaculture permits expired, 7 cofferdams remained unremoved, including 2 cofferdams that continued to be used for illegal fish farming up to the time of the incident. These fish ponds collectively encroached upon approximately 2. 4 hectares of the Longxi River channel, located about 554 meters from the district's drinking water source intake point. They encroached upon the Longxi River channel, water area, and shoreline resources, affected flood discharge, and posed a risk of contaminating the drinking water source. In May 2022, the First Branch of Chongqing Municipal People's Procuratorate (hereinafter referred to as Chongqing First Branch Procuratorate) initiated an investigation into the Bureau of Water Resources of Changshou District and Changshou District Commission of Agriculture and Rural Affairs (hereinafter referred to as Changshou District Agricultural Committee) and issued prosecutorial recommendations. In October 2022, a follow-up investigation by the Chongqing First Branch Procuratorate revealed no substantial progress in rectification efforts. Consequently, it again delivered work notices to the two agencies to urge the rectification work, but no meaningful progress had been made in resolving these illegal cofferdams. In December 2022, the Chongqing First Branch Procuratorate filed administrative public interest litigation against both the Bureau of Water Resources of Changshou District and the Agricultural Committee. The procuratorate requested the court to order the Bureau of Water Resources of Changshou District to exercise supervision and governance over the fish ponds with cofferdams that were encroaching on river channels, water areas, and shoreline resources; and to order the Changshou District Agricultural Committee to implement supervision and governance over the illegal fishery cultivation activities in the involved cofferdams.

During the litigation process, the Bureau of Water Resources of Changshou District and the Agricultural Committee supervised the completion of the demolition work of 7 fish pond facilities in the cofferdams, which was verified by the Chongqing First Branch Procuratorate through on-site inspections and other methods. Subsequently, the Chongqing First Branch Procuratorate amended its litigation request to seek a determination that the failure of the Bureau of Water Resources of Changshou District and the Changshou District Agricultural Committee in performing their statutory duties was unlawful.

The No. 1 Intermediate People's Court of Chongqing Municipality, hereby adjudicated Administrative Judgments No. 4 and No. 5 [2023] Trial, Admin. Division (Dated: June 27, 2023) as follows: confirming that the Changshou District Agricultural Committee's inadequate supervision and governance over illegal unlicensed fish farming in the Longxi River within its jurisdiction was unlawful; confirming that the Bureau of Water Resources of the Changshou District's inadequate supervision and governance over fish ponds in the cofferdams encroaching on river channels in the Longxi River within its jurisdiction was unlawful. After the verdict, none of the parties involved filed an appeal, and the judgment has taken legal effect.

Reasons of Decision

The court's effective judgment holds that the Bureau of Water Resources of the Changshou District and the Changshou District Agricultural Committee failed to legally urge rectification of the illegal activities over an extended period. However, the court considers that there were historical reasons, policy changes, and other factors that made the situation understandable and explicable. The procuratorate's amendment to its litigation requests was legally grounded and could further urge administrative agencies to fulfill their legal duties, thereby achieving the purpose of maximizing the protection of national interests and public interests. Therefore, the court ruled in support of the procuratorate's litigation requests.

Gist of Decision

In administrative public interest litigation, the People's Court shall actively urge administrative agencies to fulfill their duties. After the administrative agencies' have completed rectification and the damaged public interest has been restored, if the public interest litigation plaintiff amends their litigation request by seeking a determination that the administrative agencies' failure to timely perform its supervisory and administrative duties is illegal, the people's court shall support such requests.

Model Significance

This case represents a typical administrative public interest litigation in which the people's court, through its ruling, required the administrative agencies to fulfill their legal duties in environmental protection in a timely manner. During the proceedings, the people's court upheld the Restorative Justice Principles. After confirming that the administrative agencies had fulfilled their supervisory duties to ensure rectification and that the damaged public interest had been restored, the court permitted the public interest litigant to amend the litigation request in accordance with the law. It further ruled that the administrative agencies' failure to timely perform their supervisory and administrative duties was illegal. Through this "determination" of litigation, the court demonstrated judicial value orientation, strengthened the protection of public interest in environmental administrative litigation, and achieved the unification of multiple values including effective protection of environmental public interests, supervision of administrative agencies' performance of duties, and reduction of litigation costs. This case serves as a valuable reference for the adjudication of similar public interest litigation cases.

Associated Indexing

Article 74, the Administrative Procedure Law of the People's Republic of China (Amended in 2017)

Article 24, the Interpretation of the Supreme People's Court and the Supreme People's Procuratorate on Several Issues Concerning the Application of Law in Public Interest Litigation Cases Brought by Procuratorial Authority (Amended in 2020)

Written by: Xu Kaisi, Wu Guangzhe

Ecological Environment Governance and Services

34 Determination of Liability for Ecological and Environmental Damage under the Entrusted Pollution Discharge Model

—People's Government of Chongqing Municipality and Chongqing Liangjiang Voluntary Service Center v. Chongqing Cangjin'ge Property Management Co., Ltd. and Chongqing Shouxu Environmental Protection Technology Co., Ltd. (Dispute over Environmental Civil Public Interest Litigation for Ecological and Environmental Damages)[1]

Keywords

Civil, Action for Ecological and Environmental Damages, Environmental Civil Public Interest Litigation, Entrusted Pollution Discharges, Joint Tort, Cost of Ecological and Environment Restoration, Approach of Virtual Treatment Cost

---

〔1〕 该指导性案例翻译由《北大法宝》授权提供,原文链接:https://www.pkulaw.com/en_case/a6bdb3332ec0adc46a6e997316ea947a2aafcc28fe35f6b8bdfb.html?way = listView。

This case is Guiding Case No. 130 of the Supreme People's Court, selected for inclusion in the Gazette of the Supreme People's Court, Model Cases Of People's Courts Safeguarding The Reform Of The Ecological Environment Damage Compensation System, and included in the China Environmental Judicial Cases Database of UNEP. Collegiate panel: Qiu Xiaoyin, Jia Ke, Zhang Li.

Case Number

First Instance: Civil Judgement No. 773 [2017] Trial, Civ. Division, No. 1 Intermediate People's Court of Chongqing Municipality

Essential Facts

ChongqingCangjin'ge Electroplating Industrial Park (also known as Cangjin'ge Electroplating Industrial Center), located in Gangcheng Industrial Park in Jiangbei District, Chongqing Municipality, was the only electroplating industrial park in the industrial park and home to several electroplating enterprises. Chongqing Cangjin'ge Property Management Co., Ltd. (hereinafter referred to as the "Cangjin'ge Company") provided property management services for the enterprises in the park and was responsible for treating wastewater generated by the enterprises. Cangjin'ge Company held a pollutant discharge permit and had facilities and equipment for wastewater treatment. On December 5, 2013, Cangjin'ge Company and Chongqing Shouxu Environmental Protection Technology Co., Ltd. (hereinafter referred to as the "Shouxu Company") entered into a four-year Agreement on Entrusted Operation and Management of Electroplating Wastewater Treatment (hereinafter referred to as the "Entrusted Operation Agreement"), by which Shouxu Company undertook the wastewater treatment project of the Cangjin'ge Electroplating Industrial Center, and the wastewater from the electroplating industrial center was delivered by Cangjin'ge Company to Shouxu Company for its using the wastewater treatment equipment of Cangjin'ge Company to conduct treatment. On April 21, 2016, the law enforcement personnel of the Environmental Supervision Group of Chongqing Municipality conducted an on-site inspection of the wastewater treatment station of Cangjin'ge Company and discovered that two total chromium reactors and one integrated reactor facility in the wastewater treatment station were not in operation and that production wastewater was discharged into the exterior environment without treatment. From April 22 to 26, 2016, the law enforcement personnel discovered by sampling and monitoring that the heavy metals in the discharged wastewater exceeded standards. In the illegally discharged wastewater, the total chromium concentration was 55. 5 mg/L, the total zinc concentration was 2. 85 × 102 mg/L, the total copper concentration was 27. 2 mg/L, and the total nickel concentration was 41 mg/L, respectively 54. 5 times, 189 times, 53. 4 times, and 81 times higher than the standards specified in the Emission Standard of Pollutants for Electroplating (GB21900-2008), causing serious impacts and damage to the ecology and environment. On May 4, 2016, the law enforcement personnel conducted another on-site inspection and discovered that wastewater containing heavy metals in the No. 1 integrated wastewater conditioning tank of the Cangjin'ge Wastewater Treatment Station was discharged directly into the exterior environment through 120 mm-caliber piping network on the wall of the tank without proper treatment and flowed into the municipal sewer network of the Gangcheng Industrial Park and into the Yangtze River. According to the monitoring, in the wastewater leaked in the No. 1 tank, the concentration of hexavalent chromium was 6. 10 mg/L, and the total chromium concentration was 10. 9 mg/L, respectively 29. 5 times and 9. 9 times higher than the national standards. The wastewater discharged illegally from September 1, 2014 to May 5, 2016 totaled 145, 624 tons. It was also discovered that in August 2014, Cangjin'ge Company converted a waste acid collection tank into the No. 1 integrated wastewater conditioning tank and made a transition from the transfer of wastewater by underground piping to transfer of wastewater by overhead piping. There were 110 mm-caliber piping and 120 mm-caliber piping on the wall of the tank. At the time of conversion, only the 110 mm-caliber piping was sealed, and the 120 mm-caliber piping was left unsealed. The unsealed piping was buried underground. Since September 2014, Shouxu Company had used the 120 mm-caliber piping to directly discharge untreated wastewater containing heavy metals into the exterior environment, knowing that the piping was connected to the exterior environment.

Entrusted by the People's Government of Chongqing Municipality, the Chongqing Academy of Environmental Sciences carried out an authentication and assessment of the ecological and environmental damage caused by the illegal discharge of wastewater in excess of the standards by Cangjin'ge Company and Shouxu Company and issued an Authentication and Assessment Report in April 2017. According to the Authentication and Assessment Report, the pollution in this incident was unequivocal, the movement path of pollutants was reasonable, the source of pollution was homologous with the pollutants in the wastewater discharged illegally into the exterior environment, and the source of pollution was exclusive. The pollution lasted from September 1, 2014 to May 5, 2016, during which a total of 145, 624 tons of wastewater mainly containing pollutants such as hexavalent chromium, total chromium, total zinc, and total nickel was illegally discharged, causing serious damage to the Yangtze River. The Authentication and Assessment Report quantified the ecological and environmental damage by the approach of virtual treatment cost recommended by the Technical Guidelines for Identification and Assessment of Eco-environmental Damage: General Program and the Recommended Methods for Authentication and Assessment of Environmental Damage (Edition II) and got the virtual treatment cost of 3.203728 million yuan by multiplying the actual treatment cost of 22 yuan per ton as the virtual treatment cost per unit and the volume of illegally discharged wastewater. Where the wastewater was illegally discharged was the main urban section of the Yangtze River, and the applicable functional category was Class III water. According to the principle of determining pollution treatment costs for the approach of virtual treatment cost, the cost for Class III water bodies ranged from 4.5 to 6 times the virtual treatment cost. The minimum multiple of 4.5 was selected for the assessment, and thus the qualified ecological and environmental pollution damage caused by two defendants illegally discharging wastewater was estimated at 14. 416776 million yuan (3. 203728 million yuan × 4. 5 = 14. 416776 million yuan). The Chongqing Academy of Environmental Sciences was an authentication institution confirmed by the Notice by the Ministry of Environmental Protection of Issuing the List of Recommended Institutions for Authentication and Assessment of Environmental Damage (First Group).

On June 30, 2016, the Environmental Supervision Group of Chongqing Municipality made an administrative punishment decision to fineCangjin'ge Company 5. 8072 million yuan on the ground that Cangjin'ge Company directly discharged wastewater containing heavy metals into the municipal sewer network of the Gangcheng Industrial Park and into the Yangtze River through the 120 mm-caliber piping in the No. 1 integrated wastewater conditioning tank, without going through the main outlet of the wastewater treatment station, from September 1, 2014 to May 5, 2016. Cangjin'ge Company was unsatisfied and applied for administrative reconsideration, and the Environmental Protection Bureau of Chongqing Municipality made a reconsideration decision to affirm the administrative punishment decision. Cangjin'ge Company then sued in the Yubei District People's Court of Chongqing Municipality, requesting the court to set aside the administrative punishment decision and the administrative reconsideration decision. The Yubei District People's Court of Chongqing Municipality entered an Administrative Judgment (No. 324 [2016], First, Administrative Division, 0112, Chongqing) on February 28, 2017, dismissing the claims of Cangjin'ge Company. After the judgment was rendered, Cangjin'ge Company did not appeal, and the judgment took legal effect.

On November 28, 2016, the Yubei District People's Procuratorate of Chongqing Municipality filed a public prosecution with the Yubei District People's Court of Chongqing Municipality, alleging that Shouxu Company and Cheng X (the legal representative of Shouxu Company), among others, committed the crime of environmental pollution and should be held criminally liable according to the law. The Yubei District People's Court of

Chongqing Municipality entered a Criminal Judgment (No. 1615 [2016], First, Criminal Division, 0112, Chongqing) on December 29, 2016, convicting Shouxu Company, Cheng X, and others for committing the crime of environmental pollution. After the judgment was rendered, neither the prosecutor nor defendants appealed, and the judgment took legal effect.

On December 22, 2017, the No. 1 Intermediate People's Court of Chongqing Municipality entered a Civil Judgment (No. 773 [2017], First, Civil Division, 01, Chongqing) that (1) defendant Chongqing Cangjin'ge Property Management Co., Ltd. and defendant Chongqing Shouxu Environmental Protection Technology Co., Ltd. should jointly and severally pay 14.416776 million yuan in compensation for the ecological and environmental restoration costs to the special account of the Finance Bureau of Chongqing Municipality within ten days after the effective date of this judgment, which the People's Government of Chongqing Municipality, the authorities it designated, and plaintiff Chongqing Liangjiang Voluntary Service Center should use for alternative restoration in light of the ecological and environmental damage in the region; (2) defendant Chongqing Cangjin'ge Property Management Co., Ltd. and defendant Chongqing Shouxu Environmental Protection Technology Co., Ltd. should publicly apologize to the public in media at provincial level or above within ten days after the effective date of this judgment; (3) defendant Chongqing Cangjin'ge Property Management Co., Ltd. and defendant Chongqing Shouxu Environmental Protection Technology Co., Ltd. should reimburse plaintiff, the People's Government of Chongqing Municipality, for authentication fees of 50,000 yuan and lawyer's fees of 198,000 yuan within ten days after the effective date of this judgment; (4) defendant Chongqing Cangjin'ge Property Management Co., Ltd. and defendant Chongqing Shouxu Environmental Protection Technology Co., Ltd. should reimburse plaintiff Chongqing Liangjiang Voluntary Service Center for lawyer's fees of 80,000 yuan within ten days after the effective date of this judgment; and (5) the other claims of plaintiff, the People's Government of Chongqing Municipality, and plaintiff, Chongqing Liangjiang Voluntary Service Center, should be dismissed. After the judgment was rendered, none of the parties on either side appealed within the statutory time limit, and the judgment took legal effect.

Reasons of Decision

According to the effective judgment rendered by the court, the People's Government of Chongqing Municipality had standing to sue for ecological and environmental damages in accordance with the Plan for the Pilot Program of the Reform of the Ecological and Environmental Damages System, and Chongqing Liangjiang Voluntary Service Center had standing to file an environmental public interest litigation. The standing to sue the two plaintiffs enjoyed based on different provisions should be protected in accordance with the law. As the plaintiffs in the two cases sued the same defendants based on the same pollution fact and that their claims were basically the same, the two cases were combined for trial.

The issues in this case were:

I. whether the types of pollutants, exclusivity of the source of pollution, measure of illegally discharged wastewater, and quantified damage determined in the Authentication and Assessment Report were accurate

First, whether the types of pollutants, exclusivity of the source of pollution, and measure of illegally discharged wastewater determined in the Authentication and Assessment Report were accurate. The types of pollutants, exclusivity of the source of pollution, and measure of illegally discharged wastewater had been confirmed directly or indirectly by the Administrative Judgment (No. 324 [2016], First, Administrative Division, 0112, Chongqing). In this case, neither of the two defendants provided contrary evidence to contradict the original judgment. Hence, the above-mentioned facts of environmental pollution on which the Authentication and Assessment Report was based were confirmed. Specifically, (1) the types of pollutants. In addition to the total chromium and hexavalent chromium determined by the effective criminal judgment, the wastewater discharged by the two defendants contained heavy metal substances such as total zinc and total nickel. The fact was confirmed by the Environmental Monitoring Report issued by the Jiangbei District Environmental Monitoring Station and Chongqing Municipal Environmental Monitoring Center, the effective Administrative Judgment (No. 324 [2016], First, Administrative Division, 0112, Chongqing), and Cheng X, the legal representative of Shouxu Company, when questioned in the investigation. (2) the exclusivity of the source of pollution. The two defendants contended that as the sampling sites, W4 and W6, determined by the Analysis Report Form (No. JD009 [2016], Supervision, Jiangbei Environment) issued by the Jiangbei District Environmental Monitoring Station were higher than the Cangjin'ge Wastewater Treatment Station, it was impossible that the pollutants in excess of standards detected in the two places were caused by the acts of the two defendants. As the polluted waters were characterized by fluidity and had self-purification functions, the water quality had been restored to a certain extent, objectively rendering it impossible for the authentication institution to take samples of wastewater when it was illegally discharged around the wastewater treatment station. For that reason, only the samples of the illegally discharged wastewater taken by the environmental administrative law enforcement authorities when they investigated and punished the illegal acts of defendants could be authenticated. During the enforcement actions for environmental protection in connection with the treatment of wastewater by Cangjin'ge, monitoring samplings were taken several times at more than one sampling site. In addition to the Analysis Report Form (No. JD009 [2016], Supervision, Jiangbei Environment), the Environmental Monitoring Report issued by the Jiangbei District Environmental Monitoring Station and Chongqing Municipal Environmental Monitoring Center issued several monitoring reports. The administrative punishment decision of the Environmental Supervision Group of Chongqing Municipality and the reconsideration decision of the Environmental Protection Bureau of Chongqing Municipality were made on the basis of the comprehensive evaluation of the above monitoring reports, instead of in sole reliance on one of the analysis reports or monitoring reports. The legality and reasonableness of the conduct of the environmental protection authorities in the whole process of administrative enforcement actions including sampling and front-end enforcement actions had been confirmed by the effective administrative judgment. The above monitoring and analysis results showed that the pollutants in the wastewater were heavy metals discharged by the electroplating industry. The on-record evidence established that Cangjin'ge was the only electroplating industrial park in the case-related area, and the results of the environmental monitoring were consistent with the type of wastewater illegally discharged by the Cangjin'ge Wastewater Treatment Station. As the above facts proved the only possibility that the wastewater discharged at the above sampling sites was from the Cangjin'ge Wastewater Treatment Station, the source of pollutants could be determined exclusive. (3) the measure of illegal pollution discharges. According to the confirmation by the effective criminal judgment and administrative judgment, in light of the transcripts of investigation and questioning in the process of administrative enforcement actions, the basic fact that wastewater moved from the chromium conditioning tank to the No. 1 integrated wastewater conditioning tank and that the wastewater containing heavy metals was directly discharged into the exterior environment and the municipal sewer network through the 120 mm-caliber piping installed in the No. 1 tank could be established. As ascertained in the court trial, the Authentication and Assessment Report integrated evidence and got the quantity of illegally discharged wastewater by subtracting consumption, moisture in sludge, online water discharges, and holiday water discharges from the total water input. The evidence and facts on which it was based had been admitted by defendants or effective judgments, or the relevant administrative acts had passed the legality review of the administrative litigation procedure, and the measurement methods it adopted were scientific and reasonable. To sum up, the objection raised by Cangjin'ge Company and Shouxu Company that the types of pollutants, quantity of illegally discharged wastewater, and exclusivity of the source of pollution was not tenable.

Second, whether the quantified damage determined in the Authentication and Assessment Report was accurate. Plaintiff entrusted the Chongqing Academy of Environmental Sciences to authenticate and assess the ecological and environmental damage in this case and issue an Authentication and Assessment Report, which determined the quantified ecological and environmental damage caused by the two defendants illegally discharging pollution to be 14. 416776 million yuan. According to the investigation, the Chongqing Academy of Environmental Sciences was an authentication and assessment institution designated by the Notice by the Ministry of Environmental Protection of Issuing the List of Recommended Institutions for Authentication and Assessment of Environmental Damage (First Group), and it conformed to judicial interpretations to entrust the institution to authenticate and assess the ecological and environmental damage in this case. It has corresponding qualification for authentication. According to the Technical Guidelines for Identification and Assessment of Eco-environmental Damage: General Program and the Recommended Methods for Authentication and Assessment of Environmental Damage (Edition II) formulated by the Ministry of Environmental Protection, authentication and assessment might quantify ecological and environmental damage caused by incidents by the approach of virtual treatment cost, and the results of the quantification might be used as a basis for ecological and environmental damages. As the long duration of illegally discharging pollution and the large quantity of illegal discharges in this case, in addition to the flowing state of the Yangtze River, rendered the direct calculation of the cost of ecological environment restoration difficult, it was not inappropriate for the Authentication and Assessment Report to quantify the resultant damage by the approach of virtual treatment cost. The Authentication and Assessment Report determined 22 yuan per ton as the actual treatment cost per unit, based on the on-site inspection of the financial documents of Cangjin'ge Company by the Environmental Supervision Group of Chongqing Municipality, taking into account the transcripts of investigating and questioning Sun X, the legal representative of the Cangjin'ge Company. It was not inappropriate either for the Authentication and Assessment

Report, according to the Recommended Methods for Authentication and Assessment of Environmental Damage (Edition Ⅱ), the principle for determining the cost of pollution treatment for Class III surface water as 4.5 to 6 times the virtual treatment cost, taking into account the pollution facts in this case, to select the minimum multiple, 4.5, to calculate the qualified damage (3.203728 million × 4.5 = 14.416776 million yuan).

In summary, as the authentication institution and authenticators issuing the Authentication and Assessment Report were qualified, the procedure for entrusting authentication and assessment was lawful, the person in charge of the authentication and assessment project was cross-examined before court as required by the court, the facts on which the authentication and assessment were based were supported by effective legal documents, and the calculation methods adopted and conclusions were scientific and justifiable, the Authentication and Assessment Report and the relevant evidence on which it was based were admitted.

II. Whether Cangjin'ge Company and Shouxu Company committed joint tort

Shouxu Company, as the direct perpetrator that knew of the 120 mm-caliber piping on the wall of the No. 1 wastewater conditioning tank and deliberately used the piping to illegally discharge pollution, was justifiably subject to compensation liability for the consequences of damage, which should be beyond a doubt. The core problem about the issue was how to appraise the conduct of Cangjin'ge Company and whether it committed joint tort with Shouxu Company. The court held that Cangjin'ge Company and Shouxu Company committed joint tort and should bear joint and several liability.

First, China implemented a pollution discharge licensing system as a means by which the state effectively managed those discharging pollution. An enterprise that had obtained a pollution discharge permit was a pollution discharge entity and had the obligation to discharge pollution in accordance with the law. Otherwise it shall bear corresponding legal liability. The Cangjin'ge Company held a pollution discharge permit and should ensure discharge as required by the permit. Cangjin'ge Company allowed Shouxu Company exclusively engaged in environmental treatment business (including industrial wastewater operation) to conduct wastewater treatment by means of the Entrusted Operation Agreement, and the act was not prohibited by law. However, regardless of whether it discharged pollution by itself or entrusted others to do so, Cangjin'ge Company should ensure that its wastewater treatment station be normally operated and that the discharges met national and local discharge standards, which was the statutory responsibility of an enterprise that had obtained a pollution discharge permit and could not be discharged by civil agreement. Specifically speaking, Cangjin'ge Company, as a pollution discharge entity, had the statutory responsibility for overseeing Shouxu Company discharging pollution according to the law and, in accordance with the Entrusted Operation Agreement, was also obligated to oversee the daily discharge of pollution by Shouxu Company. The case-related illegal discharge of pollution lasted for one year and eight months, indicating that Cangjin'ge Company had not fulfilled its oversight obligation.

Second, whether required by the statutory responsibility of the owner of pollution discharge equipment and the pollution discharge entity, or by the agreement between the two parties, Cangjin'ge Company should ensure that the wastewater treatment facilities and equipment are normal and in good condition. In August 2014, Cangjin'ge Company did not seal the 120 mm-caliber underground piping in the tank in accordance with the normal processing method when converting a waste acid tank into the No. 1 wastewater conditioning tank and replacing the underground piping network with overhead piping. Cangjin'ge Company did not present evidence of the reasonableness and legality of not sealing the underground piping, and Shouxu conducted illegal discharge through the piping. In other words, Cangjin'ge Company knew that the wastewater treatment equipment provided for Shouxu Company had a piping making illegal discharge possible, and thus Cangjin'ge Company could be determined to have an intention to violate the law and objectively provide conditions for the completion of illegal discharge.

Third, since the wastewater to be treated was provided by Cangjin'ge

Company to Shouxu Company, Cangjin'ge Company knew the quantity of the wastewater to be treated. As the pollution discharge entity responsible for paying pollution discharge fees to the environmental protection authorities, Cangjin'ge Company knew the quantity of legally discharged wastewater. In addition, as a property management entity, Cangjin'ge Company knew the actual water consumption by the enterprises in the industrial park. When these data were taken into account, the existence of illegal discharges would become apparent, and thus Cangjin'ge Company could be determined to know that Shouxu Company was illegally discharging pollution. But Cangjin'ge Company permitted Shouxu Company to do so and continued to deliver wastewater to Shouxu Company for treatment. Cangjin'ge Company could be treated as reaching a tacit agreement with Shouxu Company, had an intention to commit joint tort, and jointly caused pollution consequences.

Fourth, the environmental tort cases have the characteristics of multiple infringement modes, complexity of infringement process, concealment of and long-term infringement consequences, and the cases, especially the intention of pollution discharge enterprises to discharge pollution in violation of the law, were relatively difficult to prove. This case also related to tort against environmental public welfare. For those reasons, it was necessary to fully consider the particularity of such cases and avoid liability evasion and damage to public welfare by accurately grasping the burden of proof and the principle of imputation. In summary, according to the facts and evidence in this case, because the evidence that Cangjin'ge Company and Shouxu Company committed joint tort of environmental pollution was highly probable in terms of standards of civil proof, it should be determined that Cangjin'ge Company and Shouxu Company subjectively had an intention and objectively committed join acts in relation to the illegal discharge of pollution and that defendants committed joint tort and were subject to joint and several liability.

Gist of Decision

1. An enterprise that has obtained a pollution discharge permit has a statutory

obligation to ensure that its pollution discharge and treatment equipment operates normally and the discharges meet national and local discharge standards, and if it entrusts another entity to handle the discharge, it shall perform the obligation to oversee the entrusted entity; and if it knows that the entrusted entity discharges pollution illegally, but does not stop or even facilitates the discharge, it shall be jointly and severally liable for environmental pollution damage.

2. If a polluter causes damage to the ecology and environment by discharging pollution into waters, and the cost of ecological and environmental restoration is difficult to calculate, the consequences of damage shall be quantified by the approach of virtual treatment cost according to the provisions on the authentication and assessment of ecological and environmental damage issued by the environmental protection authorities, and the qualified ecological and environmental damage shall be calculated according to the types of pollutants illegally discharged, quantity of pollution discharges, exclusivity of the source of pollution, and other factors.

Model Significance

This case represents one of the first nationwide and the first ecological and environmental damages litigation case in Chongqing. By appropriately distinguishing the standards of proof between ecological and environmental damages cases, and criminal or administrative cases, the People's Court effectively achieved the organic integration of criminal, civil, and administrative proceedings. It provided a Chongqing model for courts across the country in adjudicating ecological and environmental damages litigation, offering accumulated experience and institutional refinement. This demonstrates the judicial wisdom of Chongqing courts in addressing novel challenges in environmental and resource adjudication.

Associated Indexing

Article 1229, Civil Code of the People's Republic of China (For this case, Article 65 of the Tort Liability Law of the People's Republic of China, effective as of July 1, 2010)

Written by: Jia Ke, Hu Bo

Part V

Responding to Climate Change

35 Determination of Adjudication Methods for Ecological Restoration in the Yangtze River Basin

—The Second Branch of Chongqing Municipal People's Procuratorate v. Zhang X and Zhao X (Dispute over Ecological Destruction) (Civil Public Interest Litigation)[1]

Keywords

Civil, Ecological Damage, Civil Public Interest Litigation, Ecological Restoration, Forest Resources, Acceptance Standards

Case Number

First Instance: Civil Judgment No. 604 [2020] Trial, Civ. Division, the No. 2 Intermediate People's Court of Chongqing Municipality

Essential Facts

From November 2015 to April 2016, defendants Zhang X and Zhao X, in order to cultivate medicinal herbs for profit, destroyed 118.43 acres

[1] This case was selected as a model case of civil disputes involving forest resources by the Supreme People's Court. Collegiate panel: Wang Jianbo, Sun Yutao, Zhu Xiaoli, Xu Taimin, Peng Chao, Ran Aiming, and Yang Zhonggan.

of key public welfare and protective forestland in Yunwu Township of Fengjie County in Chongqing, without obtaining the necessary permits, using excavators for the operation. In April 2017, the Wanzhou District People's Court of Chongqing Municipality imposed criminal penalties on Zhang X and Zhao X for their crime of illegally occupying agricultural land. During the trial of this case, Zhang X and Zhao X took the initiative to replant seedlings and restore vegetation. In 2019, after commissioning a forensic testimony institute to conduct an appraisal, the public interest litigation plaintiff deemed that the forestland replanted by Zhang X and Zhao X in 2017 did not meet the acceptance criteria and that they should continually fulfilled their replanting obligations. Subsequently, the plaintiff filed a lawsuit with the court, requesting a judgment that Zhang X and Zhao X conduct ecological restoration on-site or bear the restoration costs, pay the appraisal fees, and issue a publicized apology, etc.

During the trial, the Forestry Bureau of Fengjie County responded to the court, stating that in order to ensure the safety of forest resources and restore the damaged ecological environment, they would arrange professional technicians to provide technical guidance for the subsequent replanting and management of the forestland involved in the case, and organize an evaluation of the restoration effects.

On December 31, 2020, the No. 2 Intermediate People's Court of Chongqing Municipality issued the Civil Judgment No. 604 [2020]: 1. The defendants, Zhang X and Zhao X, shall publicly apologize to the public through Chongqing municipal-level media within two months after the judgment takes legal effect. 2. The defendants, Zhang X and Zhao X, shall complete the replanting and maintenance work by December 31, 2021, in accordance with the restoration plan outlined in the Expert Testimony Report No. 027 [2019] issued by the Forensic Testimony Institute of Southwest University, and continue the maintenance until December 31, 2024. If the defendants fail to fulfill this obligation within the prescribed period, they shall bear the ecological environment restoration costs of 86, 453.90 yuan. 3. The defendants, Zhang X and Zhao X, shall pay the forensic testimony fee of 5500 yuan to the public interest litigation plaintiff, the Second Branch of Chongqing Municipal People's Procuratorate, within one month after the judgment takes legal effect. 4. Reject other claims of the Second Branch of the Chongqing Municipal People's Procuratorate.

After verdict, neither party appealed, and the judgment has taken legal effect.

Reasons of Decision

The court's final and binding judgment holds that the defendants bear the liability for environmental tort due to ecological damage. Firstly, in this case, although the defendants took the initiative in purchasing seedlings for replantation in the damaged area, the vegetation in the forestland of the damaged region has not yet been effectively restored, and there are still large exposed areas on the surface. Given that the damaged ecological environment has not been effectively restored, the defendants should still bear the liability for the consequences of their infringement. Secondly, although the infringement actions carried out by the defendants have damaged the original forestland, the soil layer for planting has not been destroyed and possessed the conditions for local reforestation. Therefore, the defendants should follow the restoration plan and conduct replantation and maintenance with the guidance and assistance of the local forestry authorities, in order to improve the survival and preservation rates of the planted trees. For areas where shrubs are growing vigorously, weeds should be removed in a timely manner to create a favorable growth environment for the planted tree species and ensure the restoration of the damaged forest resources.

Gist of Decision

1. When hearing civil public interest litigation cases involving ecological damage in the Yangtze River basin, the people's courts should adhere to the

Principle of Ecology Priority and Scientific Restoration. If an infringer has caused ecological damage by destroying public welfare forests in important ecological areas or ecologically fragile regions of the Yangtze River basin, and the conditions for local ecological restoration are available, the infringer shall bear the liability for restoring the local ecological environment.

2. If the infringer's self-conducted ecological restoration fails to meet the requirements for ecological restoration in the Yangtze River basin, and the plaintiff in the public interest litigation requests the same infringer to bear the liability for ecological restoration. Underreference to expert opinions and professional advice issued by the forestry authorities, The people's court may render a judgment by requiring the infringer to continually fulfill their obligations for ecological restoration in accordance with the restoration plan under the guidance of the forestry authorities, and to clarify the assessment criteria for the restoration of the damaged ecological environment.

Model Significance

This case serves as a model case of the people's courts' comprehensive, systematic, and scientific approach to repairing damaged ecological environments, taking into account the ecological characteristics of the Yangtze River region. The liability for ecological environment restoration aims to repair ecological damage and protect public environmental interests[1]. However, current judicial decisions concerning ecological environment restoration are relatively general and vague, failing to specify items such as the restoration plan, construction unit, supervision of the restoration process, post-completion acceptance and evaluation.[2] This has led to confusion among infringers about how to fulfill their restoration

[1] Wang Jing and Xiang Junyu, *Definition of the Nature of Ecological Environment Restoration Responsibility and Its Implementation Mechanism*, Journal of Nanjing Tech University (Social Science Edition), 2024(3).

[2] Hu Shuzhu, *From Sanction to Governance: A Study on the Implementation Mechanism of Ecological Environment Restoration in Environmental Public Interest Litigation Cases*, China Review of Administration of Justice, 2023(1).

obligations and difficulties for regulatory authorities in supervision due to the lack of regulatory standards. As a result, problems have arisen in the smooth operation of the ecological-environment-restoration execution mechanism in environmental public interest litigation cases,[1] limiting the restoration effectiveness. In this case, the damaged forestland was part of the Yangtze River public welfare shelterbelt. The People's Court fully implemented the requirements of the *Yangtze River Protection Law*, adhering to the Principle of Ecology Priority and Scientific Restoration, leaning on the characteristics of forest environmental elements. By combining conservation with restoration, clarifying the restoration plan, detailing the restoration methods, and setting a deadline, the court ordered the defendant to continue fulfilling obligations such as replanting and nurturing trees in situ according to the restoration plan. The court also clarified the acceptance criteria for the restoration of the damaged forest ecological environment and coordinated with the local forestry authorities to provide technical guidance as well as organized the procedure for acceptance. This innovative approach to ecological restoration in judicial decisions actively contributes to reinforcing the important ecological barrier in the upper reaches of the Yangtze River, achieving an organic unity of legal, political, social, and ecological effects in the verdict.

Associated Indexing

Article 1229, the Civil Code of the People's Republic of China

Articles 3, 37, and 39, the Forestry Law of the People's Republic of China (Revised in 2019)

Article 18, the Supreme People's Court's Interpretation on Several Issues Concerning the Application of Law to Environmental Civil Public Interest Litigation Cases (Amended in 2020)

Written by: You Zhongchuan, Fu Lishu

[1] Li Zhiping, *Practical Innovations and Reflections on Ecological Environment Justice*, Journal of South China Normal University (Social Science Edition), 2018(2).

36 Property Service Enterprises Should Facilitate the Installation of Electric Vehicle Charging Facilities for Property Owners

—Fan X v. Chongqing Xhua Company (Dispute over Property Service Contract)[1]

Keywords

Civil, Property Service Contract, Eco-civilization, Interpretation of Contractual Obligations, Charging Pile, Electric Vehicle

Case Number

First Instance: Civil Judgment No. 12700 [2019] Trial Civ. Division, Primary People's Court of Jiangjin District of Chongqing Municipality

Essential Facts

Fan X is the owner of a parking space located in the X residential community in Shuangfu Street, Jiangjin District, Chongqing (hereinafter referred to as the "parking space in question"). Fan X and Chongqing Xhua Company, the property service company of the residential community, entered into a Parking Space Property Management Service Agreement.

[1] Judge: Yang Jiguang.

Article 4 of the agreement stipulates that "matters not specified in the agreement shall be governed in accordance with relevant national laws, regulations, and rules". Additionally, the agreement also provides for matters such as the management fees for the parking space in question. After purchasing a new energy vehicle, Fan X applied to the power supply company for the installation of a charging pile at the parking space in question. He was informed that the application materials should include consent issued by the property service company of the residential community, agreeing to the installation of the charging pile at the parking space. Fan X then requested Chongqing Xhua Company to issue consent, but the company refused. Fan X subsequently filed a lawsuit with the court, requesting an order requiring Chongqing Xhua Company to issue consent for the installation of a new energy vehicle charging pile.

The People's Court of Jiangjin District of Chongqing Municipality made a civil judgment (No. 12700 [2019] Trial, Civ. Division) on January 14, 2020, ordering Chongqing Xhua Company to issue consent to Fan X for the installation of a new energy vehicle charging pile at his parking space. Neither party appealed the judgment after the first-instance ruling, and the judgment has become legally effective.

Reasons of Decision

The court's effective judgment holds that property service enterprises should facilitate the installation of electric vehicle charging facilities for property owners.

First, the scope of the property service enterprises' obligations includes facilitating the installation of charging piles for property owners. The vigorous promotion of electric vehicles is of great significance for ensuring energy security, promoting energy conservation and emission reduction, and preventing air pollution. The construction of charging facilities is an important measure for the promotion and application of electric vehicles. Relevant departmental regulations[1] and administrative rules[2] issued by national commissions and ministries and the Chongqing municipal authorities require property service enterprises to cooperate and provide facilitation during the construction of charging facilities. The Parking Space Property Management Service Agreement signed by both parties clearly states that matters not specified in the agreement shall be governed in accordance with relevant national laws, regulations, and rules. Given that Fan X applied to install a charging pile at his parking space and, as required by the power supply company, needed consent from the property service enterprise of the residential community, the "issuance of such consent" is covered by the provisions of Article 4 of the aforementioned agreement. Therefore, Chongqing Xhua Company is obligated to fulfill this requirement.

Second, the small probability of safety risks and the need to use common areas for the installation of charging piles should not be impeding factors. As a new technology, new energy vehicles are not perfect at the initial stage of their creation and development. Even though there is an objectively small probability of spontaneous combustion incident[3], public should not overreact to minor risks. Moreover, the construction of charging facilities is an important national policy direction. During the installation process of charging piles, the use of

---

[1] The Notice on Accelerating the Construction of Electric Vehicle Charging Infrastructure in Residential Areas (NDRC Energy [2016] No. 1611), issued by the National Development and Reform Commission, the National Energy Administration, the Ministry of Industry and Information Technology the People's Republic of China, and the Ministry of Housing and Urban-Rural Development of the People's Republic of China on July 25, 2016, states in Article 6: Property service enterprises should play an active role. During the installation process of charging infrastructure in residential areas, property service enterprises should cooperate with the owners or their entrusted construction units by providing relevant drawings and materials promptly and actively assisting in on-site surveys and construction.

[2] The Policies and Measures to Support the Promotion and Application of New Energy Vehicles in Chongqing (2018-2022), issued by the Chongqing Municipal People's Government on December 14, 2018, stipulates that social enterprises and owners' committees in residential area should actively participate in the construction of charging facilities or provide facilitation.

[3] See the New Energy Vehicle Safety Research Report (2020) by the China Society of Automotive Engineers, which states: The spontaneous combustion rate of new energy vehicles is similar to that of traditional fuel vehicles, approximately 0.001%—0.002%.

common areas is required for laying electrical wires, which constitutes a reasonable use of common areas by the condominium owners to enhance the value of their exclusive property[1].

Third, the property service enterprises should continue to strengthen the management of parking spaces with installed charging piles. Property owners pay parking fees in accordance with the property management service agreement signed by both parties and have the legal right to install the charging piles in their parking spaces. The property service enterprise's consent to the installation of charging piles does not imply a relaxation or abandonment of its management responsibilities. Chongqing Xhua Company can still exercise its property management authority in a timely manner to correct and stop improper behaviors, such as infringement acts, upon discovering such behavior by Fan X.

Gist of Decision

1. When a property owner applies to the power supply company for the installment of a new energy vehicle charging pile at their parking space, the property service enterprise should assist. If the property service enterprise verifies that the applicant's identity, parking space ownership, or rental information meets the eligibility requirements, it should issue a consent or a certificate of suitability for installation as needed. If the property service enterprise defends by claiming that the property service contract does not stipulate or clearly stipulate such obligations, the people's court shall not support such a defense.

2. In the event of a dispute arising from the absence or ambiguity of provisions regarding the property service enterprise's obligation to assist property owners in installing vehicle charging piles, the people's court may clarify the content and manner of performance for both parties based on the principle of good faith, so as to ensure the proper and appropriate fulfillment of the obligation to assist in the installation of charging piles.

---

[1] Article 273 of the Civil Code of the People's Republic of China: A unit owner has rights and assumes duties with respect to the common space outside his exclusive unit of a building.

Model Significance

This case is a typical example of incorporating the obligation of property service enterprises to facilitate the installation of charging piles for property owners into the scope of property service obligations. The popularization of new energy electric vehicles reflects the advancement of science and technology and demonstrates the improvement of human environmental awareness. In this case, the people's court actively responded to public concerns regarding hot issues such as the scope of property service obligations arising from the installation of charging piles in residential areas, creating a favorable atmosphere for the green and low-carbon transformation of the economy and society. By promoting the well-being of the people through judicial rulings in the development of new quality productive forces, the court has served and safeguarded the overall development of new-quality productive forces, advancing the harmonious coexistence between humans and nature.

Associated Indexing

Article 7, 8, 9, Civil Code of the People's Republic of China (the case applied the General Principles of the PRC Civil Law Article 7, 8, 9, effective as of October 1, 2017)

Regulations on Property Management (State Council Order No. 698 of the People's Republic of China) Article 35

Written by: Yang Jiguang, Yang Ni

参与编写人员

孙海龙

重庆市高级人民法院党组成员、副院长，一级高级法官，首届全国法院审判业务专家。北京大学法学博士。兼任西南政法大学教授、博士研究生导师，中国法学会知识产权法学研究会常务理事。在核心期刊发表论文80余篇，出版著作10余部，主持完成国家级课题20余项。

Sun Hailong, a member of the Leading Party Members Group of the High People's Court of Chongqing Municipality, Vice President of the High People's Court of Chongqing Municipality, a Class 1 Senior Judge, and is among the first batch of National Adjudication Experts in courts. He holds a Doctor's Degree in Juridical Sciences from Peking University. He is an adjunct professor and doctoral supervisor of Southwest University of Political Science and Law, Executive Director of the Intellectual Property Law Association of China Law Society. He has published more than 80 articles in core journals, written and published more than 10 monographs, and has completed more than 20 national-level projects as the Principal Investigator.

贾　科

重庆市高级人民法院审判委员会专职委员，二级高级法官，全国审判业务专家。承办案例入选最高人民法院指导性案例1个、最高人民法院公报案例3个，并独立撰写2篇全国法院百篇优秀裁判文书。在核心期刊发表论文十余篇。

Jia Ke, a member of the Judicial Committee of Chongqing High People's Court, a Class 2 Senior Judge, and a National Adjudication Expert in Judicial Practice. One case adjudicated was selected for the Guiding Cases of the Supreme People's Court, three cases were included in the Gazette Cases of the Supreme People's Court and two of her judgments were recognized among the Top 100 Outstanding Judicial Documents of National Courts. She has also published over ten articles in core academic journals.

赵　翎

重庆市第五中级人民法院党组成员、副院长、二级高级法官、重庆环境资源法庭庭长，重庆市审判业务专家。先后在《法治参考》等发表论文多篇，主持或承担省部级以上课题多项。

Zhao Ling, a member of the Leading Party Members Group, Vice President of No.5 Intermediate People' s Court of Chongqing Municipality, a Class 2 Senior Judge, Chief Judge of Chongqing Environment and Resources Division, and an Adjudica-tion Expert of Chongqing Municipality. She has published multiple articles in journals such as Legal Reference and has led or participated in multiple provincial and ministerial-level research projects.

叶　欢

重庆市高级人民法院环境资源审判庭庭长、三级高级法官，法学博士，重庆市首届十佳青年法官，重庆市审判业务专家。在《财经科学》《人民司法》等发表论文十余篇，撰写的案例入选中国法院年度案例、人民法院提级审理典型案例。

Ye Huan, Chief Judge of the Environment and Resources Division of Chongqing High People' s Court, a Class 3 Senior Judge, Doctor of Law. She holds the titles of Chongqing Top Ten Outstanding Young Judges and an Adjudication Expert of Chongqing Municipality. She has published more than ten articles in journals such as Finance and Economics Science and People' s Judicature. Her judgments were included in the Annual Adjudication Cases of Chinese Courts and Model Cases of Jurisdictional Transfer Hearing by People' s Courts.

张　力

重庆市垫江县人民法院党组书记、院长，三级高级法官，重庆市审判业务专家。承办案件入选最高人民法院公报案例，人民法院案例库，撰写的文书获评全国法院环境资源优秀裁判文书一等奖、全国法院百篇优秀裁判文书，主审的庭审获评全国法院百场优秀庭审。

Zhang Li, Secretary of the Leading Party Members Group, President of the Dianjiang County People's Court of Chongqing Municipality, a Class 3 Senior Judge, an Adjudication Expert of Chongqing Municipality. Cases he adjudicated were included in the Gazette Cases of the Supreme People's Court and the Case Base of People's Courts. Judgments written by him were honored the first prize for Outstanding Environmental and Resources Judicial Document of National Courts and were selected among the Top 100 Outstanding Judicial Documents of National Courts. The trial presided over by him was included in the National Top 100 Outstanding Court Trials.

黄　成

重庆市高级人民法院环境资源审判庭副庭长，三级高级法官，重庆市审判业务专家。承办案件入选最高人民法院指导性案例、联合国环境规划署环境法数据库等。在《法律适用》《中国应用法学》《人民司法》等发表论文十余篇。

Huang Cheng, a Deputy Chief Judge of the Environment and Resources Division of Chongqing High People's Court, a Class 3 Senior Judge, and an Adjudication Expert of Chongqing Municipality. Cases he adjudicated have been selected for the Guiding Cases of the Supreme People's Court and included in the UNEP Environmental Law Database. He has published over ten articles in journals such as Journal of Law Application, China Applied Jurisprudence, and People's Judicature.

代 霞

重庆市高级人民法院环境资源审判庭副庭长、审判员（挂职）。主持翻译《重庆法院环境资源审判生态司法修复基地文集》、参与申报2025年度全市法院重点调研课题一项、主持《重庆法院生态环境资源判解释例》一书的英文翻译。

Dai Xia, a Deputy Chief Judge, Judge (on secondment) of the Environment and Resources Division of Chongqing High People's Court. She presided over the English translation of Collection on Ecological Judicial Remediation Base for Environmental and Resources Adjudication by Chongqing Courts, and the Chongqing Court Cases and Interpretations on Ecological and Environmental Resources, as well as participated in the application for a key research project of Chongqing Courts (2025).

杨卉萍

重庆市高级人民法院环境资源审判庭三级高级法官。在《法律适用》等发表多篇文章，执笔起草重庆市高级人民法院关于非法捕捞、污染环境等犯罪量刑指导意见等。

Yang Huiping, a Class 3 Senior Judge of the Environment and Resources Division of Chongqing High People's Court. She has published multiple articles in journals such as Journal of Law Application and has drafted Sentencing Guidelines for crimes such as illegal fishing and environmental pollution for Chongqing High People's Court.

胡 博

重庆市高级人民法院环境资源审判庭四级高级法官，荣获人民法院环境资源审判工作成绩突出个人。

Hu Bo, a Class 4 Senior Judge of the Environment and Resources Division of Chongqing High People's Court. He has been awarded as an Outstanding Individual in Environmental and Resources Adjudication by People's Courts.

曾　浩

重庆市高级人民法院环境资源审判庭法官助理。编写的10余篇案例入选人民法院案例库、重庆法院十大典型案例以及环境资源审判十大典型案例。

Zeng Hao, a Judge Assistant in the Environment and Resources Division of Chongqing High People's Court. Over ten cases by his compilation have been included in the Case Base of People's Courts, the Top Ten Model Cases of Chongqing Courts, and the Top Ten Model Cases of Environmental and Resources Adjudication of Chongqing Courts.

胡军政

重庆市高级人民法院环境资源审判庭一级法官助理，编写的案例入选人民法院案例库。

Hu Junzheng, a Class 1 Judge Assistant in the Environment and Resources Division of Chongqing High People's Court. Cases by his compilation have been included in the Case Base of People's Courts.

何　铜

重庆市高级人民法院环境资源审判庭法官助理，编写的案例分析获评全国法院系统优秀案例分析。

He Tong, a Judge Assistant in the Environment and Resources Division of Chongqing High People's Court. His case analysis was rated as National Outstanding Case Analysis in the Court System.

冉崇高

重庆市第五中级人民法院审判委员会委员、审判监督庭庭长、二级高级法官，人民法院环境资源审判工作先进个人。撰写的文书获评全国法院百篇优秀裁判文书，编写的1个案例入选最高人民法院指导性案例、3个案例入选人民法院案例库。

Ran Chonggao, a member of the Judicial Committee, Chief Judge of the Judicial Supervision Tribunal of No.5 Intermediate People's Court of Chongqing Municipality, and a Class 2 Senior Judge. He has been awarded an Outstanding Individual in Environmental and Resources Adjudication by People's Courts. One of his written judgments was rated among the Top 100 Outstanding Judicial Documents of National Courts, one case by his compilation was selected for the Guiding Cases of the Supreme People's Court, and three cases were included in the Case Base of People's Courts.

游中川

重庆市第五中级人民法院重庆环境资源法庭副庭长、三级高级法官，法学博士。主研最高人民法院司法研究重大课题5项，承办案件入选重庆法院环境资源审判十大典型案例，编写的6个案例入选最高人民法院指导性案例。

You Zhongchuan, a Deputy Chief Judge of Chongqing Environment and Resources Division of No.5 Intermediate People's Court of Chongqing Municipality, a Class 3 Senior Judge, and Doctor of Law. He has led five major judicial research projects of the Supreme People's Court. Cases he adjudicated have been selected for the Top Ten Model Cases of Environmental and Resources Adjudication of Chongqing Courts, and six cases by his compilation have been included in the Guiding Cases of the Supreme People's Court.

陈　璐

重庆市第五中级人民法院研究室副主任。编写的5个案例入选最高人民法院指导性案例和人民法院案例库，多篇论文获评全国法院系统学术讨论会二、三等奖项，主研最高人民法院司法研究重大课题3项。

Chen Lu, a Deputy Director of the Research Office of No.5 Intermediate People's Court of Chongqing Municipality. Five cases by her compilation have been selected for the Guiding Cases of the Supreme People's Court and included in the Case Base of People's Courts. Several articles by her were honored second and third prizes at the National Academic Conference for China's Court System. She has led three major judicial research projects of the Supreme People's Court.

林栩塑

重庆市第五中级人民法院研究室副主任。协助办理案件入选重庆法院十大典型案例，编写的3个案例入选人民法院案例库。

Lin Xusu, a Deputy Director of the Research Office of No.5 Intermediate People's Court of Chongqing Municipality. Cases by his assistance have been included in the Top Ten Model Cases of Chongqing Courts, and three cases by his compilation have been included in the Case Base of People's Courts.

申　威

重庆市第五中级人民法院重庆环境资源法庭三级高级法官，多篇文书获评重庆法院优秀裁判文书，多场庭审获评重庆法院优秀庭审。

Shen Wei, a Class 3 Senior Judge of Chongqing Environment and Resources Division of No.5 Intermediate People's Court of Chongqing Municipality. Multiple judgments written by him were honored Outstanding Judicial Documents by Chongqing Courts, and several trials presided over by him were honored as Outstanding Trials by Chongqing Courts.

陈　霞

重庆市第五中级人民法院行政审判庭三级高级法官。承办案件入选人民法院案例库、重庆法院环境资源审判十大典型案例、重庆法院首批公益诉讼典型案例。

Chen Xia, a Class 3 Senior Judge of the Administrative Division of No.5 Intermediate People's Court of Chongqing Municipality. Cases she adjudicated have been included in the Case Base of People's Courts, the Top Ten Model Cases of Environmental and Resources Adjudication of Chongqing Courts, and listed among the first batch of Model Cases of Public Interest Litigation by Chongqing Courts.

吴广哲

重庆市第五中级人民法院重庆环境资源法庭四级高级法官，法学博士，重庆市审判业务专家。撰写的论文获评全国法院系统学术讨论会论文一等奖。

Wu Guangzhe, a Class 4 Senior Judge of Chongqing Environment and Resources Division of No.5 Intermediate People's Court of Chongqing Municipality, Doctor of Law, and an Adjudication Expert of Chongqing Municipality. An article authored by him was honored the first prize at the National Academic Conference for China's Court System.

朱 锐

重庆市第五中级人民法院重庆环境资源法庭四级高级法官。承办案件入选重庆法院环境资源审判十大典型案例，撰写的论文获评全国法院系统学术讨论会论文优秀奖。

Zhu Rui, a Class 4 Senior Judge of Chongqing Environment and Resources Division of No.5 Intermediate People' s Court of Chongqing Municipality. The case he adjudicated has been included in the Top Ten Model Cases of Environmental and Resources Adjudication of Chongqing Courts, and an article written by him was recognized with the Merit Award at the National Academic Conference for China' s Court System.

汪晓敏

重庆市第五中级人民法院重庆环境资源法庭四级高级法官助理，编写的案例入选人民法院案例库及中国法院年度案例。

Wang Xiaomin, a Class 4 Senior Judge Assistant of Chongqing Environment and Resources Division of No.5 Intermediate People' s Court of Chongqing Municipality. Cases by her compilation have been included in the Case Base of People' s Courts and the Annual Adjudication Cases of Chinese Courts.

周 宏

重庆市第五中级人民法院重庆环境资源法庭四级高级法官助理，编写的案例入选重庆法院参考性案例。

Zhou Hong, a Class 4 Senior Judge Assistant of Chongqing Environment and Resources Division of No.5 Intermediate People' s Court of Chongqing Municipality. Cases by his compilation have been selected for the Judicial Reference Cases of Chongqing Courts.

徐凯思

重庆市第五中级人民法院重庆环境资源法庭一级法官助理，编写的案例入选中国法院年度案例。

Xu Kaisi, a Class 1 Judge Assistant of Chongqing Environment and Resources Division of No.5 Intermediate People's Court of Chongqing Municipality. Cases by her compilation have been included in the Annual Adjudication Cases of Chinese Courts.

付丽姝

重庆市第五中级人民法院重庆环境资源法庭二级法官助理，编写的案例入选全国法院森林资源民事纠纷典型案例、中国法院年度案例。

Fu Lishu, a Class 2 Judge Assistant Chongqing Environment and Resources Division of No.5 Intermediate People's Court of Chongqing Municipality. Cases by her compilation have been selected for the Model Cases of Civil Disputes over Forest Resources in Chinese Courts, and the Annual Adjudication Cases of Chinese Courts.

伏虹瑾

重庆市第一中级人民法院三级高级法官。承办案件入选人民法院固体废物污染环境典型案例、"两高"联合发布生态环境保护检察公益诉讼典型案例，撰写的文书获评全国法院环境资源刑事审判优秀裁判文书一等奖，参与的庭审获评全国法院百场优秀庭审。

Fu Hongjin, a Class 3 Senior Judge of the No.1 Intermediate People's Court of Chongqing Municipality. Cases presided over by him were included in the Model Cases of Solid Waste Pollution Environment heard by People's Courts, as well as the Model Cases of Procuratorial Public Interest Litigation for Ecological and Environmental Protection jointly issued by the Supreme People's Court and the Supreme People's Procuratorate. The judgment written by him was honored the first prize for Outstanding Criminal Judicial Document on Environmental and Resources Cases of National Courts. The trial presided over by him was recognized among the National Top 100 Outstanding Court Trials.

李立新

重庆市第一中级人民法院三级高级法官。撰写的文书获评全国法院百篇优秀裁判文书，承办案件入选人民法院服务保障新时代生态文明建设十大典型案例。

Li Lixin, a Class 3 Senior Judge of the No.1 Intermediate People's Court of Chongqing Municipality. A judgment written by her was selected among the Top 100 Outstanding Judicial Documents of National Courts. The case presided over by her was selected for the Top Ten Model Cases of People's Courts in Safeguarding Ecological Civilization Construction in the New Era.

黄　琦

重庆市第一中级人民法院四级高级法官助理。编写的多篇案例入选人民法院环境资源审判年度案例、最高人民法院公报案例等，在全国法院系统学术讨论会、全国法院环境资源审判优秀业务成果评选中多次获奖。

Huang Qi, a Class 4 Senior Judge Assistant of the No.1 Intermediate People's Court of Chongqing Municipality. Cases by her compilation were included in the Annual Environmental and Resources Adjudication Cases of People's Courts and the Gazette Cases of the Supreme People's Court. Also, she has received several awards at the National Academic Conference for China's Court System and the National Outstanding Achievements in Environmental and Resources Adjudication.

沈 平

重庆市第二中级人民法院研究室（审管办）主任，三级高级法官。承办案件入选最高人民法院指导性案例、联合国环境规划署环境法数据库、人民法院案例库、中国法学会年度十大典型案例等。

Shen Ping, a Director of the Research Office (Judicial Administration Office) of the No.2 Intermediate People's Court of Chongqing Municipality, a Class 3 Senior Judge. Cases presided over by him were selected for the Guiding Cases of the Supreme People's Court, the UNEP Environmental Law Database, the Case Base of People's Courts, and the Top Ten Annual Model Cases of the China Law Society, etc.

翟维玲

重庆市第四中级人民法院研究室（审管办）四级高级法官助理。编写的案例入选人民法院案例库、人民法院环境资源审判年度典型案例、人民法院生物多样性司法保护典型案例。

Zhai Weiling, a Class 4 Senior Judge Assistant in the Research Office (Judicial Administration Office) of the No.4 Intermediate People's Court of Chongqing Municipality. Cases by her compilation were included in the Case Base of People's Courts, the Annual Model Cases of Environmental and Resources Adjudication by People's Courts, and the Model Cases of Judicial Protection for Biodiversity by People's Courts.

陈 果

重庆市渝北区人民法院环境资源审判庭副庭长、四级高级法官。承办案件入选联合国环境规划署环境法数据库、人民法院环境侵权十大典型案例、人民法院保障长江经济带高质量发展十大典型案例等。

Chen Guo, a Deputy Chief Judge of the Environment and Resources Division of Yubei District People' s Court of Chongqing Municipality, a Class 4 Senior Judge. Cases he adjudicated were selected for the UNEP Environmental Law Database, the Top Ten Model Cases of Environmental Tort by People' s Courts, and the Top Ten Model Cases of People' s Courts Safeguarding High-Quality Development of the Yangtze River Economic Belt, etc.

赵文芬

重庆市渝北区人民法院民一庭三级高级法官，人民法院环境资源审判工作先进个人。承办案件入选人民法院长江经济带生态环境司法保护典型案例、人民法院案例库、重庆法院十大典型案例等。

Zhao Wenfen, a Class 3 Senior Judge of the First Civil Division of Yubei District People' s Court of Chongqing Municipality, has been awarded an Outstanding Individual in Environmental and Resources Adjudication by People' s Courts. Cases she adjudicated were selected for the Model Cases of Judicial Protection of Ecological Environment for the Yangtze River Economic Belt by People' s Courts, the Case Base of People' s Courts, and the Top Ten Model Cases by Chongqing courts,etc.

谢晨光

重庆市渝北区人民法院环境资源审判庭四级法官助理。

Xie Chenguang, a Class 4 Judge Assistant of the Environment and Resources Division of Yubei District People's Court of Chongqing Municipality.

许仕钰

重庆市万州区人民法院环境资源审判庭庭长，四级高级法官。承办案件入选人民法院环境资源审判年度典型案例、人民法院秦岭生态环境保护典型案例、重庆法院环境资源审判十大典型案例等。

Xu Shiyu, a Chief Judge of the Environment and Resources Division of Wanzhou District People's Court of Chongqing Municipality, a Class 4 Senior Judge. Cases he adjudicated were selected for the Annual Model Cases of Environmental and Resources Adjudication by People's Courts, the Model Cases of Qinling Ecological Environment Protection of People's Courts, and the Top Ten Model Cases of Environmental and Resources Adjudication of Chongqing Courts, etc.

王　翔

重庆市万州区人民法院环境资源审判庭副庭长、三级高级法官，获评感动重庆十大人物。承办案件入选最高人民法院指导性案例、联合国环境规划署环境法数据库、人民法院环境公益诉讼典型案例等。

Wang Xiang, a Deputy Chief Judge of the Environment and Resources Division of Wanzhou District People's Court of Chongqing Municipality, a Class 3 Senior Judge, was awarded the Top Ten Inspirational Figures of Chongqing. Cases he adjudicated were selected for the Guiding Cases of the Supreme People's Court, the UNEP Environmental Law Database, and the Model Cases of Environmental Public Interest Litigation by People's Courts etc.

方　元

重庆市万州区人民法院环境资源审判庭五级法官助理，协助办理的案件入选重庆法院环境资源审判十大典型案例等。

Fang Yuan, a Class 5 Judge Assistant of Environment and Resources Division of Wanzhou District People’s Court of Chongqing Municipality. Cases by his assistance were included in the Top Ten Model Cases of Environmental and Resources Adjudication of Chongqing Courts, etc.

吴江山

重庆市万州区人民法院环境资源审判庭四级法官助理。

Wu Jiangshan, a Class 4 Judge Assistant of the Environment and Resources Division of Wanzhou District People’s Court of Chongqing Municipality.

李信梅

重庆市涪陵区人民法院审判委员会专职委员，四级高级法官。承办案件入选人民法院长江流域水生态司法保护典型案例、重庆法院长江生态环境司法保护典型案例、重庆法院环境资源审判十大典型案例等。

Li Xinmei, a member of the Judicial Committee of Fuling District People’s Court of Chongqing Municipality, a Class 4 Senior Judge. Cases she adjudicated were selected for the Model Cases of Judicial Protection for Water Ecology in the Yangtze River Basin by People’s Courts, the Model Cases of Judicial Protection for Yangtze River Ecological Environment by Chongqing courts, and the Top Ten Model Cases of Environmental and Resources Adjudication of Chongqing Courts, etc.

刘 芸

原重庆市涪陵区人民法院四级高级法官。承办案件入选最高人民法院指导性案例、人民法院长江流域环境资源审判十大典型案例、中国法院年度案例。

Liu Yun, a former Class 4 Senior Judge of Fuling District People' s Court of Chongqing Municipality. Cases she adjudicated were selected for the Guiding Cases of the Supreme People' s Court, the Top Ten Model Cases of Environmental and Resources Adjudication in the Yangtze River Basin by People' s Courts, and the Annual Adjudication Cases of Chinese Courts.

刘 湘

重庆市涪陵区人民法院法官助理。编写的案例入选重庆法院环境资源审判十大典型案例、重庆法院行政机关负责人出庭应诉典型案例。

Liu Xiang, a Judge Assistant of Fuling District People' s Court of Chongqing Municipality. Cases by his compilation were included in the Top Ten Model Cases of Environmental and Resources Adjudication of Chongqing Courts and the Model Cases on Court Appearance by Government Officials in Chongqing Administrative Litigation.

赵国桫

重庆市涪陵区人民法院法官助理。

Zhao Guosuo, a Judge Assistant of Fuling District People' s Court of Chongqing Municipality.

陈　江

重庆市黔江区人民法院副院长，承办案件入选长江流域水生态司法保护典型案例。

Chen Jiang, Vice President of Qianjiang District People's Court of Chongqing Municipality. The case he adjudicated was included in the Model Cases of Judicial Protection for Water Ecology in the Yangtze River Basin.

罗　静

重庆市江津区人民法院党组成员、副院长，三级高级法官，重庆市法院系统先进个人。主审庭审获评全国法院百场优秀庭审，承办案件入选人民法院案例库，撰写3篇文书获评全国法院环境资源优秀裁判文书，承办6件案件入选重庆法院环境资源典型案例。

Luo Jing, a member of the Leading Party Members Group, Vice President of Jiangjin District People's Court of Chongqing Municipality, a Class 3 Senior Judge. She has been awarded an Outstanding Individual by People's Courts of Chongqing Municipality. The trial presided over by her was recognized among the National Top 100 Excellent Trials. Cases she adjudicated have been included into the Case Base of People's Courts, three judgments written by her were honored as the Outstanding Environmental and Resources Judicial Document of National Courts, and six cases presided by her be included in the Model Cases of Environmental and Resources Adjudication of Chongqing Courts.

杨继光

重庆市江津区人民法院党组成员、副院长。承办案件入选最高人民法院人民法院抓实公正与效率践行社会主义核心价值观典型案例、最高人民法院老年人权益保护第二批典型案例。

Yang Jiguang, a member of the Leading Party Members Group and Vice President of Jiangjin District People's Court of Chongqing Municipality. Cases he adjudicated were included in the Model Cases on the Implementation of Justice and Efficiency and the Practice of Socialist Core Values, and the Second Batch of Model Cases on Elderly Rights and Interests Protection of the Supreme People's Court.

姜　玲

重庆市江津区人民法院环境资源审判庭庭长，四级高级法官，重庆市生态文明建设先进个人、重庆市审判业务专家。承办案件入选最高人民法院指导性案例、联合国环境规划署环境法数据库等。

Jiang Ling, a Chief Judge of the Environment and Resources Division of Jiangjin District People' s Court of Chongqing Municipality, a Class 4 Senior Judge. She has been awarded an Outstanding Individual in Chongqing' s Ecological Civilization Construction and an Adjudication Expert of Chongqing Municipality. Cases presid-ed over by her were selected for the Guiding Cases of the Supreme People' s Court and the UNEP Environmental Law Database, etc.

杨　妮

重庆市江津区人民法院环境资源审判庭法官助理。编写案例入选最高人民法院十年环境资源审判有重大影响力案件、中国法院2024年度案例土地纠纷分册。

Yang Ni, a Judge Assistant of the Environment and Resources Division of Jiangjin District People' s Court of Chongqing Municipality. Cases by her compilation were included in Landmark Cases of Ten-year Environmental and Resources Adjudica-tion of the Supreme People' s Court, and China Court Cases Annual Report (2024): Land Disputes Volume.

朱永祺

重庆市江津区人民法院环境资源审判庭法官助理。协助办理的案件庭审入选全国法院百场优秀庭审，编写的案例入选人民法院十年环境资源审判有重大影响力案件。

Zhu Yongqi, a Judge Assistant of the Environment and Resources Division of Jiangjin District People's Court of Chongqing Municipality. Cases by his assistance were selected for the National Top 100 Outstanding Court Trials, and cases by his compilation were included in Landmark Cases of Ten-year Environmental and Resources Adjudication of People' s Courts.

彭　莉

重庆市江津区人民法院立案庭法官助理。编写的1篇案例入选人民法院案例库，2篇案例入选重庆法院长江生态环境司法保护典型案例。

Peng Li, a Judge Assistant of the Case Filing Division of Jiangjin District People’s Court of Chongqing Municipality. One case by her compilation was included in the Case Base of People’s Courts, and two cases by her compilation were included in the Model Cases of Judicial Protection for Yangtze River Ecological Environment by Chongqing courts.

王　烁

重庆市南岸区人民法院民二庭副庭长、环境资源审判团队负责人，四级高级法官。参与编写的《情景化审判 沉浸式宣教 走进数字生态司法实践研学》课程被中国环境科学学会评为2024年全国优秀生态环境研学课程。

Wang Shuo, a Deputy Chief Judge of the Second Civil Division of Nan’an District People’s Court of Chongqing Municipality, a director of the Environment and Resources Team, and a Class 4 Senior Judge. His course “Scenario-based Judicial Practice & Immersive Legal Education: A Study Program on Digital Eco-Governance Jurisprudence” was rated as the 2024 National Excellent Ecological Environment Research-study Program by the Chinese Society for Environmental Sciences.

王　亮

重庆市南岸区人民法院一级法官助理，法学硕士。协助办理的案件入选重庆法院公益诉讼典型案例、重庆法院环境资源审判十大典型案例。

Wang Liang, a Class 1 Judge Assistant of Nan' an District People' s Court of Chongqing Municipality, Master of Laws. Cases by his assistance were selected for the Model Cases of Public Interest Litigation by Chongqing Courts and the Top Ten Model Cases of Environmental and Resources Adjudication of Chongqing Courts.

余凌云

重庆市南岸区人民法院法官助理，编写的案例入选重庆法院依法惩治跨境赌博犯罪典型案例。

Yu Lingyun, a Judge Assistant of Nan' an District People' s Court of Chongqing Municipality. Cases by her compilation were selected for the Model Cases on Cross-border Gambling Offenses Adjudicated by Chongqing Courts.

马志勇

重庆市大渡口区人民法院行政审判庭（综合审判庭）副庭长，四级高级法官。编写的案例入选人民法院依法保护农用地典型案例、人民法院行政协议典型案例等。

Ma Zhiyong, Deputy Chief Judge of the Administrative Division (Comprehensive Division) of Dadukou District People' s Court of Chongqing Municipality, a Class 4 Senior Judge. Cases by his compilation were selected for the Model Cases of Judicial Agricultural Land Protection by People' s Courts and the Model Cases of Administrative Agreements by People' s Courts, etc.